2025 최신 G-TELP KOREA 공식 기출 문제

지텔프 G-TELP 공식 기출청취

LEVEL 2

G-TELP KOREA 문제 제공 | 시원스쿨어학연구소, 서민지 지음

시원스쿨 LAB

5일 단기공략

지텔프 공식 기출청취

개정 1쇄 발행 2025년 1월 3일

지은이 시원스쿨어학연구소, 서민지
펴낸곳 (주)에스제이더블유인터내셔널
펴낸이 양홍걸 이시원

홈페이지 www.siwonschool.com
주소 서울시 영등포구 영신로 166 시원스쿨
교재 구입 문의 02)2014-8151
고객센터 02)6409-0878

ISBN 979-11-6150-932-7 13740
Number 1-110404-18182500-06

머리말

G-TELP KOREA 제공 공식 기출문제 활용
시원스쿨어학연구소가 제작한 기출유형 청취 연습문제(half test) 3회 수록
청취 기본 학습, PART별 공략, 44개 청취 지문으로 청취 목표 점수 달성

G-TELP 청취(LISTENING) 영역 목표 점수 달성은 『5일 단기공략 지텔프 공식 기출청취』로!

G-TELP 레벨 2 65점 이상을 목표로 하는 수험생 분들은 청취 점수에 대한 고민을 가지고 있으실 것입니다. 문법, 청취, 독해 세 영역의 목표 점수 달성 전략에 따르면, 문법은 정해진 유형과 공식 암기로 쉽게 90점 이상 고득점을 달성하고, 독해의 경우는 최소 60점 이상을 확보해야 안정적으로 목표 점수를 달성할 수 있습니다. 문법과 독해에서 150점 이상의 점수를 확보한 상황에서 청취 영역에서 40점 이상으로 맞춰 최종 점수 65점을 충분히 달성할 수 있습니다. 하지만, 지텔프 청취 영역이 생각보다 문제 풀이 방식도 어렵고 출제 난이도가 높아서 많은 수험생들이 청취 영역 학습을 포기하고 문법과 독해 영역에서 최대한 점수를 높이는 방식으로 65점 달성 계획을 세우는 것을 보았습니다. 그런데 이 계획대로라면 문법을 100점에 가까이 받더라도 독해에서 확보해야 하는 점수가 70점 이상 고득점의 범위이기 때문에 독해 영역에서 받을 수 있는 점수의 한계를 느끼게 됩니다. 그래서 결국 여러 번의 시도 후에 청취 영역에서의 점수를 높여야 할 필요성을 깨닫고 뒤늦게 청취 영역 학습을 시작하는 경우가 많습니다. 따라서 65점 이상 목표를 가지고 계시다면 지텔프 청취는 포기하지 말고 처음부터 학습 계획을 세워 기본기를 다져야 하는 영역입니다. 이렇게 지텔프 청취 영역에 대한 학습의 필요성을 파악하고 키워드 파악, 노트테이킹, 선택지 분석, 질문 유형 분석, 파트별 공략 등과 같이 지텔프 청취에서 꼭 필요한 기본 실력을 향상시키기 위해 저, 서민지 강사와 시원스쿨어학연구소는 지텔프 청취 기초 학습 뿐만 아니라, G-TELP KOREA 제공 공식 기출문제, 지텔프 출제 경향을 반영한 연습문제를 수록한 『5일 단기공략 지텔프 공식 기출청취』를 출간하였습니다.

지텔프 청취 영역은 해석 능력과 어휘력을 기반으로, 음원을 들으면서 키워드를 파악하고, 그 즉시 내용을 이해하여 4개의 선택지 중에서 정답을 골라야 하는 복합적인 문제 해결 능력이 필요한 영역입니다. 그래서 질문 유형, 문제 풀이 스킬을 학습하더라도 실전과 같은 듣고 문제를 푸는 연습이 부족하면 원하는 점수를 얻기 어렵습니다. 그래서 『5일 단기공략 지텔프 공식 기출청취』의 CHAPTER 1에는 지텔프 청취는 전반적인 구성과 내용, 문제 풀이 과정 및 질문 유형 분석을 담았으며, CHAPTER 2에는 PART 1~4에 해당하는 각 지문의 내용과 문제 구성, 질문 유형, 선택지 분석 및 패러프레이징 연습, 연습 문제, 기출 문제를 수록하여 본격적인 청취 영역 문제 풀이를 위한 학습 내용을 담았습니다. 또한 부록에는 5회분의 질문 노트테이킹 연습 문제가 수록되어 있어, 질문이 음원으로만 제시되는 청취 영역의 질문을 이해하고 문제를 푸는 데에 효율적으로 대처할 수 있도록 하였습니다.

시원스쿨어학연구소와 서민지 강사가 함께 수년간 연구한 지텔프 청취 영역의 효과적인 학습법과 G-TELP KOREA 제공 기출문제를 담아 만든 『5일 단기공략 지텔프 공식 기출청취』가 수험생 여러분의 빠른 지텔프 목표 점수 달성에 큰 도움이 되길 바라며, 여러분의 최종 목표도 꼭 실현되기를 기원합니다.

저자 서민지 드림

목차

■ MP3 음원 이용 안내

본 도서에 제공되는 음원은 MP3 파일과 QR코드로 제공됩니다.
아래의 두 가지 방법 중 하나를 선택하시어 각 문제 풀이에 필요한 음원을 이용하시기 바랍니다.

1. **MP3 파일 다운로드:** 시원스쿨랩 홈페이지(lab.siwonschool.com)에서 [교재/MP3] – [지텔프] 메뉴에서 지텔프 기출청취 도서 이미지를 클릭하시면 지텔프 기출청취 도서 상세 페이지에서 MP3 음원 다운로드가 가능합니다. **도서 상세페이지 바로가기 QR ▶**

2. **QR코드 스캔:** 도서 내에 있는 각 문제 옆에 있는 QR코드를 가지고 계신 스마트폰이나 스마트기기의 카메라 앱으로 스캔하면 해당 음원이 즉시 재생됩니다. 카메라 앱으로 QR코드 스캔이 잘 되지 않는 경우 'QR코드 스캐너' 앱을 별도로 설치하여 이용해주시기 바랍니다.

이 책의 구성과 특징

CHAPTER 1 청취 기본 훈련

지텔프 청취 영역에 대한 소개와 시험 구성 및 진행 과정에 대해 다룹니다. 그 다음, 선택지 분석, 질문 노트테이킹에 대한 기초 이론과 연습을 할 수 있습니다. 이를 통해 청취 영역 풀이를 위한 기본적인 소양을 갖출 수 있습니다.

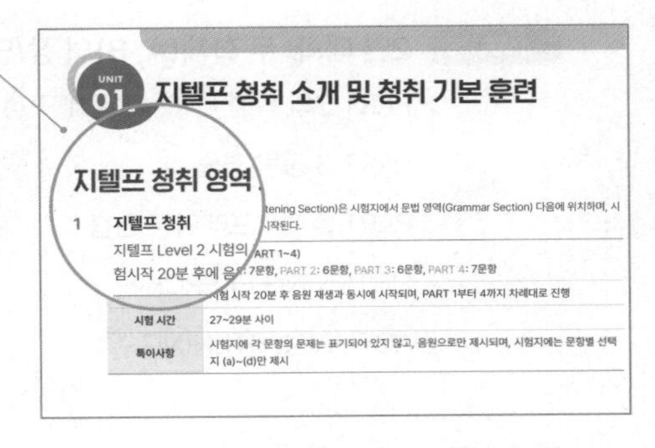

UNIT 02 청취 질문 유형별 분석

주제 및 목적 유형

• What is the subject of the presentation? 발표의 주제는 무엇인가?

• What is the speaker mainly discussing? 화자는 주로 무엇에 대해 이야기하는가?

• What is the purpose of the talk? 담화의 목적은 무엇인가?

CHAPTER 1 청취 질문 유형별 분석

지텔프 Level 2 청취 영역에서 출제되는 26문항을 주제 및 목적, 세부정보, 사실확인, 추론 4개 유형으로 나누어, 각 유형의 특징과 문제 풀이 공략법, 예제 풀이를 제공해드립니다.

CHAPTER 2 파트별 특징 및 문제 유형

지텔프 Level 2 청취 영역에서 출제되는 4개의 파트(지문)를 나누어 각각의 특징과 유형, 선택지 분석, 질문 노트테이킹, 문제 풀이 연습을 통한 공략법을 제공해드립니다.

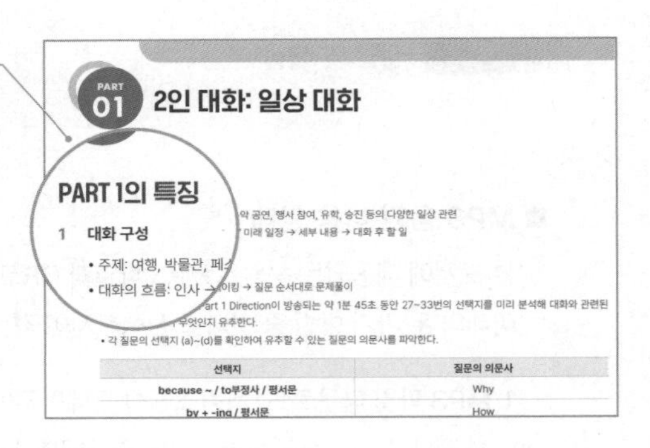

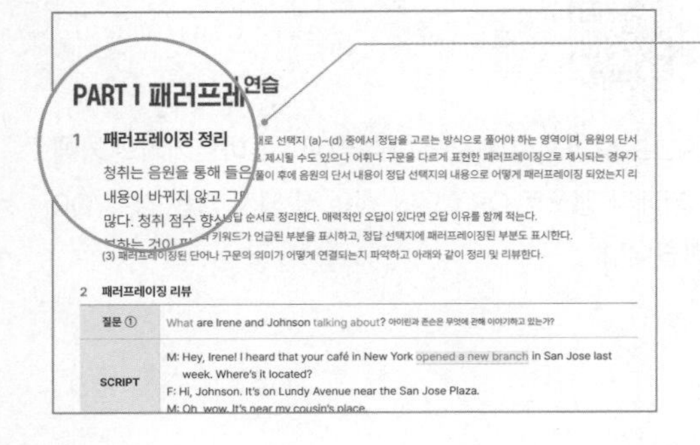

CHAPTER 2 패러프레이징 연습

청취 문제 풀이에서 정답을 고를 때 가장 중요한 요소인 패러프레이징된 구문을 읽고 지문의 내용과 비교하는 법을 연습할 수 있습니다. 기출문제를 기반으로 변형된 지문과 선택지 사이의 패러프레이징 문구를 통해 실전 대비 연습을 할 수 있습니다.

CHAPTER 2 LISTENING EXERCISE

실전 문제를 풀기 전에, 앞서 배운 문제 유형과 패러프레이징 연습을 적용시키는 단계의 문제 풀이입니다. 실제 지문의 절반 분량의 지문이 파트별로 4개씩 제시됩니다.

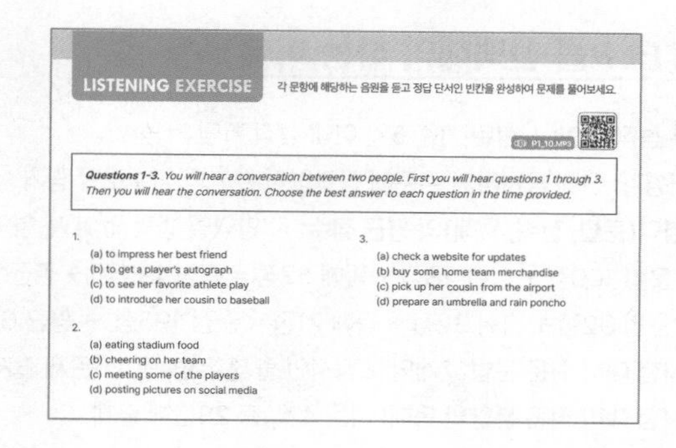
LISTENING EXERCISE 각 문항에 해당하는 음원을 듣고 정답 단서인 빈칸을 완성하여 문제를 풀어보세요.

P1_10.MP3

Questions 1-3. *You will hear a conversation between two people. First you will hear questions 1 through 3. Then you will hear the conversation. Choose the best answer to each question in the time provided.*

1.
(a) to impress her best friend
(b) to get a player's autograph
(c) to see her favorite athlete play
(d) to introduce her cousin to baseball

2.
(a) eating stadium food
(b) cheering on her team
(c) meeting some of the players
(d) posting pictures on social media

3.
(a) check a website for updates
(b) buy some home team merchandise
(c) pick up her cousin from the airport
(d) prepare an umbrella and rain poncho

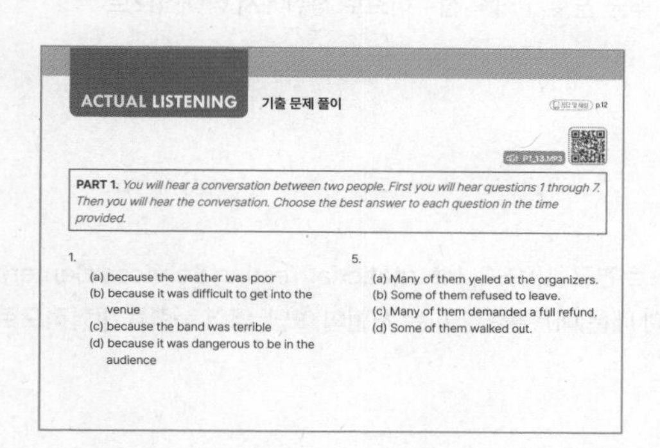
ACTUAL LISTENING 기출 문제 풀이

p.12

P1_13.MP3

PART 1. *You will hear a conversation between two people. First you will hear questions 1 through 7. Then you will hear the conversation. Choose the best answer to each question in the time provided.*

1.
(a) because the weather was poor
(b) because it was difficult to get into the venue
(c) because the band was terrible
(d) because it was dangerous to be in the audience

5.
(a) Many of them yelled at the organizers.
(b) Some of them refused to leave.
(c) Many of them demanded a full refund.
(d) Some of them walked out.

CHAPTER 2 ACTUAL LISTENING

실제 지텔프 정기시험에 출제되었던 기출문제를 청취 학습의 마무리 단계로 제공해드립니다. 앞서 학습한 파트별 특징과 유형, 공략법, 연습문제를 통해 쌓은 실력을 기출문제를 푸는 것으로 확인하실 수 있습니다. 문제를 푼 다음에는 문제 유형과 패러프레이징, 정답의 단서, 그리고 어휘를 리뷰해보시는 것을 권장합니다.

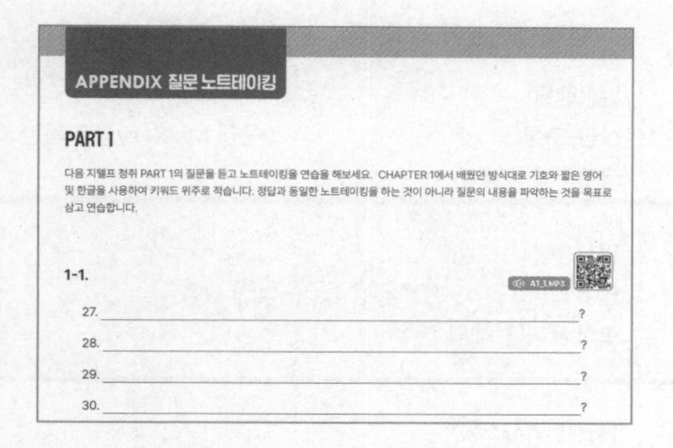
APPENDIX 질문 노트테이킹

PART 1

다음 지텔프 청취 PART 1의 질문을 듣고 노트테이킹을 연습을 해보세요. CHAPTER 1에서 배웠던 방식대로 기호와 짧은 영어 및 한글을 사용하여 키워드 위주로 적습니다. 정답과 동일한 노트테이킹을 하는 것이 아니라 질문의 내용을 파악하는 것을 목표로 삼고 연습합니다.

1-1.

A1_1.MP3

27. ____________________?
28. ____________________?
29. ____________________?
30. ____________________?

부록 질문 노트테이킹 5회

지텔프 청취 풀이를 위한 가장 기초적인 단계인 질문 노트테이킹에 대한 대량 연습을 위해 각 파트별 5회분(총 20세트, 130 문제)에 달하는 질문 노트테이킹 연습을 부록으로 제공해드립니다. 주어진 문제의 음원을 듣고 빈칸에 키워드를 적어보세요.

G-TELP, 접수부터 성적 확인까지

G-TELP를 선택해야 하는 이유

- **빠른 성적 확인:** 시험일 기준 5일 이내 성적 확인 가능
- **절대평가:** 전체 응시자의 수준에 상관없이 본인의 점수로만 평가
- **세 영역(문법, 청취, 독해)의 평균 점수:** 각 영역별 과락 없이 세 영역의 평균 점수가 최종 점수
  ex) 문법 100점 + 청취 28점 + 독해 67점 = 총점 195점 → 평균 65점
  문법 92점 + 청취 32점 + 독해 71점 = 총점 195점 → 평균 65점
- **타 시험 대비 쉬운 문법:** 7개의 고정적인 출제 유형, 총 26문제 출제, 문제 속 단서로 정답 찾기
- **타 시험 대비 적은 분량의 독해:** 지문 4개, 총 28문제 출제
- **청취(Listening)에 취약한 사람들도 통과 점수 획득 가능:** 세 개의 영역의 평균 점수가 최종 점수이므로 청취에서 상대적으로 낮은 점수를 받아도 문법과 독해 및 어휘로 목표 점수 달성 가능

G-TELP 소개

G-TELP(General Tests of English Language Proficiency)는 국제 테스트 연구원(ITSC, International Testing Services Center)에서 주관하는 국제적으로 시행하는 국제 공인 영어 테스트입니다. 또한 단순히 배운 내용을 평가하는 시험이 아닌, 영어 능력을 종합적으로 평가하는 시험으로, 다음과 같은 구성으로 이루어져 있습니다.

- **시험 구성**

구분	구성 및 시간	평가기준	합격자의 영어구사능력	응시자격
LEVEL 1	•청취 30문항 (약 30분) •독해 60문항 (70분) •전체 90문항 (약 100분)	원어민에 준하는 영어 능력: 상담 토론 가능	일상생활 상담, 토론 국제회의 통역	2등급 Mastery를 취득한 자
LEVEL 2	•문법 26문항 (20분) •청취 26문항 (약 30분) •독해 28문항 (40분) •전체 80문항 (약 90분)	다양한 상황에서 대화 가능 업무 상담 및 해외 연수 가능한 수준	일상생활 업무 상담 회의 세미나, 해외 연수	제한 없음
LEVEL 3	•문법 22문항 (20분) •청취 24문항 (약 20분) •독해 24문항 (40분) •전체 70문항 (약 80분)	간단한 의사소통과 단순 대화 가능	간단한 의사소통 단순 대화 해외 여행, 단순 출장	제한 없음
LEVEL 4	•문법 20문항 (20분) •청취 20문항 (약 15분) •독해 20문항 (25분) •전체 60문항 (약 60분)	기본적인 문장을 통해 최소한의 의사소통 가능	기본적인 어휘 구사 짧은 문장 의사소통 반복 부연 설명 필요	제한 없음
LEVEL 5	•문법 16문항 (15분) •청취 16문항 (약 15분) •독해 18문항 (25분) •전체 50문항 (약 55분)	극히 초보적인 수준의 의사소통 가능	영어 초보자 일상 인사, 소개 듣기 자기 표현 불가	제한 없음

▪ 시험 시간

시험 문제지는 한 권의 책으로 이루어져 있으며 각각의 영역이 분권으로 나뉘어져 있지 않고 시험이 시작되는 오후 3시부터 시험이 종료되는 오후 4시 30분~35분까지 자신이 원하는 영역을 풀 수 있습니다. 단, 청취 음원은 3시 20분에 재생됩니다. 그래도 대략적으로 각 영역의 시험 시간을 나누자면, 청취 음원이 재생되는 3시 20분 이전을 문법 시험, 그리고 청취 음원이 끝나고 시험 종료까지를 독해 시험으로 나누어 말하기도 합니다.

- 오후 3시: 시험 시작
- 오후 3시 20분: 청취 시험 시작
- 오후 3시 45~47분: 청취 시험 종료 및 독해 시험 시작
- 오후 4시 30분~35분: 시험 종료

▪ 시험 시 유의사항

1. 신분증과 컴퓨터용 사인펜 필수 지참

지텔프 고사장으로 출발 전, 신분증과 컴퓨터용 사인펜은 꼭 가지고 가세요. 이 두 가지만 있어도 시험은 칠 수 있습니다. 신분증은 주민등록증, 운전면허증, 여권 등이 인정되며, 학생증이나 사원증은 해당되지 않습니다. 또한 컴퓨터용 사인펜은 타인에게 빌리거나 빌려줄 수 없으니 반드시 본인이 챙기시기 바랍니다.

2. 2시 30분부터 답안지 작성 오리엔테이션 시작

2시 20분까지 입실 시간이며, 2시 30분에 감독관이 답안지만 먼저 배부하면, 중앙 방송으로 답안지 작성 오리엔테이션이 시작됩니다. 이름, 수험번호(고유번호), 응시코드 등 답안지 기입 항목에 대한 설명이 이루어집니다. 오리엔테이션이 끝나면 휴식 시간을 가지고 신분증 확인이 실시됩니다. 고사장 입실은 2시 50분까지 가능하지만, 지텔프를 처음 응시하는 수험자라면 늦어도 2시 20분까지는 입실하시는 것이 좋습니다.

3. 답안지에는 컴퓨터용 사인펜과 수정테이프만 사용 가능

답안지에 기입하는 모든 정답은 컴퓨터용 사인펜으로 작성되어야 합니다. 기입한 정답을 수정할 경우 수정테이프만 사용 가능하며, 액체 형태의 수정액은 사용할 수 없습니다. 수정테이프 사용 시 1회 수정만 가능하고, 같은 자리에 2~3회 여러 겹으로 중복 사용시 정답이 인식되지 않을 수 있습니다. 문제지에 샤프나 볼펜으로 메모할 수 있지만 다른 수험자가 볼 수 없도록 작은 글자로 메모하시기 바랍니다.

4. 영역별 시험 시간 구분 없이 풀이 가능

문제지가 배부되고 모든 준비가 완료되면 오후 3시에 시험이 시작됩니다. 문제지는 문법, 청취, 독해 및 어휘 영역 순서로 제작되어 있지만 풀이 순서는 본인의 선택에 따라 정할 수 있습니다. 단, 청취는 음원을 들어야 풀이가 가능하므로 3시 20분에 시작되는 청취 음원에 맞춰 풀이하시기 바랍니다.

5. 소음 유발 금지

시험 중에는 소음이 발생하는 행위를 금지하고 있습니다. 문제를 따라 읽는다거나, 펜으로 문제지에 밑줄을 그으면서 소음을 발생시키는 등 다른 수험자에게 방해가 될 수 있는 행위를 삼가시기 바랍니다. 특히, 청취 음원이 재생되는 동안 청취 영역을 풀지 않고 다른 영역을 풀이할 경우, 문제지 페이지를 넘기면서 큰 소리가 나지 않도록 주의해야 합니다.

6. 시험 종료 후 답안지 마킹 금지

청취 음원의 재생 시간에 따라 차이가 있을 수 있지만 대부분의 경우 4시 30분~4시 35분 사이에 시험이 종료됩니다. 시험 종료 시간은 청취 시간이 끝나고 중앙 방송으로 공지되며, 시험 종료 5분 전에도 공지됩니다. 시험 종료 알림이 방송되면 즉시 펜을 놓고 문제지 사이에 답안지를 넣은 다음 문제지를 덮고 대기합니다.

2025년 G-TELP 정기 시험 일정

회차	시험일자	접수기간	추가 접수기간 (~자정까지)	성적공지일 (오후 3:00)
제546회	2025-01-05(일) 15:00	2024-12-06 ~ 2024-12-20	~2024-12-25	2025-01-10(금) 15:00
제547회	2025-01-19(일) 15:00	2024-12-27 ~ 2025-01-03	~2025-01-08	2025-01-24(금) 15:00
제548회	2025-02-02(일) 15:00	2025-01-10 ~ 2025-01-17	~2025-01-22	2025-02-07(금) 15:00
제549회	2025-02-16(일) 15:00	2025-01-24 ~ 2025-01-31	~2025-02-05	2025-02-21(금) 15:00
제550회	2025-03-02(일) 15:00	2025-02-07 ~ 2025-02-14	~2025-02-19	2025-03-07(금) 15:00
제551회	2025-03-16(일) 15:00	2025-02-21 ~ 2025-02-28	~2025-03-05	2025-03-21(금) 15:00
제552회	2025-03-30(일) 15:00	2025-03-07 ~ 2025-03-14	~2025-03-19	2025-04-04(금) 15:00
제553회	2025-04-13(일) 15:00	2025-03-21 ~ 2025-03-28	~2025-04-02	2025-04-18(금) 15:00
제554회	2025-04-27(일) 15:00	2025-04-04 ~ 2025-04-11	~2025-04-16	2025-05-02(금) 15:00
제555회	2025-05-11(일) 15:00	2025-04-18 ~ 2025-04-25	~2025-04-30	2025-05-16(금) 15:00
제556회	2025-05-25(일) 15:00	2025-05-02 ~ 2025-05-09	~2025-05-14	2025-05-30(금) 15:00
제557회	2025-06-08(일) 15:00	2025-05-16 ~ 2025-05-23	~2025-05-28	2025-06-13(금) 15:00
제558회	2025-06-22(일) 15:00	2025-05-30 ~ 2025-06-06	~2025-06-11	2025-06-27(금) 15:00
제559회	2025-07-06(일) 15:00	2025-06-13 ~ 2025-06-20	~2025-06-25	2025-07-11(금) 15:00
제560회	2025-07-20(일) 15:00	2025-06-27 ~ 2025-07-04	~2025-07-09	2025-07-25(금) 15:00
제561회	2025-08-03(일) 15:00	2025-07-11 ~ 2025-07-18	~2025-07-23	2025-08-08(금) 15:00
제562회	2025-08-17(일) 15:00	2025-07-25 ~ 2025-08-01	~2025-08-06	2025-08-22(금) 15:00
제563회	2025-08-31(일) 15:00	2025-08-08 ~ 2025-08-15	~2025-08-20	2025-09-05(금) 15:00

제564회	2025-09-14(일) 15:00	2025-08-22 ~ 2025-08-29	~2025-09-03	2025-09-19(금) 15:00
제565회	2025-09-28(일) 15:00	2025-09-05 ~ 2025-09-12	~2025-09-17	2025-10-03(금) 15:00
제566회	2025-10-19(일) 15:00	2025-09-19 ~ 2025-10-03	~2025-10-08	2025-10-24(금) 15:00
제567회	2025-10-26(일) 15:00	2025-10-03 ~ 2025-10-10	~2025-10-15	2025-10-31(금) 15:00
제568회	2025-11-09(일) 15:00	2025-10-17 ~ 2025-10-24	~2025-10-29	2025-11-14(금) 15:00
제569회	2025-11-23(일) 15:00	2025-10-31 ~ 2025-11-07	~2025-11-12	2025-11-28(금) 15:00
제570회	2025-12-07(일) 15:00	2025-11-14 ~ 2025-11-21	~2025-11-26	2025-12-12(금) 15:00
제571회	2025-12-21(일) 15:00	2025-11-28 ~ 2025-12-05	~2025-12-10	2025-12-26(금) 15:00

- **시험 접수 방법**

정기 시험 접수 기간에 G-TELP KOREA 공식 홈페이지 www.g-telp.co.kr 접속 후 로그인, [시험접수] – [정기 시험 접수] 클릭

- **시험 응시료**

정기시험 66,300원 (졸업 인증 45,700원, 군인 33,200원) / 추가 접수 71,100원 (졸업 인증 50,600원, 군인 38,000원)

- **시험 준비물**

① 신분증: 주민등록증(임시 발급 포함), 운전면허증, 여권, 공무원증 중 택1
② 컴퓨터용 사인펜: 연필, 샤프, 볼펜은 문제 풀이 시 필요에 따라 사용 가능, OMR 답안지에는 연필, 샤프, 볼펜으로 기재 불가
③ 수정 테이프: 컴퓨터용 사인펜으로 기재한 답을 수정할 경우 수정액이 아닌 수정 테이프만 사용 가능

- **시험장 입실**

시험 시작 40분 전인 오후 2시 20분부터 입실, 2시 50분부터 입실 불가

- **OMR 카드 작성**

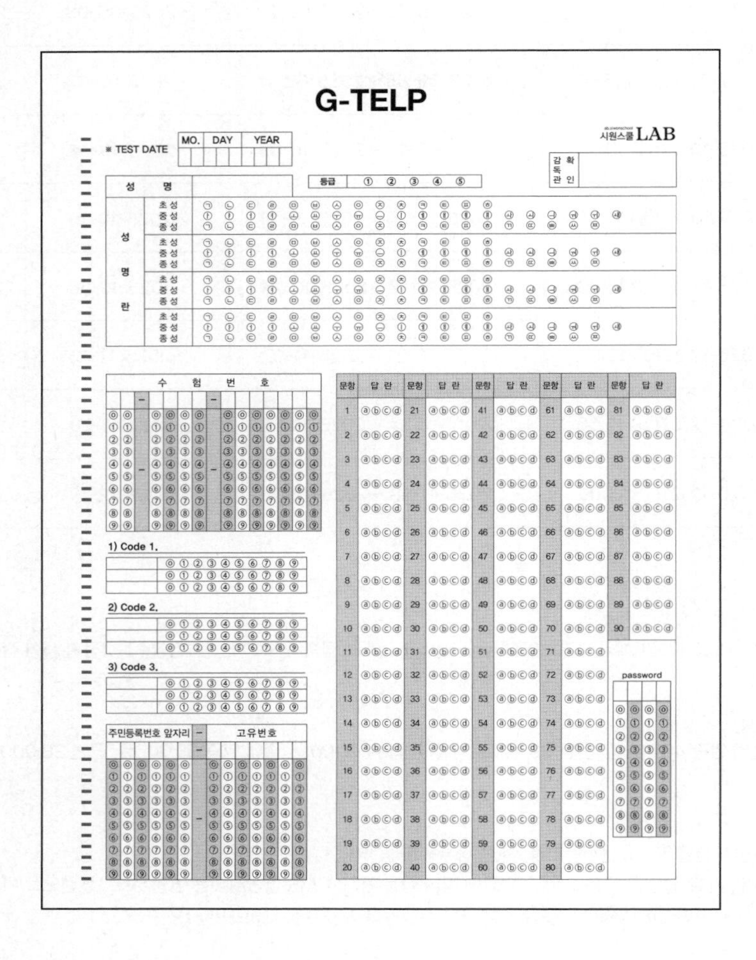
G-TELP

시원스쿨 LAB

※ TEST DATE MO. DAY YEAR

감독확인

성명

등급 ① ② ③ ④ ⑤

성명란 초성 중성 종성

수험번호

1) Code 1.

2) Code 2.

3) Code 3.

주민등록번호 앞자리 - 고유번호

문항 답란

password

<설명>

- 날짜, 성명을 쓰고 등급은 ②에 마킹합니다.
- 이름을 초성, 중성, 종성으로 나누어 마킹합니다.
- 수험 번호는 자신의 책상에 비치된 수험표에 기재되어 있습니다.
- Code 1, Code 2는 OMR 카드 뒷면에서 해당되는 코드를 찾아 세 자리 번호를 마킹합니다.
  (대학생이 아닌 일반인의 경우 Code 1은 098, Code 2는 090)
- Code 3은 수험 번호의 마지막 7자리 숫자 중 앞 3자리 숫자를 마킹합니다.
- 주민등록번호는 앞자리만 마킹하고 뒷자리는 개인 정보 보호를 위해 지텔프에서 임시로 부여한 고유 번호로 마킹해야합니다. (수험표에서 확인)
- 답안지에는 90번까지 있지만 Level 2 시험의 문제는 80번까지이므로 80번까지만 마킹합니다.
- OMR 카드 오른쪽 아래에 있는 비밀번호(password) 4자리는 성적표 출력 시 필요한 비밀번호로, 응시자가 직접 비밀번호를 설정하여 숫자 4개를 마킹합니다.
- 시험 시간에는 답안지 작성(OMR 카드 마킹) 시간이 별도로 주어지지 않습니다.

- **성적 발표**

  시험일 5일 이내 G-TELP KOREA 공식 홈페이지 www.g-telp.co.kr 접속 후 로그인, [성적 확인] – [성적 확인] 클릭 / 우편 발송은 성적 발표 후 차주 화요일에 실시

- **성적 유효 기간**

  시험일로부터 2년

- **성적표 양식**

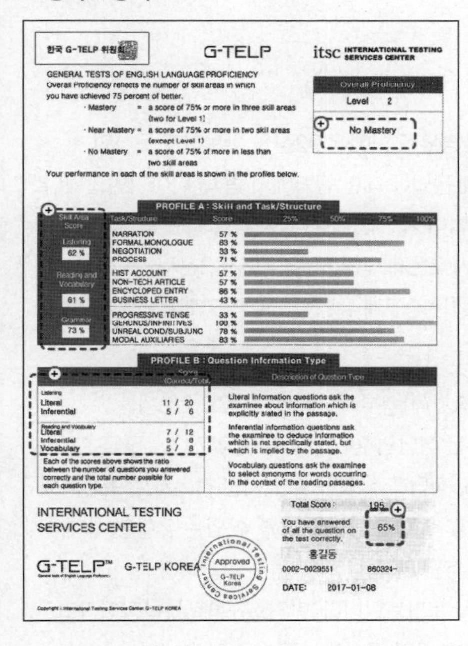

한국 G-TELP 위원회 G-TELP itsc INTERNATIONAL TESTING SERVICES CENTER

GENERAL TESTS OF ENGLISH LANGUAGE PROFICIENCY
Overall Proficiency reflects the number of skill areas in which you have achieved 75 percent of better.
· Mastery = a score of 75% or more in three skill areas (two for Level 1)
· Near Mastery = a score of 75% or more in two skill areas (except Level 1)
· No Mastery = a score of 75% of more in less than two skill areas
Your performance in each of the skill areas is shown in the profiles below.

Overall Proficiency
Level 2
No Mastery

PROFILE A : Skill and Task/Structure

Skill Area Score	Task/Structure	Score
Listening 62 %	NARRATION	57 %
	FORMAL MONOLOGUE	83 %
	NEGOTIATION	33 %
	PROCESS	71 %
Reading and Vocabulary 61 %	HIST ACCOUNT	57 %
	NON-TECH ARTICLE	57 %
	ENCYCLOPED ENTRY	86 %
	BUSINESS LETTER	43 %
Grammar 73 %	PROGRESSIVE TENSE	33 %
	GERUNDS/INFINITIVES	100 %
	UNREAL COND/SUBJUNC	78 %
	MODAL AUXILIARIES	83 %

PROFILE B : Question Information Type

	Score (Correct/Total)
Listening	
Literal	11 / 20
Inferential	5 / 6
Reading and Vocabulary	
Literal	7 / 12
Inferential	5 / 8
Vocabulary	5 / 8

Each of the scores above shows the ratio between the number of questions you answered correctly and the total number possible for each question type.

Description of Question Type

Literal information questions ask the examinee about information which is explicitly stated in the passage.

Inferential information questions ask the examinee to deduce information which is not specifically stated, but which is implied by the passage.

Vocabulary questions ask the examinee to select synonyms for words occurring in the context of the reading passages.

INTERNATIONAL TESTING SERVICES CENTER

Total Score : 195

You have answered 65% of all the question on the test correctly.

홍길동

0002-0029551 860324-

DATE: 2017-01-08

G-TELP™ G-TELP KOREA

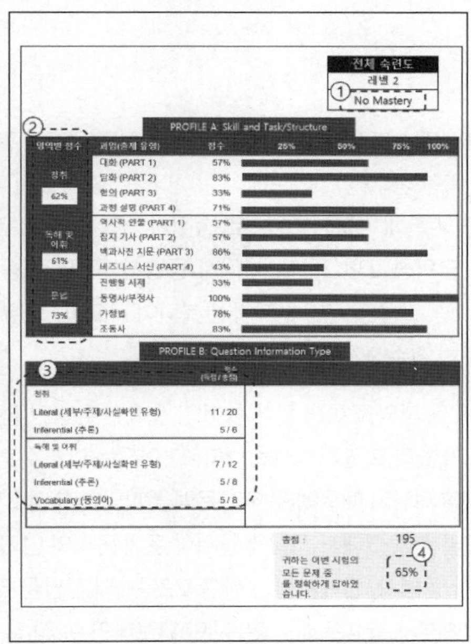

전체 숙련도
레벨 2
① No Mastery

PROFILE A: Skill and Task/Structure

② 영역별 점수	과업(출제 유형)	점수
청취 62%	대화 (PART 1)	57%
	담화 (PART 2)	83%
	협의 (PART 3)	33%
	과정 설명 (PART 4)	71%
독해 및 어휘 61%	역사적 연혈 (PART 1)	57%
	잡지 기사 (PART 2)	57%
	백과사전 지문 (PART 3)	86%
	비즈니스 서신 (PART 4)	43%
문법 73%	진행형 시제	33%
	동명사/부정사	100%
	가정법	78%
	조동사	83%

PROFILE B: Question Information Type

③	점수 (득점/총점)
청취	
Literal (세부/주제/사실확인 유형)	11 / 20
Inferential (추론)	5 / 6
독해 및 어휘	
Literal (세부/주제/사실확인 유형)	7 / 12
Inferential (추론)	5 / 8
Vocabulary (동의어)	5 / 8

총점 : 195

귀하는 이번 시험의 모든 문제 중 ④ 65% 를 정확하게 답하였습니다.

* 편의를 위해 우리말로 번역하였습니다.

① **No Mastery:** 응시자가 75% 이상의 점수를 획득할 경우 Mastery, 그렇지 못할 경우 No Mastery로 표기되며, 32점이나 65점, 77점 등 점수대별 목표 점수를 가진 응시자에게 아무런 영향이 없습니다.

② **영역별 점수:** 각 영역별 점수를 가리키는 수치입니다. 이를 모두 취합하면 총점(Total Score)이 되며, 이를 3으로 나눈 평균값이 ④에 나오는 최종 점수입니다.

③ **청취와 독해 및 어휘 영역의 출제 유형별 득점:** 청취와 독해 및 어휘 영역의 Literal은 세부사항, 주제 및 목적, 사실 확인 유형의 문제를 말하며, 이 유형들은 지문의 내용에 문제의 정답이 직접적으로 언급되어 있는 유형입니다. Inferential은 추론 문제를 말하며, 이 유형은 지문에 문제의 정답이 직접적으로 언급되어 있지 않지만 지문에 나온 정보를 토대로 추론을 통해 알 수 있는 사실을 보기 중에서 고르는 문제입니다. 이 유형의 경우, 정답 보기가 패러프레이징(paraphrasing: 같은 의미를 다른 단어로 바꾸어 말하기)이 되어 있어 다소 난이도가 높은 편입니다. 청취와 독해 및 어휘 영역에서는 문제가 각각 5~8문제씩 출제됩니다. 마지막으로 Vocabulary는 각 PART의 지문에 밑줄이 그어진 2개의 단어에 맞는 동의어를 찾는 문제입니다. 총 네 개의 PART에서 각각 2문제씩 나오므로 항상 8문제가 출제됩니다.

목표 점수별 공략법

지텔프 Level 2. 43~50점

1. 총점 129~150점이 목표

평균 43점은 총점 129점, 50점은 총점 150점이 필요합니다. 목표 점수가 몇 점인지 상관없이 이 총점을 달성하기 위해서 문법 영역에서 92점을 확보하는 것은 동일합니다. 문법에서 확보된 점수에 따라 청취와 독해에서 받아야 하는 점수가 결정됩니다. 그래서 청취 20~30점, 독해 20~30점을 확보하면 총점 139~152점이 되어 목표 점수보다 높은 점수로 무난하게 목표 점수를 달성할 수 있습니다. 이 점수는 사실상 청취와 독해에 대한 많은 학습으로 요구하는 점수가 아니기 때문에 수험생의 부담이 적습니다.

2.문법이 목표 달성의 핵심

개개인의 문법 성취도에 따라 점수가 다르겠지만, 43점~50점을 목표로 할 경우 문법에서 92점을 확보하지 못하면 그만큼 청취와 독해에서 부족한 점수를 더 확보해야 합니다. 32점 목표일 때 문법에 대한 전략에서 좀 더 나아가야합니다. 각 영역별로 난이도는 "청취 > 독해 > 문법" 순으로, 청취가 가장 어렵고 문법이 가장 쉽습니다. 문법 영역은 총 26문제 중 시제 6문제, 가정법 6문제, 당위성 표현 2문제, 부정사/동명사 6문제, 조동사 2문제, 접속사/접속부사 2문제, 관계사절 2문제로 출제됩니다. 같은 유형의 문제가 반복되어 나오고, 그 유형은 총 7개 유형이므로 이 7개 유형을 『지텔프 기출문법』에서 학습하여 문법 점수 92점을 달성해야 합니다.

그 유형 중 소위 '해석으로 문맥 파악을 통한 문제 풀이'가 필요한 유형인 접속사/접속부사 2문제, 조동사 2문제는 다른 유형보다 다소 난이도가 높다고 알려져 있습니다. 그 이유는 다른 유형은 정답의 단서가 정해져 있거나, 정해진 문법 공식에 의해서 출제되기 때문에 문제의 문맥을 파악하지 않고도 정답을 선택할 수 있지만 접속사/접속부사와 조동사는 그렇지 않기 때문입니다. 그래서 정답의 단서와 문법 공식의 암기 및 숙지로 정답을 고를 수 있는 유형인 시제, 가정법, 당위성 표현, 부정사/동명사, 관계사절 문제 총 22문제의 정답을 맞추면 84점을 확보할 수 있습니다. 여기서 조동사와 접속사/접속부사 총 4문제 중 2문제만 확보하면 92점 달성이 가능합니다. 만약 문법에서 84점이라면 청취와 독해에서 목표보다 2문제를 더 확보해야 합니다. 청취와 독해에 취약하다면 문법에서 점수를 더 확보하는 것이 수월할 것입니다.

3. 청취와 독해 전략

청취와 독해에서 각각 20~30점을 받기 위해서 많은 학습을 요구하지 않지만, 그래도 아무런 대비 없이 (a)~(d) 중 하나의 선택지로만 정답을 제출하는 것(일명 '기둥 세우기')은 다소 위험할 수 있습니다. 반드시 25%의 확률로 정답이 분포되어 있지 않을 수 있기 때문에 단 4~8점(1~2문제)이 모자라서 목표 점수를 달성하지 못할 수도 있습니다. 그래서 청취와 독해에서 상대적으로 쉬운 PART의 문제를 풀어보는 것을 추천합니다.

청취의 경우 PART 1과 3이 쉬운데, 특히 주제를 묻는 첫 문제와 대화 후 할 일에 대해 묻는 마지막 문제는 전체적인 내용의 흐름만 파악한다면 쉽게 정답을 고를 수 있습니다.

독해는 PART 1과 PART 4가 상대적으로 지문의 내용을 이해하기가 쉽습니다. 특히 PART 1의 첫 문제는 지문에 설명되는 인물이 유명한 이유를 묻는 문제이며, 대부분 첫 문단에 정답의 단서가 언급되어 있으므로 정답을 고르기가 쉽습니다. PART 4는 비즈니스 서신에 관한 내용이며, 첫 문제가 항상 편지를 쓰는 목적에 해당됩니다. 이 문제 또한 첫 문단에서 정답의 단서를 쉽게 찾을 수 있어 푸는 데 크게 어렵지 않은 문제입니다.
그리고 독해는 각 PART별로 2문제의 동의어 문제가 출제되어 총 8문제가 출제됩니다. 8문제 중 3~4문제는 사전적 동의어로 출제되어 기본적인 어휘 실력만 뒷받침된다면 무난하게 풀 수 있습니다. 이를 통해 큰 어려움 없이 청취와 독해에서 안정적인 점수를 확보하여 문법에서 92점 이하로 받더라도 목표 점수를 달성할 수 있습니다.

지텔프 Level 2. 65점

1. 총점 195점이 목표

평균 65점은 세 영역에서 총점 195점이 되어야 하는 점수이므로, 문법에서 92점, 청취에서 30~40점, 독해에서 63~73점을 목표 점수로 권장합니다. 지텔프 시험의 가장 큰 장점은 문법의 난이도가 낮다는 것과 독해의 문제수가 적다는 것입니다. 앞서 32점 목표 공략법에서 설명하였듯이 문법은 총 7개 유형이 반복적으로 출제되어 총 26문제가 구성되어 있으므로 해당 유형의 이론을 공부하고 실전 문제만 충분히 풀이한다면 기본적으로 84점 이상은 얻을 수 있습니다. 여기서 조동사와 접속사 유형을 풀이하기 위해 출제되는 여러 조동사와 접속사를 공부하고 문장 해석을 통한 문맥 파악에 노력을 기울인다면 최대 96점(26문제 중 25문제 정답)은 충분히 달성할 수 있습니다.

2. 65점 목표의 난관: 독해와 어휘

독해는 토익에 비하여 분량이 적을 뿐 난이도가 토익보다 쉬운 것은 아닙니다. 한 지문은 약 500개 단어로 구성되어 있으며, 이는 토익 PART 7의 이중 지문과 비슷한 분량입니다. 이러한 지문이 총 4개, 각 지문당 7개의 문제가 출제되어 있으며, 그 7문제에는 세부정보, 추론, 사실확인, 동의어 찾기 유형이 섞여서 출제됩니다. 특히 동의어 찾기 문제는 한 지문당 2문제가 고정적으로 출제되어 독해 영역 전체에서 동의어 문제는 총 8문제가 출제됩니다. 그 외의 세부정보, 사실확인, 추론 유형의 문제는 반드시 해당 지문을 꼼꼼하게 읽으면서 정답을 찾아야 합니다.

동의어 문제를 제외한 한 지문에 나오는 독해 문제 5문제는 독해 지문의 단락 순서대로 출제됩니다.
예를 들어, 첫 번째 단락에서 첫번째 문제의 정답 단서가 있으며, 두 번째 단락에 두번째 문제의 정답 단서가 있는 식입니다. 하지만 이것이 항상 규칙적이지는 않은데, 가령 첫 번째 단락에 첫 번째 문제의 정답 단서가 없으면 두 번째 단락에 첫 번째 문제의 정답 단서가 있기도 합니다. 그래서 문제를 풀 때는 첫 번째 문제를 먼저 읽고, 문제의 키워드를 파악한 다음, 첫 번째 단락을 읽으면서 해당 키워드를 찾는 식으로 문제를 풀이합니다. 여기서 가장 중요한 것은 문장의 내용을 제대로 이해할 수 있는 해석 능력입니다. 영어 문장 해석 능력은 기초적인 영문법과 어휘 실력으로 완성됩니다.

따라서 지텔프 독해에서 요구되는 수준의 어휘 실력을 갖추기 위해 기초 영단어 포함 최소 2,000단어 이상 암기해야 하며, 영어 문장을 올바르게 해석하기 위해 기초 영문법을 학습해야 합니다. 여기서 기초 영문법이란 중/고등학교 영어 수준의 영문법을 말하며, 품사의 구분부터 문장성분 분석, 각 문장의 형식에 따른 문장 해석 방법, 부정사, 동명사, 분사(구문), 관용 구문까지 아울러 포괄적으로 일컫는 말입니다. 어휘와 해석 능력만 갖춰진다면 60점까지 무리없이 도달할 수 있으며, 거기서 추가적으로 패러프레징(paraphrasing) 된 오답을 피하는 요령, 세부 정보 및 추론 문제에서 정답 보기를 찾는 요령 등 독해 스킬에 해당하는 것을 추가적으로 학습하면 70점에 도달할 수 있습니다.

3. 청취 영역을 포기하지 말 것

청취는 총 4개 지문, 각 지문당 6~7문제가 출제되는데, 난이도가 그 어떤 다른 영어 시험보다 어려운 수준이기에 많은 수험생들이 청취 영역을 포기하는 경우가 많습니다. 청취 영역이 어려운 이유는 첫째, 문제가 시험지에 인쇄되어 있지 않습니다. 즉 듣기 음원에서 문제를 2회 들려주는데, 이 때 빠르게 시험지에 메모하여 문제를 파악해야 합니다. 둘째, 한 지문이 6분 이상 재생되기 때문에, 들으면서 즉각적으로 6~7문제를 풀어야 하는 수험생에게 아주 긴 집중력을 필요로 합니다. 셋째, 문제의 난이도가 독해 영역의 문제만큼이나 어렵습니다. 듣기 문제에서 세부정보, 사실 확인, 추론 유형의 문제를 풀이해야 하는데, 이 때 성우가 말하는 단서 중 한 단어만 놓쳐도 해당 문제에서 오답을 고를 확률이 매우 높아집니다. 그렇기 때문에 약 25분 정도 소요되는 청취 영역 시간 동안 문법이나 독해 문제를 푸는 수험생이 많고, 청취는 하나의 보기로 통일하여 답안지에 기재하는 등 포기하는 경우가 많습니다.

문법과 독해에서 고득점을 받는다면 청취에서 하나의 보기로 답안지를 작성하여도 20점~25점의 점수를 얻어 총점 195점을 받을 수 있지만, 항상 변수에 대비해야 합니다. 여기서 변수는 독해 영역에서 지나치게 어려운 주제의 지문이 출제되는 경우입니다. 특히 독해 PART 2 잡지 기사문과 PART 3 백과사전 지문에서 의학, 과학, 윤리/철학 등 이해하기 어려운 개념에 대한 지문이 등장하면 어휘부터 어렵기 때문에 많은 수험생들이 제실력을 발휘하지 못하고 목표한 점수를 얻지 못하는 경우가 발생합니다. 이러한 경우를 대비하여, 청취 영역시간에는 청취 영역을 적극적으로 풀이할 것을 권장합니다. 물론 지문이 길고 문제도 적혀 있지 않기 때문에 어렵겠지만, 한 지문에서 첫 3문제는 지문의 앞부분에서 키워드만 듣게 되면 바로 정답을 찾을 수 있을 정도로 비교적 난이도가 낮습니다. 따라서 문제를 읽어줄 때 문제를 메모하는 연습을 하여 각 지문당 3문제씩이라도 집중해서 제대로 푼다면 적어도 30점 이상은 얻을 수 있습니다. 청취 영역에서 30점 보다 더 높은 점수를 받을 경우, 그만큼 독해에서 고난도의 문제를 틀리더라도 총점 195점을 달성하는데 많은 도움이 될 것입니다.

지텔프 LEVEL 2 성적 활용표

▪ 주요 정부 부처 및 국가 자격증

활용처(시험)	지텔프 Level 2 점수	토익 점수
군무원 9급	32점	470점
군무원 7급	47점	570점
경찰공무원(순경)	48점 (가산점 2점) 75점 (가산점 4점) 89점 (가산점 5점)	600점 (가산점 2점) 800점 (가산점 4점) 900점 (가산점 5점)
소방간부 후보생	50점	625점
경찰간부 후보생	50점	625점
경찰공무원 (경사, 경장, 순경)	43점	550점
호텔서비스사	39점	490점
박물관 및 미술관 준학예사	50점	625점
군무원 5급	65점	700점
국가공무원 5급	65점	700점
국가공무원 7급	65점	700점
입법고시(국회)	65점	700점
법원 행정고시(법원)	65점	700점
세무사	65점	700점
공인노무사	65점	700점
공인회계사	65점	700점
감정평가사	65점	700점
호텔관리사	66점	700점
카투사	73점	780점
국가공무원 7급 (외무영사직렬)	77점	790점

* 출처: G-TELP 공식 사이트(www.g-telp.co.kr)

목표 달성 학습플랜

- 다음의 학습 진도를 참조하여 매일 학습합니다.
- 교재/강의를 끝까지 보고 나면 부록으로 제공되는 <질문 노트테이킹 5회>를 학습하시기 바랍니다.
- ACTUAL LISTENING은 『최신 지텔프 공식 기출문제집』에도 선보였던 실제 정기시험 기출문제입니다. 시험 직전 마무리 단계로 기출문제를 푸시는 것을 권장합니다.

20일 완성 학습 플랜

정기시험 20일전부터 시작하여 기초부터 차근차근 학습을 진행하여 실전 마무리까지 완성하는 20일 완성 학습 플랜입니다.

1일	2일	3일	4일	5일
[CHAPTER 1] UNIT 1 지텔프 청취 소개 및 청취 기본 훈련	[CHAPTER 1] UNIT 2 청취 질문유형별 분석	[CHAPTER 2] PART 1 특징 및 질문 유형, PART 1 공략 연습	[CHAPTER 2] PART 1 패러프레이징 연습	[CHAPTER 2] PART 1 LISTENING EXERCISE 1, 2, 3
6일	**7일**	**8일**	**9일**	**10일**
[CHAPTER 2] PART 1 ACTUAL LISTENING	[CHAPTER 2] PART 2 특징 및 질문 유형, PART 2 공략 연습	[CHAPTER 2] PART 2 패러프레이징 연습	[CHAPTER 2] PART 2 LISTENING EXERCISE 1, 2, 3	[CHAPTER 2] PART 2 ACTUAL LISTENING
11일	**12일**	**13일**	**14일**	**15일**
[CHAPTER 2] PART 3 특징 및 질문 유형, PART 3 공략 연습	[CHAPTER 2] PART 3 패러프레이징 연습	[CHAPTER 2] PART 3 LISTENING EXERCISE 1, 2, 3	[CHAPTER 2] PART 3 ACTUAL LISTENING	[CHAPTER 2] PART 4 특징 및 질문 유형, PART 4 공략 연습
16일	**17일**	**18일**	**19일**	**20일**
[CHAPTER 2] PART 4 패러프레이징 연습	[CHAPTER 2] PART 4 LISTENING EXERCISE 1, 2, 3	[CHAPTER 2] PART 4 ACTUAL LISTENING	[부록] 질문 노트테이킹 5회	[부록] 무료 모의고사 1회 (표지 안쪽 참조)

10일 완성 학습 플랜

시험이 얼마 남지 않았을 때나 20일 학습 플랜을 끝낸 후 한 번 더 교재를 학습할 때를 위한 10일 완성 학습 플랜입니다. 초반에 파트별 공략법과 패러프레이징 연습, 연습문제를 모아서 학습하고, 기출문제(ACTUAL LISTENING)를 후반에 모아서 진행해야 하므로 하루에 학습해야 하는 시간이 적어도 3시간 이상은 필요한 학습 플랜입니다.

1일	2일	3일	4일	5일
[CHAPTER 1] UNIT 1 지텔프 청취 소개 및 청취 기본 훈련, UNIT 2 청취 질문 유형별 분석	[CHAPTER 2] PART 1 특징 및 질문 유형, PART 1 공략 연습, 패러프레이징 연습, LISTENING EXERCISE	[CHAPTER 2] PART 2 특징 및 질문 유형, PART 2 공략 연습, 패러프레이징 연습, LISTENING EXERCISE	[CHAPTER 2] PART 3 특징 및 질문 유형, PART 3 공략 연습, 패러프레이징 연습, LISTENING EXERCISE	[CHAPTER 2] PART 4 특징 및 질문 유형, PART 4 공략 연습, 패러프레이징 연습, LISTENING EXERCISE
6일	**7일**	**8일**	**9일**	**10일**
[CHAPTER 2] PART 1 ACTUAL LISTENING	[CHAPTER 2] PART 2 ACTUAL LISTENING	[CHAPTER 2] PART 3 ACTUAL LISTENING	[CHAPTER 2] PART 4 ACTUAL LISTENING	[부록] 질문 노트테이킹 5회

5일 완성 학습 플랜

시험 직전 마무리 회독을 하기 위해 CHAPTER 1 학습은 하지 않고 CHAPTER 2만 학습하여 파트별 공략법과 문제 풀이에 집중하는 플랜입니다. 키워드 찾기와 정답의 단서 및 정답 보기의 패러프레이징에 집중하여 학습하여 정답의 이유와 오답의 이유를 각각 확인하면 실제 시험에서 최대한 높은 점수를 확보할 수 있습니다.

1일	2일	3일	4일	5일
[CHAPTER 2] PART 1 특징 및 질문 유형, PART 1 공략 연습, 패러프레이징 연습, LISTENING EXERCISE	[CHAPTER 2] PART 2 특징 및 질문 유형, PART 2 공략 연습, 패러프레이징 연습, LISTENING EXERCISE	[CHAPTER 2] PART 3 특징 및 질문 유형, PART 3 공략 연습, 패러프레이징 연습, LISTENING EXERCISE	[CHAPTER 2] PART 4 특징 및 질문 유형, PART 4 공략 연습, 패러프레이징 연습, LISTENING EXERCISE	[CHAPTER 2] PART 1~4 ACTUAL LISTENING 및 Review

UNIT 1 지텔프 청취 소개 및 청취 기본 훈련

UNIT 2 청취 질문 유형별 분석

CHAPTER 1

지텔프 청취 오리엔테이션

G-TELP LISTENING

지텔프 청취 소개 및 청취 기본 훈련

지텔프 청취 영역 소개

1 지텔프 청취

지텔프 Level 2 시험의 청취 영역(Listening Section)은 시험지에서 문법 영역(Grammar Section) 다음에 위치하며, 시험시작 20분 후에 음원 재생과 함께 시작된다.

시험 구성	26문항 (PART 1~4) PART 1: 7문항, PART 2: 6문항, PART 3: 6문항, PART 4: 7문항
진행 순서	시험 시작 20분 후 음원 재생과 동시에 시작되며, PART 1부터 4까지 차례대로 진행
시험 시간	27~29분 사이
특이사항	시험지에 각 문항의 문제는 표기되어 있지 않고, 음원으로만 제시되며, 시험지에는 문항별 선택지 (a)~(d)만 제시

2 청취 PART별 구성

PART	구성	문항 번호(문항수)
PART 1	**2인 대화** (남자와 여자의 일상 대화)	27~33번(7문항)
PART 2	**1인 담화** (행사나 제품에 대한 광고, 설명)	34~39번(6문항)
PART 3	**2인 대화** (남자와 여자의 대화 – 선택 항목 A, B의 장/단점)	40~45번(6문항)
PART 4	**1인 담화** (특정 주제에 대한 팁, 과정, 방법 설명)	46~52번(7문항)

3 지텔프 청취 영역 문항 및 문제 풀이 개요

- 성우는 미국인 남자와 미국인 여자로 구성된다.
- 시험지에 질문은 나와 있지 않고 각 문항별로 (a)~(d)의 선택지만 제시되어 있으며, 질문에는 정답을 찾는 키워드가 해당 질문에 포함되어 있기 때문에 질문 노트테이킹은 필수이다.

27. (a) a professional circus
    (b) a touring museum event
    (c) a film about the solar system
    (d) an astronomical event

- 지문(대화/담화)이 시작되기 전에 미리 선택지 (a)~(d)의 내용을 파악하여 전체적 소재와 내용을 유추하는 것이 중요하다.
- 지문을 들으면서 질문의 키워드와 정답의 단서가 언급되면 바로 선택지 (a)~(d) 중에서 정답 선택
- 각 지문은 3분 30초 내외로 지속되며, 약 500~600단어로 구성되므로 단어 및 숙어, 표현의 의미와 쓰임새를 숙지하고 있어야 하며, 선택지 (a)~(d)의 내용도 파악해야 하므로 해석 능력도 갖추어야 한다.

4 청취 영역 진행 순서 및 풀이 과정

청취 영역은 들으면서 선택지 (a)~(d) 중에서 질문에서 요구하는 답을 골라야 해서 청해력과 독해력, 그리고 순발력이 요구되는 복잡하고 어려운 영역이다. 긴 지문을 듣고 6~7문제를 풀어야 하며, 문제지에 질문이 적혀 있지 않기 때문에 정해진 구간의 음원 내용을 놓치면 문제를 풀 수 없다. 그래서 해당 PART의 선택지 (a)~(d)를 미리 읽고, 음원을 들으면서 적극적으로 질문을 받아 적는 것이 청취의 기본이다.

다음 표에 제시된 청취 파트별 진행 순서를 알고, 선택지를 읽어야 하는 시간과 질문을 듣고 적어 둬야 하는 시간을 알아 두는 것이 좋다.

▸ **PART 1**

음원순서	General Direction / Sample Question	Part 1 Direction	Part 1 1차 질문	Part 1 지문
소요시간	1분 30초	20초	1분 5초 -10초	3분 30초 내외
할 일	Part 1 선택지 분석		질문 노트테이킹	문제 풀기

▸ **PART 2**

음원순서	Part 1 2차 질문	Part 2 Direction	Part 2 1차 질문	Part 2 지문
소요시간	1분 45초	20초	1분 5초 -10초	3분 30초 내외
할 일	Part 2 선택지 분석		질문 노트테이킹	문제 풀기

▸ **PART 3**

음원순서	Part 2 2차 질문	Part 3 Direction	Part 3 1차 질문	Part 3 대화
소요시간	1분 45초	20초	1분 5초 -10초	3분 30초 내외
할 일	Part 3 선택지 분석		질문 노트테이킹	문제 풀기

▸ **PART 4**

음원순서	Part 3 2차 질문	Part 4 Direction	Part 4 1차 질문	Part 4 지문
소요시간	1분 45초	20초	1분 5초 -10초	3분 30초 내외
할 일	Part 4 선택지 분석		질문 노트테이킹	문제 풀기

지텔프 청취 선택지 분석

1 선택지 분석의 필요성

질문은 시험지에 기재되어 있지 않고 각 문항의 선택지 (a)~(d)만 표기되어 있기 때문에 대화나 담화를 듣기 전에 선택지를 먼저 확인해두는 것이 중요하다. 특히 지문의 중심 소재나 키워드들을 미리 파악해두면, 지문을 들으면서 키워드를 놓치지 않을 수 있으며, 선택지 중에서 빠르게 정답을 고를 수 있다.

2 선택지 분석 노하우

❶ 키워드에 표시하기

선택지에 있는 모든 단어가 아니라 키워드에만 동그라미나 밑줄 등으로 표시하면 지문을 들으면서 정답을 고를 때 한 눈에 정답의 단서와 관련된 키워드를 파악할 수 있다.

❷ 키워드 파악하기

- 주어나 목적어, 수식어구에 쓰인 명사나 형용사, 부사는 동그라미를, 동사는 밑줄로 표시한다.
- not, never, rarely, hardly와 같은 부정어는 X로 표시한다.
- 증가와 상승을 나타내는 동사나 형용사, 부사는 위 방향 화살표(↑), 감소나 하강, 적음을 나타내는 동사나 형용사,부사는 아래방향 화살표(↓)로 표시한다.
- 장점, 이점, 혜택, 추가 등과 같은 긍정적이거나 이득을 나타내는 단어는 +로, 단점, 불이익 등 부정적인 단어는 -로 표시한다.

  예 That the speaker lacks the confidence. ↓

❸ 선택지 단서로 질문의 의문사 추측하기

아래와 같은 선택지의 유형을 보고 질문의 의문사를 추측할 수 있다.

선택지	질문의 의문사
because ~	Why ⇒ Y로 표기 [빈출]
by + -ing	How ⇒ H로 표기 [빈출]
동명사(동사 + ing)	What ⇒ W로 표기 [빈출]
when / after / before + 주어 + 동사	When ⇒ When으로 표기
at / in / on + 장소명사	Where ⇒ Where로 표기

특히 청취 영역에서는 Why, How, What 의문사가 질문에 자주 등장한다.

예 **by celebrating her son's achievement**
→ by -ing는 '~함으로써'라는 의미로 방법을 나타내므로 질문의 의문사는 How이다.

because he didn't like the food
→ because는 '~하기 때문에'라는 의미로 이유를 나타내므로 질문의 의문사는 Why이다.

to explain how to learn English

→ to부정사는 대부분 '~하기 위해'라는 의미로 목적을 나타낼 때 쓰이므로 질문의 의문사는 Why이다.

having better-prepared opponents

→ 동명사(동사ing) 형태는 '~하는 것'이라는 의미를 나타내며, 질문의 의문사는 What이다.

They had not produced new brain cells yet.

→ 선택지가 주어와 동사를 포함한 문장이라면 질문의 의문사는 Why 또는 What 또는 How이다.

the tendency to imitate an act of the majority

→ 선택지가 <명사구 + 수식어구>로 이루어져 있다면 질문의 의문사는 What이다.

that it can be read without a device

→ 명사절 접속사 that과 문장으로 구성되어 있다면 질문의 의문사는 What이다.

when he will return

→ 선택지에 when, after, before 등의 시간 접속사가 있다면 질문의 의문사는 When이다.

at the gym

→ 선택지가 장소 전치사 at, in, on, by 등과 장소명사로 구성되어 있다면 질문의 의문사는 Where이다.

❹ 긴 단어의 키워드나 복잡한 개념은 우리말 해석으로 정리하기

모든 선택지를 모두 해석하는 것은 많은 시간이 소요될 뿐만 아니라 지문을 들을 때 정답의 단서나 정답과 관련된 구문을 나타내는 키워드를 놓칠 가능성이 높다. 하지만 키워드가 너무 길거나 선택지의 내용이 복잡할 경우 해당 선택지 옆에 가장 핵심적인 내용을 간단하게 우리말로 적어 두는 것이 좋다. 특히 각 PART의 첫 번째 문제의 선택지는 1~2 단어로 한글 요약으로 적는 것이 효과적이다.

❺ 선택지 분석의 타이밍

문법 시험 시작 후 20분, 음원이 방송으로 재생되면서 청취 영역이 시작된다. 이 때 나오는 청취 시험 안내인 General Direction과 각 PART가 시작되기 전 PART별 Direction이 재생될 때 해당 PART에 있는 6~7문항의 선택지를 분석하는 것이 좋다. (p. 23 청취 영역 진행 순서 및 풀이 과정 참조)

❻ PART별 우선 분석 문항

Direction이 방송되는 시간 내에 해당 PART의 선택지를 모두 분석하여 흐름과 소재를 파악하는 것이 이상적이지만, 모든 문항을 꼼꼼히 분석할 시간이 부족하다면, 난이도가 낮거나 정답률이 높은 문항의 선택지를 우선적으로 분석하는 것이 효율적이다. 문법 영역을 빨리 풀고 청취 방송이 시작되기 전에 청취 PART별 선택지를 미리 분석해두는 것도 좋다.

PART 구분	우선 분석 문항
PART 1	27~28번(첫 두 문제), 33번(마지막 문제) 우선 분석
PART 2	34번(첫 문제), 39번(마지막 문제) 우선 분석
PART 3	40번(첫 문제), 45번(마지막 문제) 우선 분석
PART 4	46~48번 (첫 세 문제) 우선 분석

질문 노트테이킹

1 질문 노트테이킹이란?

청취 영역은 질문이 시험지에 표기되어 있지 않기 때문에, 청취 음원에서 나오는 각 문항의 질문을 직접 듣고 간결하게 받아 적어 두어야 문제의 내용을 파악하고 정답을 고를 수 있다. 이렇게 질문을 간결하게 받아 적는 것을 질문 노트테이킹(필기)이라고 한다.

2 질문 노트테이킹 노하우

질문 노트테이킹의 목적은 질문의 내용을 파악하고 질문의 키워드가 지문(대화/담화)에서 언급되면 그 부근에서 정답의 단서를 듣는 것이다. 정답의 단서를 들어야 선택지 (a)~(d) 중에서 정답을 고를 수 있으므로 질문의 키워드를 파악하지 못하면 정답의 단서를 듣는 것이 매우 어렵다. 그래서 질문의 키워드를 파악하기 위해 질문이 방송되는 짧은 순간에 질문의 키워드를 빠르고 간략하게 적는 방법을 알아보자.

❶ 질문의 구조

질문 노트테이킹은 질문 전체를 적는 것이 아니라 질문의 핵심 내용을 담고 있는 키워드(keyword)를 적는 것이다. 이 키워드는 대개의 경우 질문의 뒷부분에 위치한다. 질문의 뒷부분에는 동사, 목적어, 보어, 부사 또는 전치사구(수식어구)가 위치하며, 이런 키워드를 쉽게 찾기 위해서 질문의 문장 구조를 미리 알아 두는 것이 좋다.

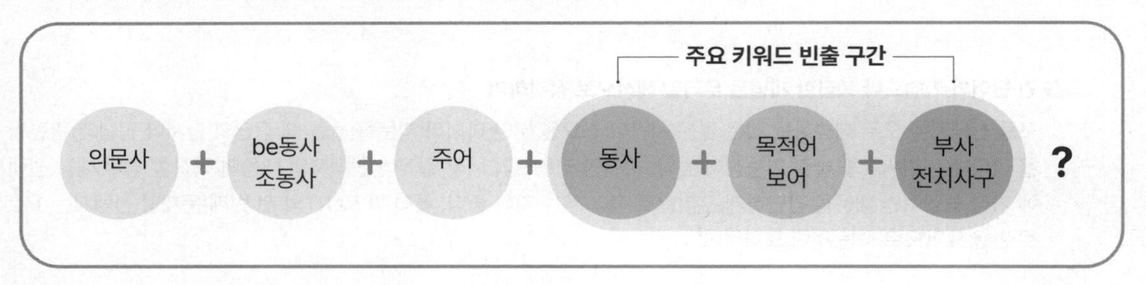

예 How can the product help the buyers to do exercises?

문장 구조 **How** can the product **help the buyers to do exercises**?
의문사 조동사 주어 동사 목적어 목적격보어

직역 **어떻게** / 할 수 있나 / 그 제품이 / **도움이 된다 / 구매자들이 / 운동하는 것**?
키워드 **어떻게, 도움이 된다, 구매자들이, 운동하는 것**
해석 구매자들이 운동하는 것에 그 제품이 어떻게 도움이 될 수 있는가?

Why will Jenifer visit her grandmother this weekend?

문장 구조 **Why** will Jenifer **visit her grandmother this weekend**?
의문사 조동사 주어 동사 목적어 부사

직역 **왜** / 할 것인가 / 제니퍼가 / **방문하다 / 그녀의 할머니를 / 이번 주말에**?
키워드 **왜, 방문하다, 그녀의 할머니를, 이번 주말에**
해석 왜 제니퍼는 이번 주말에 그녀의 할머니를 방문할 것인가?

Why most likely does Rachel need an extra room in her home?

문장 구조 **Why** most likely does **Rachel** **need** **an extra room** **in her home**?
의문사 부사 조동사 주어 동사 목적어 전치사구(장소)

직역 **왜** / 할 것 같은가 / **레이첼이** / **필요하다** / **여분의 방을** / **그녀의 집에**?

키워드 **왜, 레이첼이, 필요한가, 여분의 방을, 그녀의 집에**

해석 레이첼이 집에 여분의 방이 필요한 이유는 무엇일 것 같은가?

What makes Gold Paradise different from regular resorts?

문장 구조 **What** makes **Gold Paradise** **different** **from regular resorts**?
의문사(주어) 동사 목적어 목적격보어 전치사구

직역 **무엇이** / 만드는가 / 골드 파라다이스를 / **다르게** / **일반 리조트와?**

키워드 **무엇이, 골드 파라다이스를, 다르게, 일반 리조트와**

해석 골드 파라다이스를 일반 리조트와 다르게 만드는 것은 무엇인가?

What can travelers do at Sunset Park if they are looking for a proper meal?

문장 구조 **What** can **travelers** **do** **at Sunset Park** **if** they are **looking for a proper meal**?
의문사 조동사 주어 동사 전치사구(장소) 부사절(if절)

직역 **무엇을** / 할 수 있는가 / **여행객들이** / **하다** / **선셋 파크에서** / **만약 그들이 제대로 된 식사를 찾고 있다면?**

키워드 **무엇을, 하다, 여행객들이, 선셋 파크에서, 제대로 된 식사를 찾고 있다면**

해석 여행객들이 제대로 된 식사를 찾고 있다면, 그들은 선셋 파크에서 무엇을 할 수 있는가?

❷ 자주 나오는 단어들은 축약해서 쓰는 연습하기

내용		노트테이킹
의문사	What	W
	Why	Y
	How	H
	When	When
	Where	Where
증가, 상승 (increase, rise, go up, more), 향상 (improve), 혜택, 이익, 장점 (benefit, advantage, useful, upside, beneficial)		+ 또는 ↑
감소, 하락 (decrease, decline, reduce, lower, plummet), 불이익, 단점 (disadvantage, downside, drawback, flaw)		- 또는 ↓
부정어구 (not, never, rarely, hardly, unable, without)		X
접속사 before, after		bf, af
According to		a/c

❸ 사람 이름은 첫 글자를 대문자로 적기

PART 1과 PART 3는 2인 대화 지문이며, 남자와 여자가 나누는 대화로 진행된다. 따라서 질문에도 남자와 여자의 이름이 주어나 목적어로 언급되는 경우가 많은데, 질문이 "According to 사람 이름" 또는 "Based on 사람 이름"으로 시작되면 그 사람이 말하는 내용에 언급된 단서를 통해 정답을 골라야 하므로 질문에서 누구를 말하는지 적을 필요가 있다. 이름을 그대로 적기에는 시간이 오래 걸리고 어려우므로 이름의 첫 글자를 대문자로 써서 구분하는 것이 효율적이다.
ex) According to Jane ⇒ a/c J / According to Matthew ⇒ a/c M

질문이 "According to Jane"이라고 시작하는 경우, 같은 주제에 대해 Matthew도 언급을 했더라도 Jane이 말하는 부분에서 정답의 단서가 언급되므로 질문에서 누구를 지칭하는지를 반드시 확인해야 한다. 특히 동일한 주제에 대해 남자와 여자가 모두 언급하기 때문에 이를 이용한 오답도 선택지에 있으므로 사람 이름을 노트테이킹하지 않으면 오답을 고를 확률이 높아진다. 참고로, 사람 이름이 언급되지 않는 According to[Based on] the conversation[the talk / the speaker]는 노트테이킹을 할 필요가 없다.

❹ 까다롭고 긴 단어는 한글로 적기

영어로 빠르게 적기 까다롭거나 길이가 긴 단어의 경우는 한눈에 알기 쉬운 짧은 한글 단어로 적거나 발음 나는 대로 적는 것도 필요하다. 단, 노트테이킹을 보고 바로 해당 단어가 연상될 수 있어야 하며, 한글로 적는 것이 더 오래 걸리지 않도록 미리 연습을 많이 해 두어야 한다. 연습문제, 실전문제 등에서 자주 등장하는 긴 단어들을 어떻게 적을 것인지 미리 정해두는 것도 좋다. 참고로, 추론 유형 질문에 항상 언급되는 most likely와 probably는 '추론'으로 적는 것이 간단하다.

❺ 질문 노트테이킹 연습 문항 수 늘리기

질문 노트테이킹을 처음 연습할 때는 문항 순서별로 한 문항씩 끊어서 연습하고, 점차 익숙해지면 3개에서 7개 문항까지 중단없이 듣고 연속으로 노트테이킹을 하는 연습을 한다. 실제 시험에서는 6~7개의 질문이 출제되는데, 각 질문 사이에 5초의 간격이 주어진다. 이 간격에 맞춰 질문 노트테이킹을 할 수 있도록 준비하는 것이 필요하다.

• 질문 노트테이킹 예시

U1_1.MP3

40. Who inspired Gina to sign up for college classes?

Who inspire G sign 대학?

해석 누가 지나에게 대학 강좌에 등록하도록 영감을 주었는가?

41. Why does Gina think a literature course would be good for her?

Y G 문학 good?

해석 지나는 왜 문학 강좌가 자신에게 좋을 것이라고 생각하는가?

42. Why was Antonio's course on twentieth-century novels challenging?

Y A's course 20세기 소설 힘듦?

해석 20세기 소설에 관한 안토니오의 강좌는 왜 힘들었는가?

43. What did Antonio like about Dr. Green's course?

W A like Dr. Green 수업?

해석 안토니오가 그린 박사의 강좌와 관련해 무엇을 마음에 들어 했는가?

44. Why might taking the marine biology course be hard for Gina?

Y 해양 생물 어려움 for G?

해석 해양 생물학을 수강하는 것이 지나 에게 어려울지도 모르는 이유는 무엇인가?

45. What has Gina probably decided to do?

W G 추론 결정?

해석 지나는 무엇을 하기로 결정했을 것 같은가?

• <부록> (p. 100)에서 질문 노트테이킹 5회분(130문항)을 연습할 수 있다.

UNIT 02

청취 질문 유형별 분석

주제 및 목적 유형

PART 2와 PART 4는 1인 담화이며, 그 중 PART 2는 행사나 제품과 관련된 내용을 다룬다. 반면, PART 4는 다양한 주제에 대한 팁이나 과정을 5~6가지의 항목으로 나누어 설명한다. 이 두 담화의 첫 문제(34번, 46번)은 대부분 담화의 주제나 목적에 대해 묻는 문제로 출제된다. 청취 영역의 문제 중 상대적으로 난이도가 낮기 때문에 정답율이 높은 편이다.

1 주제 및 목적 유형 빈출 질문

- **What** is this talk mainly **about**? 담화는 주로 무엇에 관한 것인가?
- **What** is **the subject of the presentation?** 발표의 주제는 무엇인가?
- **What** is the speaker mainly **discussing**? 화자는 주로 무엇에 대해 이야기하는가?
- **What** is the **purpose** of the talk? 담화의 목적은 무엇인가?

2 주제 및 목적 유형 문제풀이 방법

- PART 2와 PART 4의 질문 노트테이킹 시 첫 문제가 주제 및 목적 유형이므로 문제지에 있는 34번과 46번에 "주제" 또는 "목적"이라고 미리 적어 둔다. 이를 통해 다른 문제의 선택지를 분석할 시간을 더 많이 확보할 수 있다.
- 대화 또는 담화의 초반부에 주제 및 목적을 언급할 때 사용되는 빈출 표현이 나오며, 이 표현을 미리 숙지하면 정답을 쉽게 확인할 수 있다.
- 질문의 키워드와 대화 또는 담화에서 언급되는 키워드가 패러프레이징되어 있을 수 있으며, 질문의 키워드가 대화 또는 담화에서 언급되는 부근에서 정답의 단서가 제시된다. 정답의 단서 내용 또한 패러프레이징되어 선택지에 제시되므로 질문의 키워드, 정답의 단서, 선택지의 내용을 잘 파악해야 한다.
- 독해의 경우 지문이 문제지에 있기 때문에 내용을 반복해서 읽을 수 있지만, 청취는 독해와 달리 그 내용이 한번 언급되고 지나가면 다시 들을 수 없다. 따라서 질문의 키워드를 들었지만 정답의 근거를 놓쳤다면 다음 문제로 넘어가서 다음 문제의 키워드와 정답의 단서를 들을 준비를 해야 한다.

3 주제 및 목적 유형의 정답의 단서를 언급하는 빈출 표현

- Today, I'm going to[I will / I want to / I'd like to] tell you about[talk about] ~
  오늘 ~에 대해 말하려고 합니다
- Let me tell[teach] you how to ~ ~하는 방법에 대해 말씀드리겠습니다[가르쳐드리겠습니다]
- If you consider~, you should~ ~를 고려한다면, ~하세요
- I will give you tips on ~ 에 대한 팁을 드리겠습니다.
- I will share [I would like to offer] some advice on ~ ~에 관한 몇 가지 조언을 공유해드리겠습니다.
- This guide will teach you ~ 이 안내가 여러분에게 ~을 가르쳐 줄 것입니다.
- Let me share with you some tips on ~ ~에 관한 몇 가지 팁을 공유해 드리겠습니다
- Here are some of its features. 여기서 이 제품의 특징을 설명 드리겠습니다.

4 주제 및 목적 유형 문제풀이

U2_1.MP3

1. ① 주제/목적

(a) a social media site for travelers 소셜 미디어(SNS)

(b) a travel-themed convention 컨벤션 행사

(c) a useful gadget for travelers 유용한 장치

③ (d) a travel-related resource 여행수단

STEP ① 선택지 분석

PART 2, 4의 첫 문제는 미리 "주제/목적"으로 적어 둔다. 그 다음 선택지 (a)~(d)의 내용을 분석하여 파악한다.

1. What is the subject of the presentation?

Good morning, everyone. Welcome to our talk. We at Nomadic Crowd Company believe that traveling should be hassle-free. That's why we have developed the all-in-one companion for your travel. ② Let me introduce **our newest application for tourists and adventurers** like you: **the Excursions app**. The **Excursions app is a multifunctional smartphone application designed for travelers.**

해석

1. 발표의 주제는 무엇인가?

좋은 아침입니다. 여러분. 저희 강연에 오신 것을 환영합니다. 저희 노매딕 크라우드 컴패니는 여행은 성가신 것이 없어야 한다고 믿고 있습니다. 그게 저희가 여러분의 여행을 위해 일체형의 동반자를 개발한 이유입니다. 여러분과 같은 관광객, 모험가들을 위한 저희의 최신 어플리케이션을 소개해드립니다. '익스커젼 앱'입니다. '익스커젼 앱'은 여행객들을 위해 만들어진 다기능 스마트폰 어플리케이션입니다. 유용한 특징들로 가득하여, 관광 가이드에 의지하는 것보다 스스로 여러 장소들을 탐험하는 것을 좋아하는 모험가들을 위한 완벽한 앱입니다.

(a) 여행가들을 위한 소셜 미디어 사이트

(b) 여행을 주제로 하는 대화

(c) 여행가들을 위한 유용한 장치

③ (d) 여행 관련 수단

STEP ② 지문에서 단서 찾기

인사말과 함께 등장하는 정답의 근거 표현에 주의하며 듣는다. 키워드를 언급하는 표현이 등장하면 정답의 단서를 주의해서 듣는다.

"Let me introduce ~"가 발표의 주제를 소개하는 표현이며, 그 뒤에 "our newest application for tourists and adventurers like you: the Excursions app"를 통해 관광객, 모험가를 위한 신규 애플리케이션(앱)에 관한 내용임을 알 수 있다. 또한 그 뒤에 "Excursions app is a multifunctional smartphone application designed for travelers"를 듣고 해당 앱이 여행객들을 위한 다기능 스마트폰 앱임을 알 수 있다.

STEP ③ 단서와 일치하는 정답 찾기

따라서 주제는 여행과 관련된 어플리케이션(앱)이며, 이를 resource라는 단어로 '수단, 방편'으로 나타낸 (d)가 정답이다.

정답 **(d)**

세부정보 유형

세부정보 유형은 청취에서 절반 이상의 출제율로 가장 출제 비중이 높은 문제 유형이다. 지문에 설명된 모든 특정 정보가 세부정보 유형 문제의 키워드가 될 수 있으며, 질문에서 언급된 키워드가 지문에서 언급되면 그 부분의 앞, 뒤의 내용이 정답의 단서로 제시된다. 정답의 단서는 문제의 선택지와 동일하게 언급되지 않고 패러프레이징된 경우가 많다. 패러프레이징된 보기를 해석하고 그 내용이 정답의 단서와 연결되는지 확인해야 한다.

1 세부정보 유형 빈출 질문

What

- **What surprised** Rose the most **about a live set**?
  생방송 세트와 관련해 무엇이 로즈를 가장 놀라게 했는가?
- **What** was **the best part** of the concert **for Eddie**?
  콘서트에서 무엇이 에디에게 가장 좋은 부분이었는가?

How

- **How** does the SunGrown Online app **make shopping so quick**?
  선그로운 온라인 앱이 어떻게 쇼핑을 그렇게 신속하게 만들어 주는가?
- According to Lawrence, **how** can **using cloud storage** be **convenient** for Christine?
  로렌스 씨의 말에 따르면, 클라우드 저장 공간을 이용하는 것이 어떻게 크리스틴 씨에게 편리할 수 있는가?

Why

- **Why** did Eddie say it was a **good** thing **Teresa missed the concert**?
  에디는 왜 테레사가 콘서트를 놓친 것이 잘된 일이라고 말했는가?
- **Why** is **using external hard drive storage ideal** for Christine's business trips?
  외장 하드 드라이브 저장 공간을 이용하는 것이 왜 크리스틴 씨의 출장에 이상적인가?

When

- **When** can guests **speak with the soldiers**?
  고객들이 병사들과 이야기를 나눌 수 있는 것은 언제인가?

Where

- **Where** does **the speaker's book take place**?
  화자의 책은 어디서 발생하였는가?

Who

- **Who** would **help Diana communicate** on her trip?
  다이애나의 여행에서 그녀의 의사소통을 도울 사람은 누구인가?
- **Who** are **the usual guests** on Craig's favorite podcast?
  크레이그 씨가 가장 좋아하는 팟캐스트에서 통상적인 초대 손님은 누구인가?

2 세부정보 유형 문제풀이 방법

- 질문을 들을 때 의문사와 키워드를 노트테이킹한다.
- 질문의 키워드와 대화 또는 담화에서 언급되는 키워드가 패러프레이징 되어 있을 수 있으며, 질문의 키워드가 언급되는 부근에서 정답의 단서가 제시된다. 정답의 단서 또한 패러프레이징되어 선택지에 제시되므로 질문의 키워드, 정답의 단서, 선택지의 내용을 잘 파악해야 한다.
- 선택지 중에는 특정 세부정보를 다르게 나타내거나 질문에서 요구하는 내용과는 무관한 것을 오답 선택지로 제시하는 경우가 많으므로 질문의 키워드와 정답의 단서를 정확하게 파악해야 한다.
- 독해의 경우 지문이 문제지에 있기 때문에 내용을 반복해서 읽을 수 있지만, 청취는 독해와 달리 그 내용이 한번 언급되고 지나가면 다시 들을 수 없다. 따라서 질문의 키워드를 들었지만 정답의 근거를 놓쳤다면 다음 문제로 넘어가서 다음 문제의 키워드와 정답의 단서를 들을 준비를 해야 한다.

U2_2.MP3

2. ① Y visit (X) 식당 최근?

(a) because it has been closed for renovations 개조
(b) because she dislikes the food there 싫어함
(c) because it has gotten a bad reputation 평판X
③ (d) because she has been working a lot 일 많아서

2. Why has Tessa not visited the Roadhouse Restaurant recently?

M: Hi, Tessa. My weekend was great. My officemates and I had dinner at the Roadhouse Restaurant last Saturday.

F: Oh, ② I haven't eaten there in a while. **I've been too busy with work to eat out much.** I heard that it was recently renovated.

해석

2. 테사가 최근에 로드하우스 레스토랑에 방문하지 않았던 이유는 무엇인가?

남: 안녕, 테사. 내 주말은 굉장했어. 나의 사무실 동료들과 나는 지난 토요일에 로드하우스 레스토랑에서 저녁식사를 했어.
여: 오, 나는 한동안 거기서 식사해본 적이 없네. 나는 너무 바빠서 외식을 많이 하지 못했어. 그 곳은 최근에 개조가 되었다고 들었어.

(a) 개조 공사로 문을 닫았기 때문에
(b) 그녀가 그곳의 음식을 싫어하기 때문에
(c) 그곳이 나쁜 평판을 받았기 때문에
③ (d) 그녀는 많은 일을 해오고 있었기 때문에

STEP ① 선택지 분석 및 질문 노트테이킹

선택지가 모두 접속사 because로 시작하므로 질문 노트테이킹으로 의문사 Y(Why)를 미리 적는다. 그 다음 선택지 (a)~(d)의 내용을 분석하여 파악한다. 그 다음 질문을 듣고 키워드를 노트테이킹한다.

STEP ② 지문에서 단서 찾기

질문의 키워드 중 the Roadhouse Restaurant를 남자가 언급하는데, 질문은 여성 화자인 Tessa에 관한 것이므로 Tessa의 대답에서 정답의 단서를 찾아야 한다. Tessa는 한동안 거기서 식사를 해본적이 없다(I haven't eaten there in a while)고 하면서 일로 너무 바빠서 외식을 많이 하지 못했다(I've been too busy with work to eat out much)고 언급하는 것을 들을 수 있다.

STEP ③ 단서와 일치하는 정답 찾기

정답의 단서 too busy with work가 선택지 (d)에서 working a lot으로 패러프레이징되어 있음을 확인할 수 있다.

정답 **(d)**

3. ① W 병원 volunteer do bf 참가?

③ (a) change into other clothes 옷 갈아입음
(b) sign a legal form 서명
(c) watch a training video 비디오 시청
(d) get a doctor's note 의사 노트

3. What must hospital volunteers do before they participate?

Next, you can tour the field hospital where we recreate what conditions were like for wounded soldiers. Here, ② we will ask a volunteer from the group to lie down on a bed and pretend to be operated on by our cast of doctors and nurses. We will have you **change into a hospital gown** before participating. We use fake blood and bandages to reenact the dressing of wounds, and we don't want you to get messy!

해석

3. 병원에서의 자원자들은 참가하기 전에 무엇을 해야 하는가?
다음으로, 여러분은 저희가 예전의 상태 그대로 재현한 부상병들을 위한 야전 병원을 둘러 보실 수 있습니다. 여기서, 저희는 둘러 보시는 분들 중에서 침대에 누워서 저희 의사 역할의 배우와 간호사 역할의 배우들에게 수술을 받는 척 하실 자원자 한 분을 요청드릴 것입니다. 참가하시기 전에 병원 가운으로 갈아 입으시도록 할 것입니다. 저희는 상처를 치료하는 것을 재현하기 위해 가짜 혈액과 붕대를 사용합니다. 그리고 저희는 여러분이 더러워지는 것을 원하지 않습니다!

③ (a) 다른 의상으로 갈아 입는다
(b) 법적인 문서에 서명한다
(c) 교육 영상을 시청한다
(d) 의사의 진단서를 받는다

STEP ① 선택지 분석 및 질문 노트테이킹

선택지가 모두 동사원형으로 시작하므로 질문 노트테이킹으로 의문사 W(What)를 미리 적는다. 그 다음 선택지 (a)~(d)의 내용을 분석하여 파악한다. 그 다음 질문을 듣고 키워드를 노트테이킹한다.

STEP ② 지문에서 단서 찾기

질문의 키워드인 hospital volunteers는 화자가 야전 병원에 대해 설명하는 중에 침대에 누워서 의사, 간호사 역할의 배우들에게 수술을 받는 척 할 자원자를 요청할 것(we will ask a volunteer from the group to lie down on a bed and pretend to be operated on by our cast of doctors and nurses)이라고 언급하는 부분에서 확인할 수 있다.

STEP ③ 단서와 일치하는 정답 찾기

정답의 단서 change into a hospital gown이 선택지 (a)에서 change into other clothes로 패러프레이징되어 있음을 확인할 수 있다.

정답 (a)

추론 유형

추론 유형은 매회 2문제 이상 출제되는 유형이며, 대화 또는 담화에서 질문의 키워드에 대해 언급되는 정보를 그대로 보기에서 찾는 것이 아니라 키워드와 관련된 정보를 토대로 대화 또는 담화에 언급되지 않은 내용을 유추하여 정답을 찾는 유형이다. 추론 유형은 most likely(~할 것 같은), probably(아마도 ~할 것 같은)와 같은 부사가 질문에 포함되어 있으므로, 질문 노트테이킹 시에 most likely나 probably를 들으면 '추론'이라고 적는다. 또한 PART 1과 PART 3의 마지막 문제로 추론 유형이 항상 출제되는데, PART 1의 마지막 문제 33번은 화자 중 한 사람이 대화 이후에 할 일에 대해 묻는 문제이며, PART 3의 마지막 문제 45번은 화자 중 한 사람이 두 개의 선택 대상(A, B) 중에서 결국 어느 것을 결정할 생각인지 묻는 문제이다.

1 추론 유형 빈출 질문

- **Why**, most likely, is it important that families **set an emergency meeting place**?
  가족이 비상용 만남의 장소를 정하는 것이 왜 중요할 것 같은가?
- Based on the talk, **why**, most likely, should customers **order produce by noon**?
  담화 내용에 따르면, 고객들이 왜 정오까지 농산물을 주문해야 할 것 같은가?
- **What** has Christine most likely **decided to do** after the conversation?
  크리스틴 씨는 대화 후에 무엇을 하기로 결정했을 것 같은가?
- **What** will Teresa probably **do tonight**?
  테레사는 오늘밤에 무엇을 할 것 같은가?
- **What** has Gina probably **decided to do**?
  지나 씨는 무엇을 하기로 결정했을 것 같은가?

2 추론 유형 문제 풀이 방법

- 질문을 들을 때 의문사와 키워드를 노트테이킹한다.
- 질문의 키워드가 대화 또는 담화에서 언급되는 부근에서 정답의 단서가 언급된다. 선택지 중에서 정답의 단서 내용을 토대로 알 수 있는 새로운 사실을 나타내는 것이 정답이다.
- 추론 유형의 정답을 고를 때, 상식적인 수준에서 충분히 추론 가능한 내용의 보기를 골라야 하며, 대화 또는 담화에 언급되지 않은 정보를 토대로 과대 해석해 정답을 찾는 것을 지양한다.
- 선택지 중에는 특정 세부정보를 다르게 나타내거나 질문에서 요구하는 핵심과 무관한 것을 오답 선택지로 제시하는 경우가 많으므로 질문의 키워드와 정답의 단서를 정확하게 파악해야 한다.
- PART 1, 3의 마지막 문제 33번과 45번의 경우, 정답의 단서는 앞서 언급된 내용과 연관된 정보로 제시되므로, 대화의 흐름을 명확하게 파악하는 것이 무엇보다 중요하다.
- 33번은 주로 대화 후에 할 일을 묻는 문제이고, 45번은 대화를 통해 무엇을 하기로 결정했는지 묻는 문제이므로 대화가 나오기 전에 미리 선택지 분석을 할 때 33번은 "대화 후 할 일"이라고 쓰거나 "do after"라고 적고, 45번은 "결정" 또는 "decide"라고 적는다.
- 33번은 질문에 대화 직후(after the conversation) 혹은 이번 주말(this weekend), 다음 주(next week) 등과 같은 미래 시점이 언급되는 경우가 많은데, 이러한 시점 표현을 질문 키워드로 정하고 대화에서 언급되는 순간 정답의 단서를 파악해야 한다.

3 추론 유형의 정답의 단서를 언급하는 빈출 표현

PART 1 (33번)

주로 미래 시점이나 대화 직후의 시점을 언급하면서 제안의 표현으로 정답의 단서가 제시된다.

- Would you like to ~? ~할래요?
- Can you ~ after~? ~후에 할 수 있니?
- What[How] about ~ing? ~하는 것이 어때?
- Why don't we ~? ~하는 것이 어때?
- Let's ~ ~하자
- Why don't you ~? ~하는 것이 어때?
- I[We] can try ~ 나는[우리는] ~해볼 수도 있어.
- I'm going to ~ / I will ~ 나는 ~을 할 거야.
- Want to join us? 우리랑 함께 하고 싶어?

PART 3 (45번)

주로 상대방이 어느 것을 선택할 것인지 결정했는지 묻는 표현이 정답의 단서가 언급될 것이라는 신호에 해당한다. 그 다음 상대방의 답변에서 정답의 근거를 들을 수 있다.

- Which one are you going to choose for ~? 너는 ~을 위해 무엇을 고를 거니?
- Have you decided what you'll[you're going to] do? 무엇을 할 것인지 결정했니?
- Have you made up your mind? 이제 결정을 내렸어?
- What have you come up with? 어떤 생각이 들었니?
- What do you think you'll do? 무엇을 할 생각이니?
- Do you think you're any closer to making your decision?
  결정을 내리시는 데 조금이라도 더 가까워지신 것 같으세요?
- I'm still not sure what to do. What about you? 난 아직 뭘 해야할지 모르겠어. 너는 어때?

4 추론 유형 문제풀이

4. ① Y 추론 stretch bf 명상?

③ (a) to avoid feeling uncomfortable 불편감X
(b) to assist breathing techniques 호흡도움
(c) to allow more frequent practice +연습
(d) to focus the mind for the session 정신집중

STEP ① 선택지 분석 및 질문 노트테이킹

선택지가 to부정사로 시작하므로 질문에 Y(why)를 미리 적는다. 그 다음 선택지 (a)~(d)의 내용을 분석하여 파악한다. 그 다음 질문을 듣고 키워드를 노트테이킹한다. 질문에서 언급된 most likely는 '추론'으로 적는다.

4. Why, most likely, should one stretch before meditating?

The third step is ② to do some stretches. When meditating, you'll need to sit in one spot for a certain length of time, and **that can strain some parts of your body.** Thus, **it's important to loosen up your body** before you begin. **Just a few minutes of lightly stretching your neck, legs, and lower back can help prepare your body.**

해석

4. 명상을 하기 전에 스트레칭을 해야 하는 이유는 무엇일 것 같은가?

세번째 단계는 약간의 스트레칭을 하는 것입니다. 명상을 할 때, 여러분은 한 자리에 일정 길이의 시간동안 앉아 있어야 할 것입니다. 그리고 그것은 여러분의 신체의 일부분에 무리를 줄 수 있습니다. 그러므로, 시작하기 전에 여러분의 몸을 풀어주는 것이 중요합니다. 목, 다리, 그리고 허리를 단 몇 분 동안 가볍게 스트레칭하는 것은 여러분의 신체를 준비시키기는 것에 도움이 될 수 있습니다.

③ (a) 불편함을 느끼는 것을 피하기 위해서
(b) 호흡법에 도움을 주기 위해서
(c) 명상을 더 자주 하도록 하기 위해서
(d) 명상 시간 동안 정신을 집중하기 위해서

STEP ② 지문에서 단서 찾기

질문의 키워드인 stretch before meditating이 화자의 말에서 to do some stretches로 언급된다. 그리고 명상을 할 때 한 자리에 일정 시간 동안 앉아 있어야 하는데, 그러면 신체의 일부분에 무리를 줄 수 있으므로 명상을 시작하기 전에 몸을 풀어주는 것이 중요하다고(When meditating, you'll need to sit in one spot for a certain length of time, and that can strain some parts of your body. Thus, it's important to loosen up your body before you begin) 언급한 것에서 정답의 단서를 확인할 수 있다.

STEP ③ 유추할 수 있는 정보로 정답 찾기

that can strain some parts of your body를 듣고 명상 전에 스트레칭을 하는 것은 신체의 일부분에 무리를 주지 않기 위해서임을 유추할 수 있으므로 이를 불편감을 피하기 위한 것으로 패러프레이징한 (a)가 정답이다.

정답 **(a)**

5. ① W R & C 추론 do next week?

③ (a) have a meal together 식사
(b) go to a family reunion 가족 모임
(c) hold a game night 게임
(d) attend a cooking class 요리 수업

STEP ① 선택지 분석 및 질문 노트테이킹

선택지 (a)~(d)의 내용을 분석하여 파악한다. 그 다음 질문을 듣고 키워드를 노트테이킹한다. 일반적으로 PART 1, 3의 마지막 질문인 33번과 45번은 대화 후 할 일 혹은 하기로 결정한 일에 대하여 묻는다.

5. What Rachel and Craig probably do next week?

M: Well, Rachel, I need to get home. My family's having a board game night, and I need to get everything set up.

F: Sounds good, Craig. Hey, ② **why don't you text me next week? You could come to my sister's house for dinner**. She's a great cook.

M: **That sounds fun!** I'll talk to you soon.

해석

5. 루이스 씨는 퇴근 후에 무엇을 할 것 같은가?

남: 레이첼 씨, 저는 집에 가야 합니다. 가족이 밤에 보드 게임을 하는데, 제가 모든 걸 준비해 둬야 해서요.
여: 재미있겠네요, 크레이그 씨. 있잖아요, 다음 주에 제게 문자 메시지 보내 보시면 어떨까요? 제 여동생 집에 저녁 식사하시러 오세요. 요리를 아주 잘 하거든요.
남: 재미있을 것 같네요! 곧 연락 드릴게요.

STEP ② 지문에서 단서 찾기

질문의 키워드인 next week을 레이첼이 언급하였고, 레이첼은 크레이그에게 "why don't you~?"라는 제안의 표현으로 다음주에 자신에게 문자 메시지를 해서 자신의 언니의 집에 저녁 식사를 하러 오라고 초대를 한 것을 알 수 있다. 이에 크레이그가 초대에 응할 것인지 확인해야 한다.

③ (a) 함께 식사한다
(b) 가족 모임에 간다
(c) 게임의 밤 행사를 연다
(d) 요리 강좌에 참석한다

STEP ③ 유추할 수 있는 정보로 정답 찾기

크레이그가 "That sounds fun!"이라고 답한 것은 초대에 응하는 것이므로 레이첼과 크레이그는 다음주에 함께 저녁 식사를 할 것임을 알 수 있다. 따라서 정답은 (a)이다.

정답 **(a)**

CHAPTER 2

PART별 공략 및 문제풀이

G-TELP LISTENING

2인 대화: 일상 대화

PART 1의 특징

1 대화 구성

- 주제: 여행, 박물관, 페스티벌, 음악 공연, 행사 참여, 유학, 승진 등의 다양한 일상 관련
- 대화의 흐름: 인사 → 최근 경험 / 미래 일정 → 세부 내용 → 대화 후 할 일

2 문제풀이 순서

- 선택지 분석 → 질문 노트테이킹 → 질문 순서대로 문제풀이
- Overall Direction과 Part 1 Direction이 방송되는 약 1분 45초 동안 27~33번의 선택지를 미리 분석해 대화와 관련된 대략적인 정보가 무엇인지 유추한다.
- 각 질문의 선택지 (a)~(d)를 확인하여 유추할 수 있는 질문의 의문사를 파악한다.

선택지	질문의 의문사
because ~ / to부정사 / 평서문	Why
by + -ing / 평서문	How
when / after / before + 주어 + 동사	When
동명사(동사 + ing) / 동사원형 / 평서문	What
at / in / on + 장소명사	Where

- PART 1 Direction이 끝난 후 "Now listen to the questions."라는 말과 함께 27~33번 질문이 차례로 나오며, 이 때 질문을 듣고 노트테이킹을 한다.
- 33번 질문까지 나온 뒤에 "Now you will hear the conversation."이라는 말과 함께 PART 1이 시작된다. 질문을 노트테이킹하면서 질문의 키워드가 대화 중에 언급되면 곧장 해당 문제를 풀 준비를 하고, 키워드와 함께 제시되는 정보에 해당하는 선택지를 선택지를 정답으로 선택한다.
- 33번까지 문제풀이한 후에 "Now answer the questions."라는 말과 함께 27~33번 질문이 다시 나오는데, 이때는 PART 2의 선택지를 미리 분석한다.

PART 1 대화 내용과 문제 구성

1 대화의 흐름과 질문 유형

문제 번호	주요 내용	대표 질문 예시
27	인사 / 대화 주제, 최근 경험 / 미래 일정	Why is A in 장소? / Why is A doing ~? / What did A do[go / meet] ~? What ~ talking about[discussing]?
28-32	세부내용	What / Why / How / When 의문문
33	대화 후 할 일	What will A probably do after the conversation? What will A most likely do next weekend?

2 PART 1 질문 유형과 풀이 포인트

<table>
<tr><td>27번
대화 주제 /
세부 정보
(최근 경험,
미래 일정)</td><td>? 질문 What are Rose and Marvin mainly talking about?
What are Sam and Tina doing at the start of the conversation?
Why did Eddie say it was a good thing Teresa missed the concert?

! 풀이 포인트
질문의 키워드는 대화의 첫 부분에서 언급되는데, 질문의 키워드가 들리면 바로 해당 키워드에 대해 언급되는 내용과 일치하는 선택지를 정답으로 고른다. 질문을 듣기 전에 미리 선택지를 분석해야 단서에 해당되는 정보를 듣는 즉시 패러프레이징된 정답을 고를 수 있다. 선택지 중에는 키워드에 대해 언급된 내용에서 특정 정보만 바꾸어 오답으로 제시되는 것이 있으므로 유의한다.</td></tr>
<tr><td>28번~32번
세부정보, 추론</td><td>? 질문 What made Marvin feel dizzy in the monitoring room?
Why was the Singapore trip Emily's favorite?
Who are the usual guests on Craig's favorite podcast?
According to Tessa, what will customers appreciate about the renovations?
How can a customer get a gift card for the restaurant?
What, most likely, did Sam's parents say about Santa Claus?

! 풀이 포인트
질문의 키워드는 의문사를 포함하여 주로 주어, 동사, 목적어이다. 대화에서 질문의 키워드가 들리면 바로 해당 키워드에 대해 언급되는 내용과 일치하는 선택지를 정답으로 고른다. 질문에 여자 또는 남자의 이름이 중복되어 언급되며, 동사와 목적어에 특정 정보가 필요한 키워드가 언급되면 해당 키워드를 반드시 들어야 한다. 질문의 키워드가 포함된 부분을 놓치면 다음 문제의 단서도 놓칠 수도 있으며, 그 뒤에 오답 보기의 내용이 함정으로 언급되어 오답을 선택할 수 있으므로 유의한다.</td></tr>
<tr><td>33번
추론
(대화 후 할 일)</td><td>? 질문 What will Tessa most likely do next Saturday?
What advice did Veronica Miller probably give the students?
What will Teresa probably do tonight?
What will Rachel and Craig probably do next week?
What will Tina and Sam probably do next?

! 풀이 포인트
PART 1의 마지막 질문인 33번은 주로 대화 후에 할 일을 묻는 추론 문제 또는 세부정보 유형의 문제가 출제된다. 대화를 듣기 전에 선택지를 미리 간략하게 우리말로 해석해 놓는다. 그리고 대화의 마지막 부분에서 화자 중 한 명이 '~할 것이다' 혹은 '~하는게 어때?' 등의 미래 행위 또는 제안 관련 표현을 언급하면, 선택지 (a)~(d) 중에서 해당 내용을 패러프레이징한 것을 정답으로 고른다.</td></tr>
</table>

PART 1 공략 연습

1 선택지 분석해서 질문 예상하기

- 첫 번째와 마지막 문제는 간략 해석으로 내용 파악하기
- 선택지를 분석하면서 키워드에 밑줄 또는 동그라미 표시하기
- 내용이 복잡한 경우 간략 해석 또는 기호로 표시하기 (부정어 = X, improve, increase = ↑, decrease, decline = ↓ 등)

질문 노트테이킹: 주제
(선택지가 명사구이면 의문사는 What일 가능성이 높다.)

27. (a) their first experiences in an internship 인턴
(b) their impressions of an educational tour 견학
(c) their plans to visit a broadcasting studio 방송국
(d) their dreams of becoming television actors 배우 꿈

질문 노트테이킹: W
(선택지가 명사구이면 의문사는 What일 가능성이 높다.)

28. (a) how different it looks on TV TV와 다른지
(b) how rude the crew are 직원, 무례
(c) how cold it feels in person 추움
(d) how calm the anchors are 앵커 침착함

질문 노트테이킹: W
(선택지가 명사구이면 의문사는 What일 가능성이 높다.)

29. (a) watching from a certain angle 특정 각도
(b) viewing brightly colored images 밝은 색
(c) looking through the cameras 카메라
(d) seeing multiple video screens 다수 화면

질문 노트테이킹: H
(선택지가 by + -ing이면 의문사는 How이다.)

30. (a) by using a green screen backdrop 초록 화면
(b) by showing a paper map on screen 종이 맵
(c) by using a large television screen 큰 화면
(d) by projecting a computer screen 컴 화면

질문 노트테이킹: W/Y/H
(선택지가 평서문이면 의문사는 What, Why, How이다.)

31. (a) She hopes to be a weather reporter 캐스터
(b) She wants to be a news anchor. 앵커
(c) She hopes to become a set designer. 디자이너
(d) She wants to be a director. 감독

질문 노트테이킹: W
(선택지가 명사절이면 의문사는 What일 가능성이 높다.)

32. (a) that she looked the same without makeup 노메이크업
(b) that she behaved professionally 프로 행동
(c) that she sounded different in person 다른 목소리
(d) that she dressed informally 옷 격식X

질문 노트테이킹: W/Y 추론
(선택지가 to부정사이면 의문사는 What 또는 Why이며, 33번은 대부분 추론 유형이다.)

33. (a) to make professional contacts 연락
(b) to develop a varied skillset 기술 개발
(c) to gain academic qualifications 학업 자격
(d) to specialize in one role 전문 분야

2 질문 노트테이킹 하기

27. What are Rose and Marvin mainly talking about?

✎ 주제 ?

TIP 27번은 주제 또는 대화 초반부의 세부 사항으로 출제된다.

28. What surprised Rose the most about a live set?

✎ W 놀람 R 라이브 세트?

TIP a live set를 '라이브 세트', '생방송 세트' 등 간단하게 적을 수 있는 단어로 적는다.

29. What made Marvin feel dizzy in the monitoring room?

✎ W M 어지러움 모니터링?

TIP 사람의 이름은 첫 알파벳을 대문자로 적는다.

30. How did Rose assume that studios displayed weather maps?

✎ H R 스튜디오 display 날씨 맵?

TIP 단어의 의미가 떠오르지 않거나 다의어의 경우 들리는 대로 영어 철자로 적는다.

31. Why will Rose's sister be interested in hearing about the studio tour?

✎ Y R sister 관심 투어?

TIP 노트테이킹할 단어가 길면 발음대로 한글로 적는다.

32. According to Rose, what was unexpected about Veronica Miller?

✎ a/c R W 예상X V.M?

TIP According to는 a/c로, unexpected와 같은 부정 의미의 단어는 X를 사용하여 적는다.

33. What advice did Veronica Miller probably give the students?

✎ W 조언 V.M 추론 학생에게?

TIP probably가 들리면 '추론'이라 적고, 질문의 키워드를 반드시 적는다.

확인 문제 음원을 듣고 질문 노트테이킹을 연습해 보세요.

P1_2.MP3

Now listen to the questions.

27. ______________________________?

28. ______________________________?

29. ______________________________?

30. ______________________________?

31. ______________________________?

32. ______________________________?

33. ______________________________?

3 문제풀이 연습

정답 및 해설 P.3

먼저 선택지를 분석한 후 음원을 듣고, 질문 노트테이킹 후 문제를 푼 다음 스크립트를 보고 정답 단서를 확인해보세요.

27. 주제

(a) study abroad programs
(b) work-related travel
(c) company branch locations
(d) mini-vacation spots

F: Hey, Louis! Would you like some coffee?
M: Hi, Emily. Yes, that sounds great, thank you.
F: I didn't know you were back from your business trip already.
M: I just got back a couple of days ago.
F: Where did you go again?
M: Barcelona.

담화 초반에서 대화의 주제를 나타내는 문장을 듣고 정답을 바로 체크한다.
▶ 패러프레이징: business trip = work-related travel

28. W L like 하와이?

(a) He stayed at a luxury hotel.
(b) He ate a lot of delicious food.
(c) He met the love of his life.
(d) He had plenty of time to relax.

F: Nice! It's great how our company business takes us to so many cool places.
M: It really is. I loved getting sent to Hawaii last year. We had such a productive meeting with the client on the first day that we didn't need to do any follow-ups. I was able to spend the rest of the trip on the beach. It was the best business trip I've ever had.

루이스의 말에서 질문의 키워드인 하와이(Hawaii)가 언급되고, 가장 좋았던 점에 대해 언급하는 부분에서 정답의 단서를 찾는다.
▶ 패러프레이징: spend the rest of the trip on the beach = plenty of time to relax

P1_5.MP3

29. ✎ Y SG[싱가폴] E favorite?

(a) because of the people she saw
(b) because of the work she accomplished
(c) because of the places she went
(d) because of the things she learned

F: I think my favorite business trip was when I visited the company's branch in Singapore. It was the first time I'd been back there since childhood, so it gave me the opportunity to visit family and friends I hadn't seen in a long time.
M: I'm glad you had a chance to visit your childhood home. When I was sent to the Singapore branch, it was probably the worst business trip of my life.

에밀리의 말에서 질문의 키워드인 싱가폴(Singapore)이 언급되고, 그 곳에 대해 언급하는 부분에서 정답의 단서를 찾는다.
▶ 패러프레이징: to visit family and friends
= the people she saw

P1_6.MP3

30. ✎ H L deal SG[싱가폴] 더위?

(a) by wearing lighter clothes
(b) by purchasing an air conditioner
(c) by opening a window
(d) by finding a spot in the shade

F: Wow, that must have been rough. Singapore has a tropical climate, so the humidity makes it uncomfortable even if you wear light clothes and stay in the shade.
M: Yes. I tried letting in some air from outside, but then a bunch of mosquitos flew in, and I got covered in bites. It was a nightmare, Emily.

질문의 키워드인 Singapore heat는 에밀리의 말에서 tropical climate로 언급되었다. 질문은 루이스가 어떻게 대처했는지에 대해 묻고 있으므로 루이스의 말에서 정답의 단서를 찾는다.
▶ 패러프레이징: letting in some air from outside
= opening a window

31. ✎ Y E 문제 cold[추위] 알래스카?

(a) because there were record low temperatures
(b) because she lost her winter clothes
(c) because the heater needed repair
(d) because she is used to warm places

F: I'm sorry you had such a bad experience, Louis. That reminds me of when I got sent to Alaska while I was working for my last employer. The building we worked in was freezing.
M: Was the heating system broken?
F: No, I don't think so. I was told that was the building's normal temperature. The other colleagues that I went with seemed to do just fine in the cold, but I've lived in warm places my entire life, so the winter weather was really a problem for me.

에밀리의 말에서 질문의 키워드인 알래스카(Alaska)가 언급되고, 추위가 문제가 되었던 이유에 대해 언급하는 부분에서 정답의 단서를 찾는다.
▶ 패러프레이징: lived in warm places my entire life = used to warm places

32. ✎ Y L travel N.Canada?

(a) to explore natural attractions
(b) to try a new activity
(c) to research native animals
(d) to interview for a job

M: Then you wouldn't want to visit some of the places I have on my wish list. I've always wanted to visit Northern Canada.
F: Do you prefer cold places?
M: Not really. But I've always wanted to try dog sledding.

루이스의 말에서 질문의 키워드인 캐나다 북부(Northern Canada)가 언급되고, 그곳에서 루이스가 무엇을 원했는지 언급하는 부분에서 정답의 단서를 찾는다.
▶ 패러프레이징: try dog sledding = try a new activity

33. ✎ W L 추론 do af work?

(a) have a meal with his colleagues
(b) head back home to rest
(c) celebrate his recent promotion
(d) prepare for a meeting

F: Maybe you could convince the boss to send you to Northern Canada.
M: I'll bring it up at the next meeting!
F: Anyway, Louis, a bunch of us are going out for dinner tonight to celebrate the end of the quarter. Want to join us?
M: I'd love to, Emily. Thanks for the invitation!

에밀리가 동료들과 함께 저녁을 먹으러 나간다는 말을 하고 루이스에게 함께 갈지를 묻는 표현 Want to join us?에 대한 루이스의 대답에서 그가 저녁에 무엇을 할 것인지 알 수 있다.
▶ 패러프레이징: going out for dinner = have a meal

PART 1 패러프레이징 연습

1 패러프레이징 정리

청취는 음원을 통해 들은 정보를 토대로 선택지 (a)~(d) 중에서 정답을 고르는 방식으로 풀어야 하는 영역이며, 음원의 단서 내용이 바뀌지 않고 그대로 정답으로 제시될 수도 있으나 어휘나 구문을 다르게 표현한 패러프레이징으로 제시되는 경우가 많다. 청취 점수 향상을 위해서 문제풀이 후에 음원의 단서 내용이 정답 선택지의 내용으로 어떻게 패러프레이징 되었는지 리뷰하는 것이 필요하다.

(1) 질문 – 스크립트(음원) – 정답 순서로 정리한다. 매력적인 오답이 있다면 오답 이유를 함께 적는다.

(2) 스크립트에서 질문의 키워드가 언급된 부분을 표시하고, 정답 선택지에 패러프레이징된 부분도 표시한다.

(3) 패러프레이징된 단어나 구문의 의미가 어떻게 연결되는지 파악하고 아래와 같이 정리 및 리뷰한다.

2 패러프레이징 리뷰

질문 ①	What are Irene and Johnson talking about? 아이린과 존슨은 무엇에 관해 이야기하고 있는가?
SCRIPT	M: Hey, Irene! I heard that your café in New York opened a new branch in San Jose last week. Where's it located? F: Hi, Johnson. It's on Lundy Avenue near the San Jose Plaza. M: Oh, wow. It's near my cousin's place.
해석	남: 안녕, 아이린! 뉴욕에 있는 네 카페가 지난 주에 산 호세에 새로운 지점을 개업했다고 들었어. 위치가 어디야? 여: 안녕, 존슨. 그건 산 호세 플라자 근처의 런디 애비뉴에 있어. 남: 와, 내 사촌이 사는 곳이랑 가까이 있네.
정답	a newly opened branch 새로 개업한 지점 • 새로운 지점을 개업하였고, 그 위치에 대해 이야기를 나누고 있으므로 대화에 언급된 opened a new branch와 동일한 의미로 쓰인 a newly opened branch가 정답이다.
매력적인 오답	a location of Irene's place 아이린의 집 위치 • a new branch를 언급한 뒤로 그 신규 지점에 관해 이야기하고 있으므로 아이린의 집 위치는 주제가 될 수 없으므로 오답이다.
패러프레이징	• opened a new branch = a newly opened branch

질문 ②	What did Irene do to make the new branch different? 아이린은 새로운 지점을 다르게 만들기 위해 무엇을 하였는가?
SCRIPT	F: Well, in this new branch, I tried to make it different by adding more colors to it to make it feel more homely and less distant.
해석	여: 음, 이 새로운 지점에는, 내가 그곳을 집처럼 편안하고 거리감이 덜 느껴지도록 만들기 위해서 더 많은 색깔을 추가해서 다르게 만들려고 노력했어.
정답	using various colors making people feel comfortable 사람들을 편안한 기분이 들게 만드는 다양한 색깔을 사용하는 것 • feel more homely를 feel comfortable로 바꾸어 표현하여 같은 의미를 나타내므로 정답이다.
매력적인 오답	using typical colors to make people distant 사람들을 멀어지게 만드는 전형적인 색깔들을 사용하는 것 • distant는 less distant와 반대의 의미를 가지고 있으므로 오답이다.
패러프레이징	• more colors to it to make it feel more homely = various colors making people feel comfortable

질문 ③	Why does Irene try to promote a healthy diet? 아이린이 건강 식단을 홍보하려는 이유는 무엇인가?
SCRIPT	M: Seems like your café is trying to promote a healthy diet, huh? F: Yes, that's the trend, especially on the west coast. People are really health-conscious and we want more people to enjoy our nutritious food.
해석	남: 네 카페가 건강한 식단을 홍보하려고 노력하는 것처럼 보여, 그렇지? 여: 맞아, 그게 유행이지, 특히 웨스트 코스트에서는. 사람들은 정말로 건강을 의식하고 있고, 우리는 더 많은 사람들이 우리의 영양가 있는 음식을 즐기길 원해.
정답	because people are conscious about their health 사람들이 건강을 의식하기 때문에 • health-conscious를 conscious about their health로 바꾸어 표현하여 같은 의미를 나타내므로 정답이다.
매력적인 오답	because she wants to stay healthy by eating nutritious food 그녀는 영양가 있는 음식을 먹음으로써 건강을 유지하기를 원하기 때문에 • 아이린 자신을 건강하게 만들기 위해서가 아니라 아이린의 카페에서 판매하는 건강 식단을 더 많이 홍보하기 위함이므로 오답이다.
패러프레이징	• People are really health-conscious = people are concerned about their health

질문 ④	What is Irene asking Johnson to do for her café? 아이린이 존슨에게 그녀의 카페를 위해 요청하는 일은 무엇인가?
SCRIPT	F: Ha-ha! This is great! Do you mind writing a review for the café with some photos? If you can do that, the entire menu will be offered for free.
해석	여: 하하! 이거 굉장하네! 사진 몇 장과 함께 카페에 대한 리뷰를 작성해줄래? 그렇게 해줄 수 있다면, 메뉴 전체가 무료로 제공될 거야.
정답	take some pictures and leave feedback 사진을 찍고 피드백을 남기는 것 • Do you mind -ing?는 상대방에게 요청할 때 사용하는 표현이다. writing a review와 with some photos를 take some pictures and leave feedback으로 바꾸어 표현하여 같은 의미를 나타내므로 정답이다.
매력적인 오답	Try the entire menu 메뉴 전부를 먹어보는 것 • 메뉴 전부를 먹는 것은 리뷰를 작성할 경우에 가능한 일이므로 오답이다.
패러프레이징	• writing a review for the café with some photos = take some pictures and leave feedback

질문 ⑤	What will Johnson probably do this weekend? 존슨은 이번 주말에 무엇을 할 것 같은가?
SCRIPT	F: No, I can't possibly accept that offer. I need to compensate you even if it's not much. M: Hmm. Let me ponder on it. Why don't we meet up this weekend to have some cup of coffee? I'll tell you about the details. F: Sure thing! Let's meet up then.
해석	여: 아니야. 난 그 제안은 받아들일 수 없어. 많지 않더라도 난 너에게 보상을 해야 해. 남: 흠. 그것에 대해 곰곰이 생각해볼 게. 이번 주말에 만나서 커피 한잔 하는 건 어때? 내가 상세 내용에 관해 말해 줄게. 여: 물론이지! 그때 만나자.
정답	share some specific information 특정 정보를 공유한다 • 동사 tell을 share로, the details를 some specific information으로 바꾸어 표현하여 같은 의미를 나타내므로 정답이다.
매력적인 오답	write reviews together 리뷰를 함께 작성한다 • 상세 내용(details)에 관해 알려줄 것이라고 언급하였으므로 리뷰를 함께 작성한다는 내용은 오답이다.
패러프레이징	• tell you about the details = share some specific information

LISTENING EXERCISE

각 문항에 해당하는 음원을 듣고 정답 단서인 빈칸을 완성하여 문제를 풀어보세요.

Questions 1-3. *You will hear a conversation between two people. First you will hear questions 1 through 3. Then you will hear the conversation. Choose the best answer to each question in the time provided.*

1.
(a) to impress her best friend
(b) to get a player's autograph
(c) to see her favorite athlete play
(d) to introduce her cousin to baseball

2.
(a) eating stadium food
(b) cheering on her team
(c) meeting some of the players
(d) posting pictures on social media

3.
(a) check a website for updates
(b) buy some home team merchandise
(c) pick up her cousin from the airport
(d) prepare an umbrella and rain poncho

Script

M: Hey, Sandy. Here are those tickets you asked me to get for you. **1** I guess ____________________, huh?

F: Well, I like the sport, sure. But **1** my little cousin will be in town this weekend, and ____________________. I want to introduce him to it.

M: That sounds like it could be a lot of fun!

F: Right? I think Kevin is going to have a blast.

M: While you're there, you should try to get some players' autographs.

F: Well, maybe if we catch a foul ball or something. **2** ____________________, though.

M: You never know. Besides, you should do what Kevin wants.

F: Oh, don't worry. I'm sure he'll have a great time.

M: Probably. Hopefully, the weather is nice.

F: Yeah, I just hope there aren't any rain delays.

M: You know, **3** the stadium posts that information on its homepage every morning. You should ____________________.

정답 및 해설 p.06

Questions 4-6. *You will hear a conversation between two people. First you will hear questions 4 through 6. Then you will hear the conversation. Choose the best answer to each question in the time provided.*

4.
(a) because he got accepted to grad school
(b) because he completed his degree
(c) because he received a promotion
(d) because he started a business

5.
(a) visiting college campuses
(b) preparing for job interviews
(c) participating in volunteer programs
(d) taking classes at a community college

6.
(a) watch a news report
(b) sign up for a newsletter
(c) visit Burke Community College
(d) give Phil her contact information

Script

F: Phil, good to see you! 4 ______________________________ to assistant manager!

M: Thanks, Erin! I'm really excited. This is a big step in my career.

F: It certainly is a big deal. People don't usually advance as quickly as you have.

M: Well, I have been putting in a lot of effort.

F: That's right. 5 I heard that ______________________________ at Burke Community College.

M: You know, some people look down on community colleges. But Burke has a really good business management program.

F: I don't actually know anyone else who goes there.

M: You've probably heard of their volunteer programs, though.

F: No, I haven't. What do they do?

M: All kinds of events! 6 ______________________________.

F: Really? Could you send me a link? 6 I'd like to check it out ______________.

M: Of course! I'll text it to you now.

Questions 7-10. *You will hear a conversation between two people. First you will hear questions 7 through 10. Then you will hear the conversation. Choose the best answer to each question in the time provided.*

7.
(a) She moved to a new neighborhood.
(b) She can't afford the registration fee.
(c) She isn't learning anything new.
(d) She is too busy with work

8.
(a) its convenient location
(b) its friendly instructor
(c) its intense workouts
(d) its various lessons

9.
(a) playing team sports
(b) lifting weights
(c) swimming
(d) walking

10.
(a) buy tickets to a soccer game
(b) attend a local festival
(c) gather some friends
(d) try out for a team

Script

M: Hey Carrie, I didn't see you at dance class yesterday.

F: Oh, hi, Mike. I decided not to go anymore.

M: Why? What's going on?

F: Well, you know that I've taken lots of other dance classes before, right? **7** I just feel like ____________ ____________ to learn from that one.

M: I always thought that you just signed up for it because you like to dance.

F: Sure, that is part of why I first joined.

M: You know, I started as a way to get some exercise. But now, **8** my favorite part is ____________. He's so ____________.

F: **9** If you really want to have fun ____________, you should ____________. You could meet people and socialize. It's perfect for people like us.

M: That's a good point. But hey, why don't you do the same thing?

F: Hmm... I don't know of anything like that in our area, though.

M: Don't amateur soccer teams play pickup games at Bluefield Park? **10** ____________________. We could form our own team.

F: Really? In that case, **10** ____________________________, too. Let's all get together next Saturday morning!

ACTUAL LISTENING 기출 문제 풀이

정답 및 해설 p.12

PART 1. *You will hear a conversation between two people. First you will hear questions 1 through 7. Then you will hear the conversation. Choose the best answer to each question in the time provided.*

1.

(a) because the weather was poor
(b) because it was difficult to get into the venue
(c) because the band was terrible
(d) because it was dangerous to be in the audience

2.

(a) Traffic was heavy.
(b) Fees were high.
(c) Signage was poor.
(d) Spaces were limited

3.

(a) because there was a big line
(b) because he misplaced his original ticket
(c) because there was high security
(d) because he wanted to change his seat

4.

(a) getting to go backstage
(b) being close to the band
(c) hearing all new music
(d) socializing with other fans

5.

(a) Many of them yelled at the organizers.
(b) Some of them refused to leave.
(c) Many of them demanded a full refund.
(d) Some of them walked out.

6.

(a) because he arrived home late
(b) because he drove a long way
(c) because he stayed up all night
(d) because he danced for a long time

7.

(a) go to the band's concert
(b) have dinner with a friend
(c) listen to the band's music
(d) watch a movie at home

PART 02

1인 담화: 안내 방송, 광고

PART 2의 특징

1 담화 구성

- 주제: 안내 방송(공연, 전시, 축제, 컨퍼런스 등), 광고(제품의 특징 소개 및 홍보)
- 담화의 흐름: 인사(주제 및 목적 제시) → 세부 내용 → 할인 방법, 제품 구입 방법, 입장권 구매 방법 등 설명

2 문제풀이 순서

- 선택지 분석 → 질문 노트테이킹 → 질문 순서대로 문제풀이
- PART 1 대화 듣기가 끝나고 PART 1의 질문이 다시 나올 때부터 Part 2 Direction이 끝날 때까지 약 1분 45초 동안 34~39번의 선택지를 미리 분석해 담화와 관련된 대략적인 정보가 무엇인지 유추한다.
- 각 질문의 선택지 (a)~(d)를 확인하여 유추할 수 있는 질문의 의문사를 파악한다.

선택지	질문의 의문사
because ~ / to부정사 / 평서문	Why
by + -ing / 평서문	How
when / after / before + 주어 + 동사	When
동명사(동사 + ing) / 동사원형 / 평서문	What
at / in / on + 장소명사	Where

- PART 2 Direction이 끝난 후 "Now listen to the questions."라는 말과 함께 34~39번 질문이 차례로 나오며, 이 때 질문을 듣고 노트테이킹을 한다.
- 39번 질문까지 나온 뒤에 "Now you will hear the talk."라는 말과 함께 PART 2가 시작된다. 질문을 노트테이킹하면서 질문의 키워드가 담화 중에 언급되면 곧장 해당 문제를 풀 준비를 하고, 키워드와 함께 제시되는 정보에 해당하는 선택지를 정답으로 선택한다.
- 39번까지 문제풀이한 후에 "Now answer the questions."라는 말과 함께 34~39번 질문이 다시 나오는데, 이때는 PART 3의 선택지를 미리 분석한다.

PART 2 담화 내용과 문제 구성

1 담화의 흐름과 질문 유형

문제 번호	주요 내용	대표 질문 예시
34	안내 방송 또는 광고의 주제 및 목적	What is this talk mainly about? What is the talk all about?
35-38	세부내용	What / Why / How / When 의문문
39	광고: 할인 방법, 제품 구입 방법 등 안내 방송: 행사 티켓 구매/할인	How can one[visitors/customers] get[receive] ~?

2 PART 2 질문 유형과 풀이 포인트

34번 **주제**	**? 질문** What is the purpose[subject] of the presentation? What is the talk all[mainly] about? What is the focus of the talk? **! 풀이 포인트** 주제 유형의 키워드는 담화 초반부에 언급되기 때문에 반드시 미리 선택지 분석이 완료되어야 한다. 질문의 키워드가 포함된 부분을 놓치면 35번 문제의 단서도 놓칠 수도 있으며, 그 뒤에 오답 보기의 내용이 함정으로 언급되어 오답을 선택할 수 있으므로 유의한다. **정답 단서가 언급되는 빈출 표현** • Today, I'm going [I would like] to tell you about ~ 오늘, 저는 여러분에게 ~에 대해 말씀드리겠습니다[말씀드리고 싶습니다]. • Here are[is] ~ 여기 ~가 있습니다. • We[업체명] will be having a celebration[an opening event] ~ 저희[업체명]는 기념 행사[개업 행사]를 가질 것입니다. • Thank you for visiting[choosing] us to ~ ~하기 위해 저희를 방문[초대]해주셔서 감사합니다. • We[업체명] is introducing our[its] latest product ~ 저희[업체명]는 저희의 최신 제품을 소개해드리겠습니다. • We are[I am] pleased[thrilled/happy/delighted] to invite you to ~ 저희[저]는 여러분을 ~으로 초대하게 되어 기쁩니다.
35번~38번 **세부정보, 추론**	**? 질문** What does the Air Calendar help its users? When can guests speak with the soldiers? Why, most likely, should customers order their meals in advance? Based on the talk, why, most likely, are these pet meals appealing? **! 풀이 포인트** 세부정보, 추론 유형의 키워드는 의문사를 포함하여 주로 주어, 동사, 목적어이다. 담화에서 질문의 키워드가 들리면 바로 해당 키워드에 대해 언급되는 내용과 일치하는 선택지를 정답으로 고른다. 질문을 듣기 전에 미리 선택지를 보고 내용을 파악해야 단서에 해당되는 정보를 듣는 즉시 정답을 고를 수 있다. 선택지 중에는 키워드에 대해 언급된 내용에서 특정 정보만 바꾸어 오답으로 제시되는 것이 있으므로 유의한다.
39번 **세부정보, 추론** **(할인 방법,** **참석 방법)**	**? 질문** How can guests get a free ticket? How can visitors receive a discount at the gift shop? How, most likely, can one get the product with all its features? **! 풀이 포인트** PART 2는 담화 마지막에 주로 행사 참여 방법, 제품 구매 시의 할인 또는 쿠폰 수령 방법이 언급된다. 이 내용은 대부분 39번 문제로 출제되므로 담화 후반부에 해당 내용이 언급되기 시작하면 미리 분석해 둔 선택지를 보면서 정답을 고른다.

PART 2 공략 연습

1 선택지 분석해서 질문 예상하기

- 첫 번째와 마지막 문제는 간략 해석으로 내용 파악하기
- 선택지를 분석하면서 키워드에 밑줄 또는 동그라미 표시하기
- 내용이 복잡한 경우 간략 해석 또는 기호로 표시하기 (부정어 = X, improve, increase = ↑, decrease, decline = ↓ 등)

질문 노트테이킹: 주제

34. (a) an online cooking course 요리 강좌
(b) a local community garden 정원
(c) an online shopping opportunity 온라인 쇼핑
(d) a local farm tour 농장 투어

질문 노트테이킹: W/Y
(선택지가 to부정사이면 의문사는 What 또는 Why이다.)

37. (a) to choose a delivery time 배달 시간
(b) to benefit from a wide selection 많은 혜택
(c) to qualify for a discount 할인
(d) to make special dietary requests. 특별 요청

질문 노트테이킹: H
(선택지가 by + -ing이면 의문사는 How이다.)

35. (a) by having a simple setup process 간단 설치
(b) by providing a speedy payment method 빠른 결제
(c) by highlighting popular products 인기 제품
(d) by remembering frequently bought items 자주 구매

질문 노트테이킹: W/Y/H
(선택지가 평서문이면 의문사는 What, Why, How이다.)

38. (a) They can buy from a preferred source. 선호 구매
(b) They can read customers' reviews. 후기
(c) They can compare competitors' prices. 경쟁사
(d) They can register for a trial period. 체험 등록

질문 노트테이킹: W
(선택지가 명사구이면 의문사는 What일 가능성이 높다.)

36. (a) a collection of plant care videos 식물 관리
(b) starter kits for new gardeners 초보 키트
(c) a list of local plant growers 업자 명단
(d) plans for unique garden designs 정원 디자인

질문 노트테이킹: W/Y
(선택지가 to부정사이면 의문사는 What 또는 Why이다.)

39. (a) to get items while they are fresh 신선 구매
(b) to qualify for a refund 환불 자격
(c) to request same-day delivery 당일 배송
(d) to access free shipping 무료 배송

2 질문 노트테이킹 하기

34. What is the talk all about?

주제 ?

TIP 34번은 주제 및 목적 유형으로 출제되므로 '목적' 또는 '주제'라고 적는다.

35. How does the SunGrown Online app make shopping so quick?

H S.G. 앱 쇼핑 quick?

TIP 제품명과 같은 고유명사는 첫 글자만 대문자로 표기하고, shopping, so quick을 키워드로 파악한다.

36. What does SunGrown Online offer gardening enthusiasts?

W S.G 제공 원예 애호가?

TIP 동사 offer를 간단하게 '제공'으로 적고, gardening enthusiasts와 같이 긴 단어는 단어의 뜻을 적는다.

37. Why, most likely, should customers order their meals in advance?

Y 추론 주문 식사 미리?

TIP most likely가 언급되면 '추론'이라 적고, 동사 order와 목적어 their meals, 전치사구 in advance를 차례대로 키워드로 파악한다.

38. How can customers be confident that they are getting their money's worth?

H 손님 확신 + 돈 가치?

TIP getting은 '얻는다'는 의미이므로 + 기호로 표기한다

39. Based on the talk, why, most likely, should customers order produce by noon?

Y 추론 주문 농산물 12시까지?

TIP most likely가 언급되면 '추론'이라 적고, 동사 order와 목적어 produce, 전치사구 by noon을 차례대로 키워드로 파악한다.

✔ 확인 문제 음원을 듣고 질문 노트테이킹을 연습해 보세요.

P2_2.MP3

Now listen to the questions.

34. ______________________________ ?

35. ______________________________ ?

36. ______________________________ ?

37. ______________________________ ?

38. ______________________________ ?

39. ______________________________ ?

3 문제풀이 연습

정답 및 해설 P.18

먼저 선택지를 분석한 후 음원을 듣고, 질문 노트테이킹 후 문제를 푼 다음 스크립트를 보고 정답 단서를 확인해보세요.

34. 주제

(a) a tour for future students
(b) a guide for new employees
(c) a tour for visiting parents
(d) a guide for university faculty

Hello, and welcome to our tour of the brand new Thompson School of Business at the University of Fontaine. As **prospective students**, you might be among the first to attend what we are sure will be one of the best business schools in the country. I'm delighted to be your guide today as we explore some of our state-of-the-art facilities.

담화 초반에서 담화의 주제를 나타내는 문장을 듣고 정답을 바로 체크한다.
▶ 패러프레이징: prospective students = future students

35. Y 학생 참석 매주 발표?

(a) to earn extra credit
(b) to learn from professionals
(c) to meet other students
(d) to practice public speaking

We'll begin with our main lecture hall. In addition to regular class lectures, this will also be the location for weekly presentations from successful area business owners. They will **share with you their professional journeys** and **advise you on how to achieve your own success**. We already have John Backer, CEO of Solar Blue Recycling, scheduled to be our very first guest speaker. You won't want to miss his recommendations on how to run sustainable businesses

질문의 키워드 weekly presentations가 직접 화자의 말에서 언급이 되었고 그 뒤에 참석해야 하는 이유에 대해 언급하는 부분에서 정답의 단서를 찾는다.
▶ 패러프레이징: share with you their professional journeys and advise you on how to achieve your own success = learn from professionals

36. W unusual 도서관?

(a) It is open to local residents.
(b) It features rare publications.
(c) It is accessible at all times.
(d) It features a research lab.

Across from the lecture hall is the Buckner Memorial Library, which offers an extensive catalogue of the most popular business publications. It features a state-of-the-art computer lab, and it is the only library on campus that's open twenty-four hours a day, every day of the year, so students will always have a quiet place to study and do research.

질문의 키워드인 library가 the Buckner Memorial Library로 언급이 되고, it is the only library라는 표현으로 이 도서관에만 있는 특징을 언급하므로 이에 대한 내용을 정답의 단서로 파악한다.

▶ 패러프레이징: open twenty-four hours a day, every day of the year = accessible at all times

37. Y 추론 have 장군 동상?

(a) because of his business success
(b) because of his military service record
(c) because of his generous donations
(d) because of his educational contributions

Just outside the library doors is Fontaine Garden. This large outdoor space is a great place to relax between classes. At the heart of the garden, you'll see a large, bronze statue of General West Fontaine, the founder of the university, made possible through generous alumni donations. He deserves to be recognized for his achievements in making education accessible to everyone. It may also be surprising to know that General Fontaine was a successful businessman in his day. He even had his own chain of hardware stores.

질문의 키워드인 a statue of General Fontaine은 지문에서 대학교의 창립자로 언급되고, 그 뒤에 그를 동상으로 기리는 이유에 대해 언급되는 부분에서 정답의 단서를 찾는다.

▶ 패러프레이징: his achievements in making education accessible to everyone = his educational contributions

38. Y 추론 go to 학생 회관?

(a) to grab a quick breakfast
(b) to attend study groups
(c) to meet friends for lunch
(d) to sign up for tutoring

Just south of the garden is the student center. This is where you'll find a branch of the world-famous coffee chain, Redeye Coffee. The coffee shop will be open every weekday from 6 to 11 a.m. so that students can grab a cup of their favorite hot beverage before classes start or choose from Redeye's selection of baked goods, including their famous chocolate espresso muffins.

질문의 키워드인 the student center는 지문에서 커피 체인점이 있는 곳으로 언급되고, 그 뒤에 그 커피 체인점의 특징으로 언급되는 부분에서 정답의 단서를 찾는다.
▶ 패러프레이징: grab a cup of ~ beverage, choose ~ baked goods = a quick breakfast

39. H 신입생 + voucher free meal[무료 식사]?

(a) by visiting the housing office
(b) by entering a writing contest
(c) by taking the campus tour
(d) by completing a survey

Thank you for taking the campus tour. We hope you enjoyed it. Before you go, we are pleased to share that incoming business students are invited to submit an essay about what inspires them to study business for a chance to win a month's worth of vouchers for free meals in the cafeteria. The top five entries will be awarded this valuable prize. We hope to see you soon!

질문의 키워드인 incoming students와 vouchers for free meals가 언급된 문장에서 정답의 단서를 찾는다.
▶ 패러프레이징: submit an essay ~ for a chance to ~ = entering a writing contest

PART 2 패러프레이징 연습

1 패러프레이징 정리

청취는 음원을 통해 들은 정보를 토대로 선택지 (a)~(d) 중에서 정답을 고르는 방식으로 풀어야 하는 영역이며, 음원의 단서 내용이 바뀌지 않고 그대로 정답으로 제시될 수도 있으나 어휘나 구문을 다르게 표현한 패러프레이징으로 제시되는 경우가 많다. 청취 점수 향상을 위해서 문제풀이 후에 음원의 단서 내용이 정답 선택지의 내용으로 어떻게 패러프레이징 되었는지 리뷰하는 것이 필요하다.

(1) 질문 – 스크립트(음원) – 정답 순서로 정리한다. 매력적인 오답이 있다면 오답 이유를 함께 적는다.
(2) 스크립트에서 질문의 키워드가 언급된 부분을 표시하고, 정답 선택지에 패러프레이징된 부분도 표시한다.
(3) 패러프레이징된 단어나 구문의 의미가 어떻게 연결되는지 파악하고 아래와 같이 정리 및 리뷰한다.

2 패러프레이징 리뷰

질문 ①	What is this talk mainly about? 이 담화는 주로 무엇에 관한 것인가?
SCRIPT	Learning another language enriches the mind and opens new horizons, both personal and professional. If you are interested or have the desire to learn a new language but cannot decide on which one to learn, I will tell you a few things you should consider prior to deciding which language you want to learn.
해석	다른 언어를 배우는 것은 정신을 풍요롭게 하고, 개인적으로 또한 직업적으로 새로운 시야를 열어줍니다. 만약 여러분이 새로운 언어에 관심이 있거나 열망을 가지고 있지만 어느 언어를 배워야 할지 결정할 수 없다면, 여러분이 배우고 싶은 언어를 결정하기 전에 고려해야 할 몇 가지를 말씀드리겠습니다.
정답	informing the things about choosing a language 언어를 고르는 것에 관한 것들을 알려주는 것 • "Today, I'm going to tell you", "I'll tell you"와 같은 표현은 PART 2의 주제를 나타내는 표현이다.
매력적인 오답	starting out the new French school 새로운 프랑스 학교를 시작하는 것 • 프랑스 학교(French school)에 대해 언급된 내용이 없으므로 오답
패러프레이징	• I will tell you about a few things = informing the things • deciding which language you want to learn = choosing a language

질문 ②	Why is most likely French an essential language? 프랑스어가 필수적인 언어인 이유는 무엇일 것 같은가?
SCRIPT	French is both a working language and an official language of the United Nations, the European Union, UNESCO, NATO, and other major global organizations. If you are considering a career in any international organization, French is an essential language for you.
해석	프랑스어는 유엔, 유럽 연합, 유네스코, 북대서양 조약 기구 및 다른 주요 세계 기구의 업무용 언어이면서 공식 언어입니다. 만약 여러분이 국제 기구에서의 경력을 고려하고 있다면, 프랑스어는 당신에게 필수적인 언어입니다.
정답	It is useful to work for a global organization. 세계 기구에서 일하는 데 유용하다. • 정답의 단서가 a career in any international organization으로 언급된 뒤에 질문의 키워드인 French is an essential language가 제시되었다. international이 global과 같은 의미이므로 정답이다.
매력적인 오답	It is helpful when traveling abroad. 해외 여행할 때 도움이 된다. • 해외 여행(traveling abroad)에 대해 언급된 내용이 없으므로 오답이다.
패러프레이징	• a career in any international organization = to work for a global organization

질문 ③	Why is French easier to learn if one is familiar with the English language? 영어에 친숙한 사람일 경우 프랑스어를 배우기 더 쉬운 이유는 무엇인가?
SCRIPT	If you are familiar with the English language, learning French will be slightly easier since both languages are related. During the evolution of the English language, there was a time when many French words were incorporated into the English lexicon.
해석	만약 여러분이 영어에 익숙하시다면, 프랑스어를 배우는 것이 더 쉬울 것입니다. 왜냐하면 두 언어는 관련이 있기 때문입니다. 영어의 진화 중에 많은 프랑스어 단어들이 영어 어휘에 통합되었던 때가 있었습니다.
정답	because they both share some similarities 두 언어가 몇몇 유사성을 가지고 있기 때문에 • 두 언어가 서로 관련이 있는데, 많은 프랑스 단어가 영어 어휘에 통합되었다고 언급되었으므로 두 언어가 서로 유사성(similarities)을 가지고 있다고 볼 수 있다.
매력적인 오답	because they both have the same origin of the lexicon 두 언어가 동일한 어휘 기원을 가지고 있기 때문에 • 어휘의 기원이 같다는 내용은 언급되지 않았으므로 오답이다.
패러프레이징	• Since both languages are related = because they both have some similarities

질문 ④	According to the speaker, why does French appeal to students? 화자에 따르면, 프랑스어가 학생들의 관심을 끄는 이유는 무엇인가?
SCRIPT	French also appeals to students because it is a soft, melodious, romantic language.
해석	프랑스어는 또한 부드럽고, 듣기 좋으며, 로맨틱한 언어이기 때문에 학생들의 관심을 끕니다.
정답	because it has soft and melodic sound 부드럽고 듣기 좋은 소리를 가지고 있기 때문에 • soft, melodious를 soft and melodic으로 표현하여 동일한 의미를 나타내므로 정답이다
매력적인 오답	because it is luxurious language 호화로운 언어이기 때문에 • luxurious(화려한)는 soft, melodious, romantic과 관련이 없으므로 오답이다.
패러프레이징	• because it is a soft, melodious = because it has a soft and melodic sound

질문 ⑤	How can one get a discounted enrollment fee? 어떻게 등록비를 할인 받을 수 있는가?
SCRIPT	As you can see, learning French can enrich your life. Our language institute can help you learn French in a fun and easy way! You can get a 15% discount from enrollment fee only in the month of July.
해석	보시다시피, 프랑스어를 배우는 것은 여러분의 삶을 풍요롭게 할 수 있습니다. 저희 어학원은 재밌고 쉬운 방법으로 여러분이 프랑스어를 배우는 것을 도울 수 있습니다! 여러분은 7월에만 등록비에서 15퍼센트 할인을 받을 수 있습니다.
정답	by signing up for the program during the certain month 특정 달 중 프로그램에 등록함으로써 • 7월에만 등록비 할인을 받을 수 있다고 언급되어 있으므로 정답이다.
매력적인 오답	by enrolling the event online 온라인으로 행사에 등록함으로써 • 온라인 등록에 관한 내용은 언급되지 않았으므로 오답
패러프레이징	• only in the month of July = during the certain month

LISTENING EXERCISE

각 문항에 해당하는 음원을 듣고 정답 단서인 빈칸을 완성하여 문제를 풀어보세요.

Questions 1-3. *You will hear a presentation by one person to a group of people. First you will hear questions 1 through 3. Then you will hear the talk. Choose the best answer to each question in the time provided.*

1.
(a) to promote tourism in Cloverfield
(b) to introduce musical artists
(c) to raise funds for charity
(d) to celebrate a holiday

2.
(a) by casting a vote for the best musicians
(b) by bringing a group of 3 or more
(c) by volunteering to help clean up
(d) by reserving a ticket in advance

3.
(a) because of stormy weather
(b) because of stage construction delays
(c) because a budget needs to be approved
(d) because some musicians may be unavailable

Script

Attention tourists! The city of Cloverfield's Department of Tourism will be hosting Spring into Music, a special 2-day event on the weekend of March 19th and 20th, at Cloverfield Park. **1** Now that winter is over, bring your friends and family here to Cloverfield ______________! There will be live music from local artists, activities for all ages, and booths representing some of the best restaurants of Cloverfield!

Tickets will be available at the park entrance on both days of the event, but we encourage you to purchase yours in advance at www.cloverfieldcity.com. **2** Those who buy their tickets online ______________ will get one food ticket per person, which adds up to a savings of nearly 50%! Some of the activities include a bean bag toss for prizes, face painting, and a dunk tank. Several local city officials and business owners have volunteered as participants for the dunk tank, so you might get a chance to drop your own boss into the water!

On each day of the event, attendees will get a chance to cast a vote for the best music group of that day. Votes will be tallied afterwards and posted on the city's website on the following Monday. The two winning bands will be asked to collaborate on a new theme song for the city of Cloverfield. **3** Please keep in mind that since everything will take place outdoors, ______________ this event to be postponed to the following weekend. Any tickets purchased for the initial dates would of course be honored on the replacement dates if this should occur.

정답 및 해설 p.21

Questions 4-6. *You will hear a presentation by one person to a group of people. First you will hear questions 4 through 6. Then you will hear the talk. Choose the best answer to each question in the time provided.*

4.
(a) to raise funds for charity
(b) to provide disaster relief
(c) to offer construction job training
(d) to build houses for the homeless

5.
(a) the walls
(b) the frame
(c) the roofing
(d) the foundation

6.
(a) Some of them brought their own work tools.
(b) They must attend a safety training course.
(c) They should have valid certifications.
(d) Some of them are inexperienced.

Script

I appreciate all of you coming out to volunteer for this Housing Humanity project. It's great to see such a big turnout. As you may know, **4** Sascha Busch started Housing Humanity with the initial goal of providing aid to people who were suffering from ______________. Thanks to the support of people like yourselves, we have been able to grow into a nation-wide charity project that constructs affordable housing for low-income families.

As you can see, the foundation and frame of the housing unit that we're working on here have already been completed. **5** Today, we're going to be working on the __________. Since plenty of you showed up this morning, and thanks to this nice weather, we should be able to complete that portion of the structure by the end of the day. Before anything else, let's cover some of the safety guidelines that need to be followed.

First off, once we start, everyone is required to wear their hardhats, steel-toe boots, and protective gloves at all times while on this worksite. The last thing we want is for anyone to get hurt. You will all be required to sign one of these forms to acknowledge that you understand and agree to following those rules here today.

Okay, so, I guess it's time to break up into teams. Those of you who have certifications and experience in construction and roofing will be assigned as team leaders. Please keep in mind that you may need to give precise instructions to some of your team members, **6** as they may be ______________. Now, I'll start reading off the names of each team.

Questions 7-10. *You will hear a presentation by one person to a group of people. First you will hear questions 7 through 10. Then you will hear the talk. Choose the best answer to each question in the time provided.*

7.
(a) the technological evolution of television
(b) the common capabilities of smart TVs
(c) the rising popularity of smart TVs
(d) the release of a new smart TV

8.
(a) They are made by environmentally responsible companies.
(b) They are available in wider varieties than regular TVs.
(c) They can be used to watch streaming services.
(d) They can be powered by renewable energy.

9.
(a) its ease of connecting to smartphones
(b) its built-in recording capability
(c) its movie theater screen shape
(d) its affordable market price

10.
(a) by visiting a website
(b) by joining a membership
(c) by contacting the speaker
(d) by making a down payment

Script

Good afternoon, everyone! I hope you're enjoying this technology expo so far. **7** ______________________ a very special new product that is set to hit the market early next year: the Screenius smart TV by Corel Electronics. Why the product name Screenius? Because with this special screen, you will feel like you have a genius assistant with you in your home or place of business to provide entertainment, education, or both.

The age of people going to the movies is clearly fading away. In recent years, we have seen a massive increase in the popularity of both home entertainment systems and streaming service subscriptions. **8** The phrase 'movie night' has taken on the meaning of staying home with family, or just inviting a few close friends, and selecting something ______________________.

So, how do we watch those streaming services? Sure, we could use a tablet, laptop, or smartphone. But then the screen isn't big enough for several people to watch together. That's why smart TVs have been rapidly replacing traditional TVs all across the country. You don't have to worry about separate cables or setting up a projector or anything. Simply use the controls of the smart TV to select what you want to watch, sit back, and enjoy.

You might be wondering what sets the Screenius apart from other brands or models. Well, there are still regular broadcasts that many people don't want to miss. And a countless number of them aren't available online. This is where the Screenius comes in. **9** It has a built-in hard drive that can ______________________ up to 200 hours of regular broadcast programming. It can help you never miss your favorite shows again, whether they are streamed or not.

As I mentioned earlier, the Screenius has not been officially released yet, but **10** you can pre-order yours in advance. All you have to do is ______________ as a Corel Electronics VIP Customer. There is no monthly membership fee, and you will qualify for a variety of discounts and promotions for other Corel Electronics products.

ACTUAL LISTENING 기출 문제 풀이

정답 및 해설 p.28

PART 2. *You will hear a presentation by one person to a group of people. First you will hear questions 1 through 6. Then you will hear the talk. Choose the best answer to each question in the time provided.*

1.
(a) a magic shop opening
(b) a magician's charity event
(c) a brand-new magic show
(d) a convention for magicians

2.
(a) They promise rapid processing.
(b) They offer a two-year repair warranty.
(c) They promise free returns.
(d) They offer discounts on large orders.

3.
(a) a panel of experts
(b) fellow contestants
(c) several celebrity judges
(d) all event attendees

4.
(a) to meet a celebrity
(b) to purchase an outfit
(c) to enter a raffle
(d) to receive a free gift

5.
(a) to raise money for charity
(b) to promote a local academy
(c) to inspire kids to join in
(d) to advertise certain products

6.
(a) by registering in advance
(b) by purchasing two at a time
(c) by posting on social media
(d) by joining the magicians' club

PART 03

2인 대화: 두 화제(A, B)의 장/단점 비교

PART 3의 특징

1 대화 구성

• 주제: 남녀로 구성된 2인 화자 중 한 명이 두개의 화제(A, B) 중 하나를 선택해야 하는 상황에서, A, B의 장점과 단점을 이야기한 후 최종적으로 둘 중 하나를 선택하는 내용

• 대화의 흐름: 화자 중 한 명이 두 개의 화제(A, B)에 대해 언급 → A의 장점과 단점 → B의 장점과 단점 → A와 B 중 하나를 최종 선택

2 문제풀이 순서

• 선택지 분석 → 질문 노트테이킹 → 질문 순서대로 문제풀이

• PART 2 담화 듣기가 끝나고 PART 2의 질문이 다시 나올 때부터 Part 3 Direction이 끝날 때까지 약 1분 45초 동안 40~45번의 선택지를 미리 분석해 대화와 관련된 대략적인 정보가 무엇인지 유추한다.

• 각 질문의 선택지 (a)~(d)를 확인하여 유추할 수 있는 질문의 의문사를 파악한다.

선택지	질문의 의문사
because ~ / to부정사 / 평서문	Why
by + -ing / 평서문	How
when / after / before + 주어 + 동사	When
동명사(동사 + ing) / 동사원형 / 평서문	What
at / in / on + 장소명사	Where

• PART 3 Direction이 끝난 후 "Now listen to the questions."라는 말과 함께 40~45번 질문이 나오며, 이때 질문을 듣고 노트테이킹을 한다.

• 45번 질문까지 나온 뒤에 "Now you will hear the conversation."이 라는 말과 함께 PART 3가 시작된다. 질문 노트테이킹하면서 질문의 키워드가 대화 중에 언급되면 곧장 해당 문제를 풀 준비를 하고, 키워드와 함께 제시되는 정보에 해당하는 선택지를 정답으로 선택한다.

• 45번까지 문제풀이한 후에 "Now answer the questions."라고 나오면 40~45번 질문이 다시 나오는데, 이때는 PART 4의 선택지를 미리 분석한다.

PART 3 대화 내용과 문제 구성

1 대화의 흐름과 질문 유형

문제 번호	주요 내용	대표 질문 예시
40	최근의 고민이나 경험과 관련된 질문 및 두 화제(A, B) 제시	What did ~ do ~? Why ~ interested in ~? Why is ~ thinking of ~?

41-44	41-42번: A의 장점, 단점 43-44번: B의 장점, 단점	What / Why / How / When 세부정보 질문
45	A와 B 중에 무엇을 선택할 것인지 결정	What will ~ probably do after the conversation? What will ~ decide to do?

2 PART 3 질문 유형과 풀이 포인트

40번 **세부정보** **(일상에 관한 내용 또는 두 화제(A, B)에 대한 고민의 원인)**	**질문** Why **was** Jenna shopping **for** an air conditioner? Why **has** Christine **been** thinking about a new file storage option? What concern **is** Elizabeth discussing **with** Johnny? **풀이 포인트** 대화 초반부에 두 화자가 인사를 나눈 후에 그 중 한 명이 두 개의 화제(A, B) 중에 어떤 것을 선택해야 할지 고민이라는 내용이며, 40번 질문의 키워드는 그 고민의 배경 또는 원인에 대해 묻는 부분에서 언급된다. 질문의 키워드가 들리면 바로 그 문장에서 언급되는 어휘 및 패러프레이징된 표현을 바로 정답으로 체크한다.
41번~44번 **세부정보** **(A, B의 장점과 단점),** **추론** **(장점과 단점에 대한 이유)**	**질문** How **could** a central air conditioner help Jenna **sleep**? Why **would** Tina consider leaving? Why **is using** external hard drive storage ideal **for** Christine's **business trips**? **According to** Lawrence, **how can** using cloud storage **be** convenient **for Christine**? **Based on the conversation,** what **do** Elizabeth **and** Johnny both like to do **at the** beach? **풀이 포인트** 두 화제(A, B)에 대해 각각 장점과 단점이 순서대로 언급되는데, 대화에서 제시되는 순서에 따라 41번 질문의 키워드와 정답의 단서부터 언급된다. 주로 A, B의 장점과 단점이 무엇인지에 관한 세부정보가 출제되며, 질문의 키워드가 들리면 바로 그 문장에서 언급되는 어휘 및 패러프레이징된 표현을 바로 정답으로 체크한다. 추론 유형의 경우 A, B의 장점 또는 단점으로 언급되는 내용의 원인이 무엇인지에 관한 질문으로 출제된다.
45번 **추론** **(A, B 중 최종 선택)**	**질문** What **will** Jenna probably do after **the conversation?** What **has** Christine most likely decided to do **after the conversation?** What **has** Elizabeth most likely[probably] decided to do? **풀이 포인트** 대화 중 "Have you decided what you'll[you're going to] do?"(무엇을 할 것인지 결정했어?) 또는 "Have you made up your mind?"(이제 결정을 내렸어?)와 같이 상대방에게 결정했는지를 묻는 질문이 나오면 45번의 정답 단서가 바로 언급될 것이므로 45번의 선택지 중에서 정답을 고를 준비를 해야 한다. 이때 앞서 언급된 A와 B의 장점 중에서 하나가 언급되면서 '~할 것이다(I will / I'm going to) 혹은 '~하고 싶다'(I want to / I'd like to) 등의 표현과 함께 정답의 근거가 제시된다. 단, 선택지 중에서 A와 B 둘 중 하나에 해당하는 선택지만 정답이 되며, 선택지 중에 A와 B에 관련이 없는 선택지는 소거한다.

PART 3 공략 연습

1 선택지 분석해서 질문 예상하기

- 첫 번째와 마지막 문제는 간략 해석으로 내용 파악하기
- 선택지를 분석하면서 키워드에 밑줄 또는 동그라미 표시하기
- 내용이 복잡한 경우 간략 해석 또는 기호로 표시하기 (부정어 = X, improve, increase = ↑, decrease, decline = ↓ 등)

질문 노트테이킹: Y
(선택지가 모두 because로 시작하면 의문사는 Why이다.)

40. (a) because she is in a new home 새 집
(b) because hers is broken 고장
(c) because she needs it for work 직장에 필요
(d) because hers is old 오래됨

질문 노트테이킹: H
(선택지가 by + -ing이면 의문사는 How이다.)

41. (a) by reducing the humidity 습도↓
(b) by adjusting the air flow 기류 조정
(c) by keeping the house quiet 조용하게
(d) by making a soothing sound 진정 소리

질문 노트테이킹: W/Y/H
(선택지가 평서문이면 의문사는 What, Why, How이다.)

42. (a) It would damage her flowers. 꽃 손상
(b) It would cost too much money. 비용 ↑
(c) It would take a long time. 시간 ↑
(d) It would take up too much room. 공간↑

질문 노트테이킹: W
(선택지가 명사절이면 의문사는 What일 가능성이 높다.)

43. (a) that they use minimal electricity 전기 ↓
(b) that they are affordable 비용 적당
(c) that they need little maintenance 관리X
(d) that they are powerful 강력

질문 노트테이킹: H
(선택지가 by + -ing이면 의문사는 How이다.)

44. (a) by restricting the sunlight 햇빛 ↓
(b) by leaking water 누수
(c) by reducing the temperature 온도 ↓
(d) by blocking the view 뷰X

질문 노트테이킹: W 추론 대화 후 할 일
(PART 3의 45번은 항상 대화 후 할 일을 묻는 추론 문제이다.)

45. (a) install air conditioning throughout her house 집 전체 에어컨
(b) request an estimate for installation 견적 요청
(c) install air-conditioning in her bedroom 침실 에어컨
(d) ask for a discount on installation 할인 요청

2 질문 노트테이킹 하기

40. Why was Jenna shopping for an air conditioner?

✎ Y J 쇼핑 에어컨?

TIP 40번은 주제 또는 대화 초반부의 세부 사항으로 출제된다.

41. How could a central air conditioner help Jenna sleep?

✎ H 중앙 에어컨 help J 잠?

TIP a central air conditioner를 '중앙 에어컨', '중앙 ac' 등 간단하게 적을 수 있는 단어로 적는다.

42. Why is Jenna hesitant to install a condenser in her backyard?

✎ Y J 주저 설치 콘덴서 뒤마당에?

TIP 사람의 이름은 첫 알파벳을 대문자로 적는다.

43. What did Jenna notice about the window air conditioners at the appliance store?

✎ W J notice 창문 에어컨 가전 매장?

TIP 단어의 의미가 떠오르지 않거나 다의어의 경우 들리는 대로 영어 철자로 적는다.

44. How might a window air conditioner prevent Jenna from enjoying her bedroom?

✎ H 창문 에어컨 막다 enjoy 침실?

TIP 노트테이킹할 단어가 길면 발음대로 한글로 적는다.

45. What will Jenna probably do after the conversation?

✎ W J 추론 대화 후 할 일?

TIP 45번은 화자들이 논의하던 두 가지 중에서 무엇을 하기로 하였는지 묻는 추론 문제로 출제된다.

✔ 확인 문제 음원을 듣고 질문 노트테이킹을 연습해 보세요.

P3_2.MP3

Now listen to the questions.

40. ______________________________ ?

41. ______________________________ ?

42. ______________________________ ?

43. ______________________________ ?

44. ______________________________ ?

45. ______________________________ ?

3 문제풀이 연습

정답 및 해설 P.33

먼저 선택지를 분석한 후 음원을 듣고, 질문 노트테이킹 후 문제를 푼 다음 스크립트를 보고 정답 단서를 확인해보세요.

40. ✎ Y C think new 저장 옵션?

(a) Her desktop is disorganized.
(b) She would like better security.
(c) Her laptop has been slow lately.
(d) She needs space for work files.

M: Hey, Christine! How's your event planning business doing?
F: Oh hello, Lawrence! I've been busy with the business lately. In fact, I need to meet some out of-state clients this week.
M: It must be doing well! I'm happy for you.
F: Thanks. I'm having a bit of a problem, though. Since I give a lot of presentations, my laptop is quickly filling up with files. I've been thinking about getting more storage for the files that I use in my promotional talks.

크리스틴이 자신의 노트북 컴퓨터가 빠르게 파일로 채워지고 있다고 말한 뒤에 질문의 키워드인 new file storage option에 관련된 more storage for the files를 언급하였다.
▶ 패러프레이징: more storage for the files = space for work files

41. ✎ Y 외장하드 ideal for C?

(a) because it provides easy access
(b) because it fits in her luggage
(c) because it is password-protected
(d) because it charges quickly

M: Maybe it would help if we discuss the pros and cons of each option.
F: Sounds good. Let's start with the first choice. I think that using an external hard drive to store data is ideal for me since I give presentations during my business trips. I can retrieve documents directly from a hard drive and deliver talks wherever I am.
M: Right. With a hard drive, you can have faster access to files because you won't need to put in passwords or connect to the Internet to download the files.

크리스틴의 말에서 질문의 키워드인 using an external hard drive to store data is ideal for me가 언급되고, 그 이유에 대해 설명하는 부분에서 정답의 단서를 찾는다.
▶ 패러프레이징: retrieve documents directly / wherever I am = provides easy access

42. ✎ W 문제 if C 하드 when 발표?

(a) that it could get lost
(b) that files could be deleted
(c) that it could become damaged
(d) that files could be stolen

F: That's true. But what I'm concerned about is that a hard drive can get damaged. I tend to rush when I'm about to give a talk, and I'm afraid the hard drive might get banged up in my bag. I wouldn't want to start a presentation only to learn that the drive isn't working.

M: Certainly not! Another thing about a hard drive is that it can get corrupted. As the storage device ages, files can start to degrade, or go bad, until they're not even usable anymore.

크리스틴의 말에서 지문의 키워드 a problem이 what I'm concerned about으로 언급되고, 그 뒤에 문제점이 무엇인지 언급되는데, 여기서 정답의 단서를 찾는다.

▶ 패러프레이징: get damaged = become damaged

43. ✎ a/c L, H 클라우드 편리 for C?

(a) by enabling her to share files
(b) by allowing for faster software updates
(c) by keeping all her files in order
(d) by extending the laptop's battery life

F: Now, one advantage of online storage is that I don't need to carry anything else around with me. With this option, I can open files without having to attach my laptop to another device.

M: Good point. All you'll have to do is log you're your account and click some buttons.

F: That's right.

M: And another convenient thing about cloud storage is that it's shareable. You just have to send a link to your clients, and they can access the documents you want to share.

질문의 키워드인 cloud storage와 convenient가 로렌스의 말에서 그대로 언급되고, 그 뒤에 클라우드 저장이 편리한 이유에 대해 언급되는 부분에서 정답의 단서를 찾는다.

▶ 패러프레이징: shareable = enabling her to share files

44. Y C 걱정 클라우드?

(a) because of limited access
(b) because of security concerns
(c) because of constant updates
(d) because of price increases

F: That will work for me. I have many clients, and I won't need to email them one by one to send them files. However, one worry I have about online storage concerns the safety of my files.
M: Why's that?
F: Well, it's true that cloud storage hosts guarantee privacy and security. However, I'm not really confident that my account can't be hacked. I'm also skeptical of the claim that my files don't get leaked when they're in "the cloud."

크리스틴의 말에서 질문의 키워드인 worried about using cloud storage가 one worry I have about online storage로 언급이 되었고 그 뒤에 클라우드 저장 공간 사용에 관한 걱정거리에 대해 언급되는 부분에서 정답의 단서를 찾는다.

▶ 패러프레이징: the safety of my files, not really confident that my account can't be hacked = security concerns

45. W 추론 대화 후 할 일 결정?

(a) buy a different laptop computer
(b) get a portable storage device
(c) subscribe to an online service
(d) bring paper files during her trips

M: So what have you come up with?
F: I think I'll choose the option that allows me to share files with my clients all at once. Thanks for the help, Lawrence!
M: You're welcome, Christine.

로렌스가 무엇을 할 생각을 하는지 묻자 크리스틴은 고객들과 한번에 파일을 공유하는 것을 선택하겠다고 말한 것에서 앞서 공유 기능이 장점으로 언급된 것을 정답으로 고른다.

PART 3 패러프레이징 연습

1 패러프레이징 정리

청취는 음원을 통해 들은 정보를 토대로 선택지 (a)~(d) 중에서 정답을 고르는 방식으로 풀어야 하는 영역이며, 음원의 단서 내용이 바뀌지 않고 그대로 정답으로 제시될 수도 있으나 어휘나 구문을 다르게 표현한 패러프레이징으로 제시되는 경우가 많다. 청취 점수 향상을 위해서 문제풀이 후에 음원의 단서 내용이 정답 선택지의 내용으로 어떻게 패러프레이징 되었는지 리뷰하는 것이 필요하다.

(1) 질문 – 스크립트(음원) – 정답 순서로 정리한다. 매력적인 오답이 있다면 오답 이유를 함께 적는다.
(2) 스크립트에서 질문의 키워드가 언급된 부분을 표시하고, 정답 선택지에 패러프레이징된 부분도 표시한다.
(3) 패러프레이징된 단어나 구문의 의미가 어떻게 연결되는지 파악하고 아래와 같이 정리 및 리뷰한다.

2 패러프레이징 리뷰

질문 ①	What does Samuel need Clara's help with? 사무엘은 무엇에 대해 클라라의 도움이 필요한가?
SCRIPT	F: Congratulations, Samuel! I'm happy to hear that. But how come you don't look so excited? M: Thanks, Clara. It's good news. However, the thing is, last night, my professor called me and offered me a job working for a startup company he's investing in called Linearly. F: Well, I guess you are torn between these offers, the internship at a major company and the full-time job at a startup company? Do you want my help with choosing between the two?
해석	여: 축하해, 사무엘! 그걸 들으니 기쁘다. 그런데 넌 왜 그렇게 신나 보이지 않는거야? 남: 고마워, 클라라. 좋은 소식이지. 하지만, 문제는, 어제 밤에 교수님이 전화하시더니 교수님이 투자하고 있는 '리니얼리'라는 신생 회사에서 근무하는 일자리를 제안하셨어. 여: 흠, 큰 회사에서의 인턴십과 신생 회사에서의 정규직이라는 제안들 사이에서 고민 중인가 보구나. 둘 중에 고르는 거 내가 도와줄까?
정답	deciding on a future career 미래의 진로에 대해 결정하는 것 • internship, working과 같은 단어를 통해 these offers가 의미하는 것이 일자리와 관련된 제안이라는 것을 알 수 있고, 클라라는 사무엘이 일할 곳을 결정하는 것을 도와준다고 언급하였으므로 정답이다.
매력적인 오답	choosing internship programs 여러 인턴십 프로그램을 선택하는 것 • 인턴십은 둘 중 한 곳에만 해당되는 것이므로 여러 인턴십 프로그램을 선택한다는 내용을 언급한 선택지는 오답이다.
패러프레이징	• the internship at a major company and the full-time job at a startup company = deciding on a future career

질문 ②	Why does Henderson Industries pay a lot for the interns? 핸더슨 인더스트리에서 인턴에게 급여를 많이 주는 이유는 무엇인가?
SCRIPT	F: No surprise, Henderson Industries is a well-known major company. I heard that even interns are paid well there because it requires a specific expertise, so the huge pay isn't a surprise. I'd say that another advantage is that you'll be able to utilize your skills that you have studied all those years in school.
해석	여: 놀라운 일은 아냐, 헨더슨 인더스트리는 유명한 대기업이지. 특정 전문지식을 필요로 하기 때문에 심지어 인턴들도 급여를 많이 받는다고 들어서, 높은 급여는 놀라운 게 아니야. 또 하나의 장점은 학교에서 수년 간 공부한 기술들을 활용할 수 있게 된다는 점이라고 말하고 싶어.
정답	because interns are required to have specialized knowledge 인턴들이 전문적인 지식을 보유할 필요가 있기 때문에 • 질문의 키워드 pay a lot과 interns에 해당되는 interns are paid well이 언급된 뒤에 곧바로 제시되는 내용과 일치하므로 정답이다.
매력적인 오답	because interns need to work more than full-time workers do 인턴은 정규직 직원보다 더 많이 일해야 하기 때문에 • 인턴과 정규직 직원의 업무량을 비교하는 내용이 없으므로 오답이다.
패러프레이징	• are paid well = pay a lot / specific expertise = specialized knowledge

질문 ③	According to Samuel, why can working for Henderson Industries be hard for him? 사무엘에 따르면, 핸더슨 인더스트리에서 일하는 것이 힘들 수 있는 이유는 무엇인가?
SCRIPT	F: Although it is a rewarding opportunity, I still think that job sure is hard. M: No doubt. I know that if I take the job at Henderson Industries, I might be too stressed out with the workload, especially in the beginning since I'm going to be just an intern.
해석	여: 비록 그것이 보람 있는 기회이더라도, 난 여전히 그 일이 분명 힘들다고 생각해. 남: 당연하지. 내가 헨더슨 인더스트리에서 일을 한다면, 업무량으로 너무 스트레스를 받을 지도 모르는데, 특히 난 단지 인턴이 되는 것 뿐이라서 처음에 그럴 거야.
정답	He may be overwhelmed by all the work. 그는 그 모든 업무에 의해 압도될 지도 모른다. • too stressed out with the workload를 overwhelmed by all the work로 표현하여 같은 의미를 나타내므로 정답이다.
매력적인 오답	He may feel stressed out with the job interview. 그는 면접으로 스트레스를 받을지도 모른다. • 면접(the job interview)에 대한 내용은 언급되지 않았으므로 오답이다.
패러프레이징	• too stressed out with the workload = overwhelmed by all the work

질문 ④	According to Samuel, why is working for a startup company more fulfilling? 사무엘에 따르면, 신생 회사에서 일하는 것이 더 성취감을 주는 이유는 무엇인가?
SCRIPT	M: Honestly, I think I'd find the work at the startup more fulfilling. F: What makes you say that, Samuel? M: Well, in big companies, I'm just a small cog in the huge inner workings of a conglomerate machine. But in a startup, I'm somebody important.
해석	남: 솔직히, 나는 신생 회사에서의 일이 좀 더 성취감을 준다고 느끼는 것 같아. 여: 그렇게 말하는 이유가 뭐야, 사무엘? 남: 음, 큰 회사에서는, 난 복합적인 기계의 거대한 내부 작동에 있는 단지 작은 톱니일 뿐이지. 하지만, 신생 회사에선, 난 중요한 사람이야.
정답	because he can play in an important role 그가 중요한 역할을 할 수 있기 때문에 • 회사에서 자신이 중요한 사람이라는 말은 중요한 역할을 맡는다는 의미이므로 정답이다.
매력적인 오답	because he will operate a huge machine 그가 거대한 기계를 작동시킬 것이기 때문에 • 남자가 큰 회사에서 자신이 하는 일이 거대한 복합 기계의 작은 톱니라고 언급하였으며, 신생 회사에서 자신이 할 일이 거대 기계를 작동시키는 일이라고 언급한 것은 아니므로 오답이다
패러프레이징	• I'm somebody important = play an important role

질문 ⑤	According to Samuel, why will he have to move if he chooses the startup company? 사무엘에 따르면, 그가 신생 회사를 선택한다면 그가 이사를 해야 할 이유는 무엇인가?
SCRIPT	F: Oh, yeah, what about the commuting distance? M: The startup is quite far from my place, so I will have to relocate if I take the job there.
해석	여: 아, 맞아. 통근 거리는 어때? 남: 그 신생 회사는 우리 집에서 꽤 멀리 떨어져 있어서, 내가 그 일을 받아들인다면 이사해야 할 거야.
정답	because the company is located very far away 그 회사가 아주 멀리 떨어져 위치해 있기 때문에 • 질문에 언급된 if he chooses the startup company가 if I take the job there로 언급되었으며, 정답의 단서는 그 앞에 quite far from my place로 제시되어 있으므로 정답이다.
매력적인 오답	because the company will relocate soon 그 회사가 곧 이전할 것이기 때문에 • 남자의 말에서 relocate이 언급되었지만 자신이 이사한다는 뜻이었고, 회사가 이전한다는 내용이 아니므로 오답이다.
패러프레이징	• if he chooses the startup company = if I take the job there • quite far from my place = located very far away

LISTENING EXERCISE

각 문항에 해당하는 음원을 듣고 정답 단서인 빈칸을 완성하여 문제를 풀어보세요.

Questions 1-3. *You will hear a conversation between two people. First you will hear questions 1 through 3. Then you will hear the conversation. Choose the best answer to each question in the time provided.*

1.
(a) to get a bigger vehicle
(b) to create less pollution
(c) to save on driving expenses
(d) to take advantage of an offer

2.
(a) their cheap upkeep
(b) their comfortable interiors
(c) their universal compatibility
(d) their surprisingly long range

3.
(a) take a road trip
(b) purchase a hybrid car
(c) e-mail a car dealership
(d) test drive an electric vehicle

Script

F: Hey, Andrew! I heard you're thinking about trading in your car?

M: That's right, Brandi. As you know, my current one is old and gets such terrible gas mileage. **1** I want to ____________________ that I make.

F: That's a good idea. You know, I heard that Smithtown Auto is doing a special promotion for hybrids and electric vehicles.

M: I was thinking of going there, actually. But I'm not sure which type of vehicle would suit my needs better. Could you help me discuss their pros and cons?

F: Of course! First off, electric vehicles are great because they have almost no emissions. They only run on batteries, which have become much more powerful in recent years. **2** ____________________ than you might expect on a single charge!

M: That sounds great, but what if the batteries run out while I'm going somewhere?

F: That is their downside. They require a charging station that is compatible with the car. A hybrid, however, could switch between electric and gas power.

M: True, but wouldn't that still end up being harmful to the environment?

F: Well, you could just try to minimize the amount of miles you drive using gas. So, do you know which one you're going to go with?

M: Hmm... **3** I have an appointment at a dealership this Saturday. I'd like to see how it feels ____________________ before committing to my new car.

정답 및 해설 p.36

Questions 4-6. *You will hear a conversation between two people. First you will hear questions 4 through 6. Then you will hear the conversation. Choose the best answer to each question in the time provided.*

4.
(a) He got good grades in biology classes.
(b) He took part in a medical internship.
(c) He watches lots of hospital dramas.
(d) He likes working with older people.

5.
(a) opportunities for paid travel
(b) the ability to work remotely
(c) better pay than a doctor
(d) very strong job security

6.
(a) participating in a study abroad program
(b) going to an upcoming career fair
(c) starting off with a double major
(d) applying to a variety of schools

Script

M: Hey, Cheryl. You look worried. What's up?

F: Hi, Victor. I was just thinking about my cousin, Alex. He asked me if he should go to college to become a doctor or an engineer.

M: Well, since we're a little older, let's talk about the benefits and downsides of each option. First, **4** why do you think he'd be a good doctor?

F: **4** He's always been ____________________ in biology and health studies. His hands are steady and precise, so he would be great as a surgeon.

M: That's great! But didn't he do good in math and physics, too? I don't think he necessarily needs to be pushed into medicine.

F: Hmm... I see your point. Besides, he really hates blood. He gets sick whenever he sees someone bleed. So, what are some benefits of becoming an engineer?

M: Oh, there are lots. For one, you could be asked to participate in jobs all over the world. So, **5** he could get chances to ____________________ for work.

F: I'm sure he would like that. But some construction sites have really long working hours, right?

M: Yes, especially during the summer when there's more daylight. So, what do you think you'll tell him to do?

F: Well, right now he doesn't even have a passport. Maybe it would be best to put off the decision, and just focus on the basics of each for now.

M: I think that sounds like good advice. **6** Lots of people start out with ____________________ and decide later on which one they really want to pursue a career in.

Questions 7-10. *You will hear a conversation between two people. First you will hear questions 7 through 10. Then you will hear the conversation. Choose the best answer to each question in the time provided.*

7.
(a) because his boss won't approve remote work
(b) because he already got hired at another company
(c) because his house does not have enough space for it
(d) because he could not decide what kind of computer to buy

8.
(a) by e-mailing it to himself
(b) by saving files to the Cloud
(c) by using a USB memory stick
(d) by carrying his laptop with him

9.
(a) They use more electricity than laptops.
(b) They require frequent software upgrades.
(c) They may be incompatible with other hardware.
(d) They would take up too much space in his home office.

10.
(a) visit an electronics store
(b) check ads for ongoing promotions
(c) compare some product prices online
(d) request some funds from his employer

Script

F: Hi, Teddy. Have you set up your home workstation?

M: Hi, Mia. About that... I can use the guest room at my house, but **7** ______________ it would be better to do work using a desktop or laptop computer.

F: Well, let's discuss their ups and downs. First off, a desktop would have more memory storage and faster speeds. Plus, they're usually more affordable.

M: But then I'd have to do all of my work there, right? I wouldn't be able to carry around a desktop computer.

F: True, but it's easier than you think. **8** Simply use the Cloud. Save all your work there, and you can ______________.

M: Oh, I didn't think of that. Well, you're making it sound like desktops are a better option than laptops.

F: Not necessarily. Laptops are equipped with the full package, whereas desktops require a camera, mic, keyboard, and mouse. So, laptops are much simpler to set up. And like you said, they are portable.

M: Plus, **9** the worst thing about using all those accessories is that ______________ with each other.

F: Yes, that is something you should confirm before buying anything.

M: Okay, well, thanks for your help.

F: I hope I've been helpful. So, what will you do now?

M: **10** I'll go and talk with a sales representative ______________. They should be able to help me get a good deal on a computer with all the necessary accessories.

정답 및 해설 p.42

PART 3. *You will hear a conversation between two people. First you will hear questions 1 through 6. Then you will hear the conversation. Choose the best answer to each question in the time provided.*

1.
(a) a college graduation
(b) a business convention
(c) a company retreat
(d) a wedding reception

2.
(a) She has a beautiful office.
(b) She is paid generously.
(c) She likes her coworkers.
(d) She can retire early.

3.
(a) so she can explore a different field
(b) so she can improve her finances
(c) so she can return to a previous employer
(d) so she can complete her training

4.
(a) by allowing him to work anywhere
(b) by giving him time with his kids
(c) by allowing him to enroll in classes
(d) by giving him more freedom

5.
(a) to return to a regular routine
(b) to stop having to look for work
(c) to network with more people
(d) to gain access to benefits

6.
(a) take some vacation time
(b) interview at another company
(c) become a freelance worker
(d) keep her current position

1인 담화: 발표, 과정 설명

PART 4의 특징

1 담화 구성

- 주제: 특정 주제에 대한 열거식 설명(팁, 과정, 방법)
- 담화의 흐름: 인사 및 주제 소개 → 첫 번째 팁/과정/방법 → 두 번째 팁/과정/방법 → 세 번째 팁/과정/방법 → 네 번째 팁/과정/방법 → 다섯 번째 팁/과정/방법 → 여섯 번째 팁/과정/방법

2 문제풀이 순서

- 선택지 분석 → 질문 노트테이킹 → 질문 순서대로 문제풀이
- PART 3 대화 듣기가 끝나고 PART 3의 질문이 다시 나올 때부터 Part 4 Direction이 끝날 때까지 약 1분 45초 동안 46~52번의 선택지를 미리 분석해 담화와 관련된 대략적인 정보가 무엇인지 유추한다.
- 각 질문의 선택지 (a)~(d)를 확인하여 유추할 수 있는 질문의 의문사를 파악한다.

선택지	질문의 의문사
because ~ / to부정사 / 평서문	Why
by + -ing / 평서문	How
when / after / before + 주어 + 동사	When
동명사(동사 + ing) / 동사원형 / 평서문	What
at / in / on + 장소명사	Where

- PART 4 Direction이 끝난 후 "Now listen to the questions."라는 말과 함께 46~52번 질문이 차례로 나오며, 이때 질문을 듣고 노트테이킹을 한다.
- 52번 질문까지 나온 뒤에 "Now you will hear the talk."라는 말과 함께 PART 4가 시작된다. 질문을 노트테이킹하면서 질문의 키워드가 담화 중에 언급되면 곧장 해당 문제를 풀 준비를 하고, 키워드와 함께 제시되는 정보에 해당하는 선택지를 정답으로 선택한다

PART 4 담화 내용과 문제 구성

1 담화의 흐름과 질문 유형

문제 번호	주요 내용	대표 질문 예시
46	인사 및 주제 소개	What is this talk mainly about? What is the speaker mainly discussing?
47-52	각 항목(팁, 과정, 방법)에 대한 세부정보	What / Why / How / When 의문문

2 PART 4 질문 유형과 풀이 포인트

<table>
<tr>
<td>46번
주제</td>
<td>? 질문 What is the speaker mainly discussing?
What is the speaker mainly[mostly] talking about?

! 풀이 포인트
주제 유형의 키워드는 담화의 초반부에 언급되기 때문에 반드시 미리 선택지 분석이 완료되어야 한다. 질문의 키워드가 포함된 부분을 놓치면 47번 문제의 단서도 놓칠 수도 있으며, 그 뒤에 오답 보기의 내용이 함정으로 언급되어 오답을 선택할 수 있으므로 유의한다.

정답 단서가 언급되는 빈출 표현
• Today, I'm going [I would like] to tell you about ~
오늘, 저는 여러분에게 ~에 대해 말씀드리겠습니다[말씀드리고 싶습니다].
• Today, we are going to talk about ~
오늘, 우리는 ~에 대해 이야기해 보겠습니다.
• I will share some advice on ~
~에 관한 몇 가지 조언을 공유해 드리겠습니다.
• This guide will teach you~
이 안내가 여러분에게 ~을 가르쳐 줄 것입니다.
• Let me share with you some tips on ~
~에 관한 몇 가지 팁을 공유해 드리겠습니다.</td>
</tr>
<tr>
<td>47번~52번
세부정보, 추론</td>
<td>? 질문 How can emergency alerts help one prepare for a disaster?
Where does the speaker's book take place?
According to the talk, what should workers set a phone alarm for?
Based on the talk, what might listeners find annoying while in the car?
Why, most likely, is it important that families set an emergency meeting place?
Why, most likely, should one stretch before meditating?

! 풀이 포인트
세부정보, 추론 유형의 키워드는 의문사를 포함하여 주로 주어, 동사, 목적어, 보어이다. PART 4는 First, Second, Third와 같이 서수로 각 단계나 팁을 차례대로 언급하는데, 각 단계에 대해 1문제씩 출제되므로 서수가 들리면 질문의 키워드가 바로 언급될 수 있으므로 대비해야 한다. 질문의 키워드가 들리면 그 전후 위치에서 바로 정답의 단서가 언급되므로 선택지를 보고 정답으로 고를 준비를 한다. 선택지 중에는 키워드에 대해 언급된 내용에서 특정 정보만 바꾸어 오답으로 제시되는 것이 있으므로 유의한다.</td>
</tr>
</table>

PART 4 공략 연습

1 선택지 분석해서 질문 예상하기

- 첫 번째와 마지막 문제는 간략 해석으로 내용 파악하기
- 선택지를 분석하면서 키워드에 밑줄 또는 동그라미 표시하기
- 내용이 복잡한 경우 간략 해석 또는 기호로 표시하기 (부정어 = X, improve, increase = ↑, decrease, decline = ↓ 등)

질문 노트테이킹: 주제

46. (a) avoiding unexpected illness 질병 예방
    (b) planning for dangerous situations 위험 대비
    (c) training to be a first responder 응급 구조 훈련
    (d) teaching emergency medicine 응급 의학

질문 노트테이킹: H
(선택지가 by + -ing이면 의문사는 How이다.)

47. (a) by live streaming news reports 스트리밍 뉴스
    (b) by allowing time to order supplies 물품 주문
    (c) by connecting to rescue services 구조 연락
    (d) by providing key status updates 상황 보고

질문 노트테이킹: W/Y
(선택지가 to부정사이면 의문사는 What 또는 Why이다.)

48. (a) to find out how to avoid disasters 재난 회피
    (b) to become a trained professional 전문가
    (c) to learn how to care for injuries 부상 치료
    (d) to borrow emergency equipment 장비 대여

질문 노트테이킹: W
(선택지가 동사구이면 의문사는 What일 가능성이 높다.)

49. (a) contact neighbors for assistance 도움 요청
    (b) put out a small fire 소화
    (c) find emergency supplies quickly 비상용품
    (d) exit the house safely 집 탈출

질문 노트테이킹: W/Y/H
(선택지가 평서문이면 의문사는 What, Why, How이다.)

50. (a) They might be unable to find help. 도움X
    (b) They may lack transportation. 교통편 X
    (c) They might lose contact. 연락X
    (d) They may be in unfamiliar areas. 낯선 곳

질문 노트테이킹: H
(선택지가 by + -ing이면 의문사는 How이다.)

51. (a) by keeping people informed 알린다
    (b) by providing entertainment 여흥 제공
    (c) by allowing people to signal 신호 허용
    (d) by charging other device 기기 충전

질문 노트테이킹: W
(선택지가 명사절이면 의문사는 What이다.)

52. (a) that it has an extra set of keys 여분 키
    (b) that it is full of gas 연료 가득
    (c) that it has emergency snacks 비상 간식
    (d) that it is in good shape 좋은 상태

2 질문 노트테이킹 하기

46. What is the speaker mainly discussing?

주제 ?

TIP 46번은 주제 및 목적 유형으로 출제되므로 '목적' 또는 '주제'라고 적는다.

47. How can emergency alerts help one prepare for a disaster?

H 긴급 알림 대비 재난에?

TIP 동사 prepare를 간단하게 '대비'로 적는다.

48. Why should one attend disaster preparedness workshops?

Y 참석 재난 준비 워크숍?

TIP 동사 attend를 간단하게 '참석'으로 적고, disaster preparedness workshops와 같이 긴 단어는 단어의 뜻을 적는다.

49. Based on the talk, what could a home emergency plan allow children to do on their own?

W 가정 비상 계획 아이들 스스로?

TIP home emergency plan과 같이 긴 단어는 단어의 뜻을 적는다.

50. Why, most likely, is it important that families set an emergency meeting place?

Y 추론 중요 설정 비상 만남 장소?

TIP most likely가 언급되면 '추론'이라 적고, 동사 set과 목적어 an emergency meeting place를 키워드로 파악한다.

51. How can a battery-operated radio be useful during a disaster?

H 배터리 라디오 유용?

TIP 주어 a battery-operated radio, 형용사 보어 usueful을 키워드로 파악한다.

52. What should one always make sure about his or her vehicle for emergencies?

W 확신 차량 긴급 시에?

TIP one은 일반적으로 불특정한 사람을 나타내는 대명사이므로 키워드로 정하지 않고 동사와 목적어 등을 키워드로 적는다.

확인 문제 음원을 듣고 질문 노트테이킹을 연습해 보세요.

P4_2.MP3

Now listen to the questions.

46. ______________________________ ?

47. ______________________________ ?

48. ______________________________ ?

49. ______________________________ ?

50. ______________________________ ?

51. ______________________________ ?

52. ______________________________ ?

3 문제풀이 연습

정답 및 해설 P.48

먼저 선택지를 분석한 후 음원을 듣고, 질문 노트테이킹 후 문제를 푼 다음 스크립트를 보고 정답 단서를 확인해보세요.

46. 주제

(a) funding a student drama club
(b) acting in an afterschool play
(c) putting on a stage production
(d) persuading kids to do theater

Greetings, and welcome to the *Extra Education* podcast! This month, we've been focusing on extracurricular activities, and last week, I received a letter from a teacher asking me how to put on a school play. Luckily, I've had quite a bit of drama club experience over the years. Allow me to walk you through everything you need to know to **put together a fantastic school drama production**.

담화 초반에서 담화의 주제를 나타내는 문장을 듣고 정답을 바로 체크한다.
▶ 패러프레이징: put together a fantastic school drama production = putting on a stage production

47. W play 선생님 추론 선택 for 중학생?

(a) one with a lot of roles
(b) one that is manageable
(c) one with a lot of humor
(d) one that is challenging

The first step is to select a play. While it's tempting to pick one of your personal favorites, make sure it's something that **your students can handle**. I know a teacher who tried to put on a Shakespeare play with middle schoolers, and the kids barely understood any of the lines they were saying. It made the performances awkward, and I doubt the kids enjoyed themselves very much.

질문의 키워드 what kind of play, select가 처음에 언급되고, 그 뒤에 어떤 연극(play)을 선택해야 하는지 언급되는 부분에서 정답의 단서를 찾는다.
▶ 패러프레이징: something that your students can handle = one that is manageable

48. ✎ H 특정 학생 feel 포함된?

(a) He assigned him a small role.
(b) He invited him to audition.
(c) He gave him time to practice.
(d) He let him work backstage.

The next step is to assign responsibilities for the cast and crew. Remember, these are students and not professionals, so be careful not to hurt anyone's feelings. If a student isn't well-suited for their first choice, give them a rewarding responsibility doing something else. It's important that they feel included. In one play that I organized at a local school, we had a student who wanted to act but had trouble projecting his voice enough for the audience to hear. He ended up doing a fantastic job overseeing tasks behind the scenes instead.

질문의 키워드인 feel included가 언급되고, 그 뒤에 연극을 하기에 목소리가 좋지 않았던 한 학생의 일화를 소개하면서, 연기를 하지 못했으나 다른 일을 하게 했다는 내용이 언급된다. 이 부분에서 정답의 단서를 찾는다.

▶ 패러프레이징: overseeing tasks behind the scenes = work backstage

49. ✎ W 도움 화자 대사?

(a) going over them with friends
(b) attending all the rehearsals
(c) practicing them backstage
(d) tying them to staging

Step three, of course, is to hold plenty of rehearsals. Some students will have a difficult time remembering lines, so give them enough opportunity to practice and learn their staging. With regular rehearsals, everything will click into place. When I was in school, I used to practice my lines with my. classmates during lunch. That really helped me to learn the more difficult parts of the script.

질문의 키워드인 help ~ to learn his lines는 That really helped me to learn ~ the script로 언급되고, 그 전에 화자가 어떻게 대사를 연습하였는지 언급된 부분에서 정답의 단서를 찾는다.

▶ 패러프레이징: practice my lines with my classmates = going over them with friends

50. ✎ H 화자 제안 세트 공사 easier?

(a) by hiring a professional team
(b) by keeping the design simple
(c) by asking parents to help
(d) by using items from past shows

The fourth step is to build the set. A good set adds visual interest to performances, so it's important to spend time planning and building it. To make things easier, ask if some of the parents have construction experience. Then, spend a weekend with the cast and crew — and some parent volunteers — building and painting the set.

질문의 키워드인 set construction easier가 To make things easier로 언급되고, 그 뒤에 세트 공사 작업에 관한 내용이 언급된 부분에서 정답의 단서를 찾는다.
▶ 패러프레이징: ask if some of the parents have construction experience = asking parents to help

51. ✎ Y 화자 첫 제작 적은 관객?

(a) because of a competing event
(b) because he failed to advertise
(c) because of a sudden storm
(d) because he had limited seating

The fifth step is to promote the event. Ask your students to post flyers around the community to spread the word. For my first production, we were so focused on the play itself that we forgot to tell anyone other than our families that it was happening. After all that work preparing, we ended up performing in front of a small audience with a lot of empty seats!

질문의 키워드인 first production이 언급되고 그 뒤에 첫 공연 제작에서 어떤 일이 있었는지 언급되는 부분에서 정답의 단서를 찾는다.
▶ 패러프레이징: forgot to tell anyone other than our families that it was happening = failed to advertise

52. ✎ W 감독 show 신뢰 학생들에게?

(a) let them solve problems on their own
(b) invite them to suggest favorite plays
(c) encourage them to stop the show if needed
(d) allow them to introduce the performance

The last step is to trust your students. By the time the show opens, you've already done your job as director. Let your students do their thing, and don't panic if things don't go perfectly. One of the best performances I've ever seen was when an actor had to deal with the stage lights going out unexpectedly. I thought there would be a pause to fix them, but the actor just added a few lines about a storm in the area and made it feel like part of the show until the lights came back on.

질문의 키워드인 show trust in students가 to trust your students로 언급되고, 그 뒤에 신뢰를 보여주기 위해 했던 일에 대해 설명하는 부분에서 정답의 단서를 찾는다.
▶ 패러프레이징: Let your students do their thing = let them solve problems on their own

PART 4 패러프레이징 연습

1 패러프레이징 정리

청취는 음원을 통해 들은 정보를 토대로 선택지 (a)~(d) 중에서 정답을 고르는 방식으로 풀어야 하는 영역이며, 음원의 단서 내용이 바뀌지 않고 그대로 정답으로 제시될 수도 있으나 어휘나 구문을 다르게 표현한 패러프레이징으로 제시되는 경우가 많다. 청취 점수 향상을 위해서 문제풀이 후에 음원의 단서 내용이 정답 선택지의 내용으로 어떻게 패러프레이징 되었는지 리뷰하는 것이 필요하다.

(1) 질문 – 스크립트(음원) – 정답 순서로 정리한다. 매력적인 오답이 있다면 오답 이유를 함께 적는다.
(2) 스크립트에서 질문의 키워드가 언급된 부분을 표시하고, 정답 선택지에 패러프레이징된 부분도 표시한다.
(3) 패러프레이징된 단어나 구문의 의미가 어떻게 연결되는지 파악하고 아래와 같이 정리 및 리뷰한다.

2 패러프레이징 리뷰

질문 ①	What is the talk all about? 이 담화는 무엇에 관한 것인가?
SCRIPT	After working long hours, it is not easy for workers to exercise and eat nutritious food. Most of them would prefer to lie down watching TV and eat instant food. Today, I'll share simple tips on how to lead a healthier life.
해석	긴 시간의 업무 후에, 운동을 하고 영양가 있는 음식을 먹는 것은 직장인들에게 쉬운 일이 아닙니다. 그들 중 대부분은 누워서 TV를 보며 즉석 식품을 먹는 것을 선호할 것입니다. 오늘, 저는 더 건강한 삶을 이끌어가는 방법에 대한 간단한 팁을 공유해 드리겠습니다.
정답	having a healthy lifestyle 건강한 생활 방식을 가지는 것 • "Today, I'll share tips on ~"과 같은 표현은 PART 4 담화의 주제를 나타낼 때 흔히 쓰인다. A healthier life를 healthy lifestyle로 바꾸어 표현하였으므로 정답이다.
매력적인 오답	planning a healthy diet 건강한 식단을 계획하는 것 • 건강한 식단이 관련이 있을 수도 있으나, 식단을 짜는 것은 담화에서 언급되지 않았으므로 오답이다.
패러프레이징	• lead a healthier life = having a healthy lifestyle

질문 ②	According to the speaker, why most likely should one eat a variety of foods? 화자에 따르면, 다양한 음식을 먹어야 하는 이유는 무엇일 것 같은가?
SCRIPT	If we start to lack in certain nutrients or overindulge in others, that may lead to a decline in health. Not a single food can supply all the nutrients we need, so it is crucial for us to eat a variety of foods, making a balanced meal.
해석	만약 우리가 어떤 영양소가 부족하거나 다른 영양소를 지나치게 탐닉하기 시작한다면, 건강 약화로 이어질 수 있습니다. 단 하나의 음식은 우리가 필요한 모든 영양소를 공급할 수 없으므로, 다양한 음식을 먹어서 균형 잡힌 식사를 하는 것이 중요합니다.
정답	because people need various nutrients 사람들은 다양한 영양소가 필요하기 때문에 • 질문의 키워드 eat a variety of foods가 언급되기 전에 정답의 단서가 제시되었다. 영양소의 부족이나 과잉이 건강 약화를 초래할 수 있으며, 한 가지 음식이 우리가 필요한 모든 영양소를 공급할 수 없다는 내용을 토대로 알 수 있는 것을 정답으로 고른다.
매력적인 오답	because nutritious foods are delicious 영양가 있는 음식들은 맛있기 때문에 • 영양가가 있는 음식이 맛이 좋은지에 대한 내용은 언급되지 않았으므로 오답이다.
패러프레이징	• Not a single food can supply all the nutrients we need = people need various nutrients

질문 ③	According to the talk, why is drinking sufficient water necessary? 담화에 따르면, 충분한 물을 마시는 것이 필수적인 이유는 무엇인가?
SCRIPT	It is important to remember that adults must intake at least 1.5 to 2 liters of water a day. Drinking water is necessary to stay healthy and maintain the function of every system of your body.
해석	성인은 반드시 하루에 최소 1.5에서 2리터의 물을 섭취해야 한다는 것을 기억하는 것이 중요합니다. 물을 마시는 것은 건강을 유지하고 여러분의 신체에 있는 모든 체계의 기능을 유지하는데 필수적입니다.
정답	to maintain the body's system 신체의 체계를 유지하기 위해 • 두 질문의 키워드 drinking sufficient water necessary가 언급되고 그 뒤에 maintain과 system of your body가 정답의 단서로 제시되므로 정답이다.
매력적인 오답	to increase body fluids 체액을 증가시키기 위해 • body fluids가 '체액', 즉 신체 내 수분을 나타내지만 담화의 내용이 체액 증가에 대한 내용이 아니므로 오답이다.
패러프레이징	• maintain the function of every system of your body = to maintain the body's systems

질문 ④	According to the speaker, how does regularly exercising help him? 화자에 따르면, 규칙적인 운동이 그에게 어떻게 도움이 되는가?
SCRIPT	I always try to exercise three times a week to keep my body healthy. This helps me to alleviate stress, and I feel much better after exercising.
해석	저는 항상 몸을 건강하게 유지하기 위해 일주일에 세 번 운동을 하려고 노력합니다. 이것은 제가 스트레스를 완화시키는데 도움을 주며, 운동 후에는 기분이 훨씬 더 좋아집니다.
정답	By reducing stress level 스트레스 수준을 줄임으로써 • 질문의 키워드 regularly exercising은 exercise three times a week로 언급되었고, 그 뒤에 이어지는 This helps me가 정답의 단서가 언급될 것이라는 신호가 된다. alleviate stress를 reducing stress level로 바꾸어 같은 의미를 나타내므로 정답이다.
매력적인 오답	By decreasing his body fat 그의 체지방을 줄임으로써 • 담화에서 body를 언급하였지만 체지방을 줄인다는 내용은 언급되지 않았으므로 오답이다.
패러프레이징	• regularly exercising = exercise three times a week • alleviate stress = reducing stress levels

질문 ⑤	What is the last tip? 마지막 팁은 무엇인가?
SCRIPT	Last tip. Get on the move, and make it a habit! Never in the timeline of homo sapiens' history have we in general been so stagnant.
해석	마지막 팁입니다. 분주하게 움직여서 습관을 만드세요! 호모 사피엔스의 역사 연대표에서 우리가 일반적으로 그렇게 침체되어 있었던 적은 전혀 없었습니다.
정답	keeping up with an exercise routine 운동 루틴을 따르는 것 • Get on the move를 exercise로, make it a habit을 keeping up with routine으로 바꾸어 표현하여 같은 의미를 나타내므로 정답이다.
매력적인 오답	changing a timeline of exercise 운동 시간표를 변경하는 것 • timeline이 담화에서 언급되었으나 운동 시간표를 말하는 것은 아니므로 오답이다.
패러프레이징	• Get on the move = exercise • make it a habit = keeping up with ~ routine

LISTENING EXERCISE

각 문항에 해당하는 음원을 듣고 정답 단서인 빈칸을 완성하여 문제를 풀어보세요.

Questions 1-3. *You will hear an explanation of process. First you will hear questions 1 through 3. Then you will hear the explanation. Choose the best answer to each question in the time provided.*

1.
(a) how to organize a local festival
(b) how to create a revenue stream
(c) how to find fun seasonal festivals
(d) how to attract businesses to a town

2.
(a) purchase tickets at a group discount
(b) find a hit artist to play for charity
(c) book a local student band
(d) use an existing stage

3.
(a) It helps to minimize marketing costs.
(b) It would not distract people while driving.
(c) It is more likely to attract younger participants.
(d) It can be used over a variety of different platforms.

Script

Seasonal festivals are a great way for towns to promote themselves, attract tourists, and generate revenue. **1** There are some general steps that you should follow if you intend to ______________ for your town. Like anything else, planning is a major part of success.

First, you need to determine the focus of your festival. Maybe there are lots of cornfields in your area? In that case, you could do a corn festival. The same goes for strawberries or apples. You could have local farmers selling their goods, along with artisans making all kinds of foods that feature the product that your festival focuses on as a main ingredient.

Second, decide where exactly to hold your event and what kind of entertainment will be provided. Most people will get bored without a show or some music. **2** Perhaps you could save money ______________________ to perform, since they need exposure and experience and would be willing to play for less than, say, someone who just released a big hit album. Also, remember that if it's too hot or cold outside, people would probably prefer an indoor venue. But if it's nice out, there's nothing wrong with holding it outdoors! If your town has a park with a large open area, then that could be perfect for setting up a stage and some booths.

Third, and quite possibly most importantly, you need to promote your event both locally and online. Billboards by a highway exit and flyers on telephone poles around town aren't enough to cut it anymore. The Internet is a great way to get the word out about events and garner attention. Social media in particular is effective because you can use it to offer discounts or promotional items just for clicking the "like" and "share" buttons. **3** If done well, you can virtually ________________________!

정답 및 해설 p.52

Questions 4-6. *You will hear an explanation of process. First you will hear questions 4 through 6. Then you will hear the explanation. Choose the best answer to each question in the time provided.*

4.
(a) buy some custom-fitted clothes
(b) rehearse the speech to a friend
(c) ask for feedback on the script
(d) visit the venue in advance

5.
(a) by showing visual aids like drawings
(b) by asking questions to the crowd
(c) by speaking in an even tone
(d) by using hand gestures

6.
(a) because clothes should be designed for specific events
(b) because people like hearing directly from scientists
(c) because politicians represent their voters
(d) because first impressions set the tone

Script

Giving a speech to a crowd is no easy thing. I'm here to share some tips about speaking in public. This talk may sound natural now, but I must admit, it required a good deal of preparation to make it this way. There are several steps that you can take in order to get ready to present in front of a crowd.

The first thing is to practice your speech in advance. Some people use a mirror, but that doesn't have the same effect as a real person. **4** ____________ to sit and listen to you rehearse. It would only take a few minutes of their time, and their participation could make all the difference. While you practice, you can observe their expressions and reactions. That will help you recognize what people will like most about your presentation.

My second tip is to prepare some physical accompaniments to your speech, and by that I mean **5** ____________ with your hands. This can help you draw more focus to your key points. Of course, intonation helps with that too, but just avoid using a monotone when you talk. You might be surprised by how much people pay attention to your body language when you are on stage.

Finally, my third and last tip. Be sure to dress the part. For example, if you want the people to see you as someone who is well-educated, then wear a nice outfit that fits you well. If you're a politician trying to win over the hearts of the working class, don't wear expensive designer clothes. If you plan to give a talk about scientific findings, a lab coat might not be a bad idea. **6** ____________ becomes what they expect to hear from you.

Questions 7-10. *You will hear an explanation of a process. First you will hear questions 7 through 10. Then you will hear the explanation. Choose the best answer to each question in the time provided.*

7.
(a) how to avoid being overlooked for promotions
(b) how to maintain a positive attitude at work
(c) how to improve your own work efficiency
(d) how to make friends with coworkers

8.
(a) by downloading scheduling software
(b) by creating a long-term schedule
(c) by asking her coworkers for help
(d) by hiring a personal assistant

9.
(a) He acknowledges their accomplishments.
(b) He takes them out for coffee after lunch.
(c) He shares jokes about current events.
(d) He talks about his personal life.

10.
(a) to make your desk easy to locate
(b) to put your hobbies on display
(c) to feel a family connection
(d) to brighten up the office

Script

Hello everyone, and thanks for tuning in. In today's episode, we're going to focus mainly on the workplace. **7** But more importantly, ways that you can ____________ while you're there. I know it can be hard sometimes, but with the right frame of mind, you will find your job to be much less stressful.

For the first point, I'll talk about my own personal experience. I used to have trouble balancing my schedule. Work would all come in at once, and I would rush to get it all done. That meant that until all the tasks were completed, I was stressed out and generally frustrated. **8** I was able to fix that by ____________ in advance for weeks. By doing so, I was able to slow down and relax.

The second key point is improving the overall mood of the people that you work with. I don't mean by telling jokes or sharing everything about your personal life, because that sort of thing doesn't always work out. In fact, talking about interests that they don't care about would only drive a wedge between you. **9** The best way to make people happy is to ____________ the things that ____________ at work. Be sure to compliment them on successful projects to show them that you care. Their smiles will help you smile as well.

My third and final point is that if you have some personal space at work, you should decorate it with pictures that remind you of good times. Maybe you had a fun vacation recently, or you and your best friend went to a concert. Just by seeing pictures from those great memories, your mood is bound to improve as you think about all the fun you had. **10** ____________ has been shown to put a smile on people's faces.

Now, we're going to take a quick break to hear a word from our sponsors. When I come back, we'll continue talking more about this with Raine Grosso, a professional interior designer. Raine is going to talk about how bright colors can make people feel happy, so stay tuned!

ACTUAL LISTENING 기출 문제 풀이

정답 및 해설 p.58

PART 4. *You will hear an explanation of a process. First you will hear questions 1 through 7. Then you will hear the explanation. Choose the best answer to each question in the time provided.*

1.

(a) packing for a music festival
(b) creating a camping trip playlist
(c) choosing music for a road trip
(d) making playlists for friends

2.

(a) because he failed to prepare enough music
(b) because he forgot to make a playlist
(c) because he remained on the same road
(d) because he decided to travel alone

3.

(a) It brought up bad memories.
(b) It set the wrong mood.
(c) It had poor sound quality.
(d) It made her sleepy.

4.

(a) because she refused to stop singing along
(b) because she kept switching radio stations
(c) because she refused to play certain songs
(d) because she kept turning up the volume

5.

(a) because his car broke down
(b) because he ran out of data
(c) because his phone died
(d) because he had bad reception

6.

(a) too many unfamiliar songs
(b) songs with repetitive lyrics
(c) advertisements between songs
(d) songs with too much bass

7.

(a) by changing styles often
(b) by trying out new bands
(c) by taking a friend's suggestions
(d) by mixing up the song order

질문 노트테이킹 5회분

G-TELP LISTENING

PART 1

다음 지텔프 청취 PART 1의 질문을 듣고 노트테이킹을 연습을 해보세요. CHAPTER 1에서 배웠던 방식대로 기호와 짧은 영어 및 한글을 사용하여 키워드 위주로 적습니다. 정답과 동일한 노트테이킹을 하는 것이 아니라 질문의 내용을 파악하는 것을 목표로 삼고 연습합니다.

1-1.

A1_1.MP3

27. ______________________________?

28. ______________________________?

29. ______________________________?

30. ______________________________?

31. ______________________________?

32. ______________________________?

33. ______________________________?

1-2.

A1_2.MP3

27. ______________________________?

28. ______________________________?

29. ______________________________?

30. ______________________________?

31. ______________________________?

32. ______________________________?

33. ______________________________?

정답 및 해석 p.66

1-3.

A1_3.MP3

27. ____________________?
28. ____________________?
29. ____________________?
30. ____________________?
31. ____________________?
32. ____________________?
33. ____________________?

1-4.

A1_4.MP3

27. ____________________?
28. ____________________?
29. ____________________?
30. ____________________?
31. ____________________?
32. ____________________?
33. ____________________?

1-5.

A1_5.MP3

27. ____________________?
28. ____________________?
29. ____________________?
30. ____________________?
31. ____________________?
32. ____________________?
33. ____________________?

PART 2

다음 지텔프 청취 PART 2의 질문을 듣고 노트테이킹을 연습을 해보세요. CHAPTER 1에서 배웠던 방식대로 기호와 짧은 영어 및 한글을 사용하여 키워드 위주로 적습니다. 정답과 동일한 노트테이킹을 하는 것이 아니라 질문의 내용을 파악하는 것을 목표로 삼고 연습합니다.

2-1.

A2_1.MP3

34. ______________________________?

35. ______________________________?

36. ______________________________?

37. ______________________________?

38. ______________________________?

39. ______________________________?

2-2.

A2_2.MP3

34. ______________________________?

35. ______________________________?

36. ______________________________?

37. ______________________________?

38. ______________________________?

39. ______________________________?

정답 및 해석 p.68

2-3.

A2_3.MP3

34. ______________________________?

35. ______________________________?

36. ______________________________?

37. ______________________________?

38. ______________________________?

39. ______________________________?

2-4.

A2_4.MP3

34. ______________________________?

35. ______________________________?

36. ______________________________?

37. ______________________________?

38. ______________________________?

39. ______________________________?

2-5.

A2_5.MP3

34. ______________________________?

35. ______________________________?

36. ______________________________?

37. ______________________________?

38. ______________________________?

39. ______________________________?

PART 3

다음 지텔프 청취 PART 3의 질문을 듣고 노트테이킹을 연습을 해보세요. CHAPTER 1에서 배웠던 방식대로 기호와 짧은 영어 및 한글을 사용하여 키워드 위주로 적습니다. 정답과 동일한 노트테이킹을 하는 것이 아니라 질문의 내용을 파악하는 것을 목표로 삼고 연습합니다.

3-1.

A3_1.MP3

40. ____________________?

41. ____________________?

42. ____________________?

43. ____________________?

44. ____________________?

45. ____________________?

3-2.

A3_2.MP3

40. ____________________?

41. ____________________?

42. ____________________?

43. ____________________?

44. ____________________?

45. ____________________?

정답 및 해석 p.71

3-3.

A3_3.MP3

40. ______________________________?
41. ______________________________?
42. ______________________________?
43. ______________________________?
44. ______________________________?
45. ______________________________?

3-4.

A3_4.MP3

40. ______________________________?
41. ______________________________?
42. ______________________________?
43. ______________________________?
44. ______________________________?
45. ______________________________?

3-5.

A3_5.MP3

40. ______________________________?
41. ______________________________?
42. ______________________________?
43. ______________________________?
44. ______________________________?
45. ______________________________?

PART 4

다음 지텔프 청취 PART 4의 질문을 듣고 노트테이킹을 연습을 해보세요. CHAPTER 1에서 배웠던 방식대로 기호와 짧은 영어 및 한글을 사용하여 키워드 위주로 적습니다. 정답과 동일한 노트테이킹을 하는 것이 아니라 질문의 내용을 파악하는 것을 목표로 삼고 연습합니다.

4-1.

A4_1.MP3

46. ____?

47. ____?

48. ____?

49. ____?

50. ____?

51. ____?

52. ____?

4-2.

A4_2.MP3

46. ____?

47. ____?

48. ____?

49. ____?

50. ____?

51. ____?

52. ____?

정답 및 해석 p.00

4-3.

A4_3.MP3

46. ______________________________?

47. ______________________________?

48. ______________________________?

49. ______________________________?

50. ______________________________?

51. ______________________________?

52. ______________________________?

4-4.

A4_4.MP3

46. ______________________________?

47. ______________________________?

48. ______________________________?

49. ______________________________?

50. ______________________________?

51. ______________________________?

52. ______________________________?

4-5.

A4_5.MP3

46. ______________________________?

47. ______________________________?

48. ______________________________?

49. ______________________________?

50. ______________________________?

51. ______________________________?

52. ______________________________?

MEMO

MEMO

MEMO

MEMO

시원스쿨 LAB

2025 최신 G-TELP KOREA 공식 기출 문제

지텔프 G-TELP 공식 기출청취

LEVEL 2

정답 및 해설

시원스쿨 LAB

2025 최신 G-TELP KOREA 공식 기출 문제

지텔프 G-TELP 공식 기출청취 LEVEL 2

정답 및 해설

시원스쿨 LAB

PART 1 2인 대화: 일상 대화

확인 문제

정답

27. W S&T 시작 대화 ?
What are Sam and Tina doing at the start of the conversation?

28. Y T buying 선물 일찍?
Why is Tina buying her presents early?

29. W T do 편지 to Santa ?
What did Tina do in her letters to Santa?

30. H T 처음 learn 산타 상상인물?
How did Tina first learn that Santa Claus was imaginary?

31. W 추론 S's 부모 say 산타 ?
What, most likely, did Sam's parents say about Santa Claus?

32. Y S 거절 tell 친구 진실 산타 ?
Why did Sam refuse to tell his friend the truth about Santa?

33. W T&S 추론 할 일 ?
What will Tina and Sam probably do next?

어휘 at the start of ~의 처음에, ~가 시작할 때 early 일찍 learn 알게 되다 imaginary 상상 속의, 허구의 refuse to 동사원형: ~하기를 거절하다 truth 사실, 진실

문제 풀이 연습

정답

27. (b) 28. (d) 29. (a) 30. (c) 31. (d) 32. (b) 33. (a)

27. 주제/목적

What are Louis and Emily mostly discussing?	루이스 씨와 에밀리 씨는 주로 무엇을 이야기하고 있는가?
(a) study abroad programs (b) work-related travel (c) company branch locations (d) mini-vacation spots	(a) 해외 유학 프로그램 (b) 업무 관련 출장 (c) 회사 지사들 (d) 단기 휴가 장소

정답 (b)

해설 에밀리가 루이스에게 출장에서 돌아왔는지 몰랐다고(I didn't know you were back from your business trip already) 하자, 루이스는 며칠 전에 돌아왔다고(I just got back a couple of days ago) 언급하고 있으므로 (b)가 정답이다.

여: 안녕하세요, 루이스 씨! 커피 좀 드시겠어요?
남: 안녕하세요, 에밀리 씨. 아주 좋습니다, 감사합니다.
여: 벌써 출장에서 돌아오신 줄 몰랐어요.
남: 며칠 전에 막 복귀했어요.
여: 어디로 가셨다고 하셨죠?
남: 바르셀로나요.

어휘 **A-related** A와 관련된 **branch location** 지사, 지점 **spot** 장소, 지점, 자리

28. 세부정보

What did Louis like most about his Hawaii trip?	루이스 씨는 자신의 하와이 출장과 관련해 무엇을 가장 마음에 들어 했는가?
(a) He stayed at a luxury hotel. (b) He ate a lot of delicious food. (c) He met the love of his life. (d) He had plenty of time to relax	(a) 고급 호텔에 숙박했다. (b) 맛있는 음식을 많이 먹었다. (c) 일생의 사랑을 만났다. (d) 휴식할 시간이 많이 있었다.

정답 (d)

해설 질문의 키워드인 Hawaii가 언급되는 부분에서 루이스가 작년에 하와이로 보내진 것이 너무 마음에 들었다고 밝히면서 첫째 날에 고객과 아주 생산적인 회의를 한 사실과 그로 인해 출장의 나머지 시간은 해변에서 보낼 수 있었다는 사실을(I loved getting sent to Hawaii last year. We had such a productive meeting with the client on the first day ~ I was able to spend the rest of the trip on the beach) 언급하고 있다. 따라서 쉴 수 있는 시간이 많았음을 나타내는 말이므로 (d)가 정답이다.

여: 잘됐네요! 회사 비즈니스 때문에 우리가 많은 멋진 곳으로 다니고 있는 방식이 너무 좋아요.
남: 정말 그래요. 저는 작년에 하와이로 보내져서 너무 마음에 들었어요. 저희가 첫째 날에 고객과 아주 생산적인 회의를 해서 어떤 후속 조치로 할 필요가 없었어요. 그 출장의 나머지 시간은 해변에서 보낼 수 있었죠. 제가 그 동안 가 본 것 중에서 가장 좋은 출장이었어요.

어휘 **plenty of** 많은, 충분한 **relax** 휴식하다, 쉬다 **get p.p.** ~되다, ~된 상태가 되다 **such a 명사 that:** 너무 ~해서 …하다 **productive** 생산적인 **follow-up** 후속 조치 **be able to 동사원형:** ~할 수 있다 **the rest of** ~의 나머지

29. 세부정보

Why was the Singapore trip Emily's favorite? (a) because of the people she saw (b) because of the work she accomplished (c) because of the places she went (d) because of the things she learned	싱가포르 출장이 왜 에밀리 씨가 가장 좋아하는 것이었는가? (a) 자신이 본 사람들 때문에 (b) 자신이 완수한 일 때문에 (c) 자신이 갔던 장소들 때문에 (d) 자신이 배운 것들 때문에

정답 (a)

해설 질문의 키워드인 Singapore가 언급되는 부분에서 에밀리가 싱가포르 지사로의 출장이 가장 좋았다고 말하면서 그 이유로 오랫동안 보지 못했던 가족과 친구들을 만날 기회가 있었음을(I think my favorite business trip was when I visited the company's branch in Singapore ~ it gave me the opportunity to visit family and friends I hadn't seen in a long time) 언급한 부분에서 에밀리는 그곳에서 방문한 사람들을 좋아했다는 것을 알 수 있다. 따라서 정답은 (a)가 정답이다.

> 여: 제 생각에 제가 가장 좋아했던 출장은 싱가포르에 있는 회사 지사를 방문했을 때였던 것 같아요. 어렸을 때 이후로 그곳에 다시 가 본 게 처음이었기 때문에, 오랫동안 보지 못했던 가족과 친구들을 방문할 기회를 제게 주었거든요.
> 남: 어린 시절의 고향을 방문하실 기회가 있으셨다니 기쁘네요. 제가 싱가포르 지사에 보내졌을 땐, 아마 제 인생에서 최악의 출장이었을 거예요.

어휘 accomplish ~을 완수하다, ~을 이루다 branch 지사, 지점 opportunity to 동사원형: ~할 수 있는 기회

30. 세부정보

How did Louis try to deal with the Singapore heat? (a) by wearing lighter clothes (b) by purchasing an air conditioner (c) by opening a window (d) by finding a spot in the shade	루이스 씨는 어떻게 싱가포르의 열기에 대처하려 했는가? (a) 더 가벼운 옷을 착용함으로써 (b) 에어컨을 구입함으로써 (c) 창문을 열어 놓음으로써 (d) 그늘 속에 있는 자리를 찾음으로써

정답 (c)

해설 질문의 키워드인 Singapore가 언급되는 부분에서 루이스가 자신의 싱가포르 출장 경험을 이야기하면서 에어컨 고장 문제로 더웠던 밤에 바깥 공기를 들어오게 하려 했다는(I tried letting in some air from outside) 말로 대처 방안을 언급하였으므로 정답은 (c)이다.

> 여: 와우, 그럼 틀림없이 힘드셨겠어요. 싱가포르가 열대 기후라서, 설사 가벼운 옷을 입고 그늘에 머물러 있는다 하더라도 습도 때문에 불편해지니까요.
> 남: 네. 바깥 공기를 좀 들어 오게 해 보려 했지만, 그때 모기 떼가 날아 들어와서, 모기 물린 자국으로 뒤덮였어요. 아주 끔찍한 일이었어요, 에밀리 씨.

어휘 deal with ~에 대처하다, ~을 처리하다 purchase ~을 구입하다 rough 힘든, 어려운 tropical climate 열대 기후 humidity 습도 uncomfortable 불편한 shade 그늘 let in ~을 들여 보내다 a bunch of 한 무리의, 한 묶음의, 다수의 get covered in ~로 뒤덮이다 bite 물린 자국 nightmare 아주 끔찍한 일, 악몽

31. 세부정보

Why did Emily have problems with the cold in Alaska? (a) because there were record low temperatures (b) because she lost her winter clothes (c) because the heater needed repair (d) because she is used to warm places	에밀리 씨는 왜 알래스카의 추위에 대해 문제가 있었는가? (a) 기온이 기록적으로 낮았기 때문에 (b) 자신의 겨울 옷을 분실했기 때문에 (c) 난방기가 수리를 필요로 했기 때문에 (d) 따뜻한 곳에 익숙하기 때문에

정답 (d)

해설 질문의 키워드인 Alaska가 언급되는 부분에서 에밀리가 그곳의 추운 날씨와 관련해 자신은 평생을 따뜻한 곳에서 살아왔기 때문에 겨울 날씨가 정말 문제라고(I've lived in warm places my entire life, so the winter weather was really a problem for me) 언급하고 있다. 이는 따뜻한 곳이 익숙하다는 뜻이므로 (d)가 정답이다.

여: 그렇게 좋지 못한 경험을 하셨다니 유감이네요, 루이스 씨. 그 얘기를 하시니까 제가 지난 회사에서 근무하던 중에 알래스카로 보내졌을 때가 다시 생각나네요. 저희가 일했던 건물이 몹시 추웠거든요.
남: 난방 시스템이 고장 났었나요?
여: 아뇨, 그런 것 같진 않아요. 그게 그 건물의 평소 온도라는 얘기를 들었어요. 함께 갔던 나머지 동료 직원들은 추위 속에서 그저 괜찮았던 것처럼 보였지만, 저는 평생을 따뜻한 곳에서 살아왔기 때문에, 겨울 날씨가 제겐 정말 문제예요.

어휘 record low 기록적으로 낮은 temperature 기온, 온도 repair 수리 be used to 명사/동명사: ~에 익숙하다 remind A of B: A에게 B를 다시 생각나게 하다, A에게 B를 상기시키다 employer 회사, 고용주 freezing 몹시 추운 colleague 동료 (직원) seem to 동사 원형: ~하는 것처럼 보이다, ~하는 것 같다 do fine 괜찮다, 잘 지내다 entire 전체의

32. 세부정보

Why does Louis want to travel to Northern Canada?	루이스 씨가 왜 캐나다 북부로 출장 가고 싶어 하는가?
(a) to explore natural attractions (b) to try a new activity (c) to research native animals (d) to interview for a job	(a) 자연 속 명소를 탐험하기 위해 (b) 새로운 활동을 해 보기 위해 (c) 토종 동물을 연구하기 위해 (d) 취업 면접을 보기 위해

정답 (b)

해설 질문의 키워드인 Northern Canada가 언급되는 부분에서 루이스가 항상 캐나다 북부를 방문하고 싶었다는(I've always wanted to visit Northern Canada) 말과 함께, 그 이유로 개 썰매 타기를 항상 해 보고 싶었다고(I've always wanted to try dog sledding) 언급하고 있다. 이는 그곳에서만 할 수 있는 특별한 활동이므로 (b)가 정답이다.

남: 그러시면 제 희망 사항에 포함되어 있는 곳들 중 몇몇 곳은 방문하시고 싶지 않을 거예요. 저는 항상 캐나다 북부를 방문하고 싶었거든요.
여: 추운 곳을 선호하시나요?
남: 꼭 그렇진 않아요. 하지만 항상 개 썰매 타기를 해 보고 싶었거든요.

어휘 explore ~을 탐험하다 attraction 명소, 인기 장소 native 토종의, 토착의 prefer ~을 선호하다 dog sledding 개 썰매 타기

33. 추론

What will Louis probably do after work?	루이스 씨가 퇴근 후에 무엇을 할 것 같은가?
(a) have a meal with his colleagues (b) head back home to rest (c) celebrate his recent promotion (d) prepare for a meeting	(a) 동료 직원들과 식사한다 (b) 쉬기 위해 집으로 돌아간다 (c) 자신의 최근 승진을 기념한다 (d) 회의를 준비한다

정답 (a)

해설 에밀리가 단체로 저녁 회식을 하러 간다고 밝히면서 함께 가고 싶은지 묻자(a bunch of us are going out for dinner tonight to celebrate the end of the quarter. Want to join us?), 루이스가 꼭 가고 싶다고 말하면서(I'd love to, Emily. Thanks for the invitation!) 동의하고 있으므로 (a)가 정답이다.

여: 아마 캐나다 북부로 보내 달라고 부장님을 설득해 보실 수도 있을 거예요.
남: 다음 회의 시간에 그 얘기를 꺼내 보려고요!
여: 어쨌든, 루이스 씨, 저희가 단체로 오늘밤에 이번 분기 마지막을 기념하기 위해 저녁 회식을 하러 가요. 함께 가시겠어요?
남: 꼭 가고 싶어요, 에밀리 씨. 초대 감사합니다!

어휘 recent 최근의 promotion 승진, 홍보, 판촉, 촉진 convince ~을 설득하다 bring + 목적어 + up: (목적어)를 화제로 꺼내다 celebrate ~을 기념하다, ~을 축하하다 quarter 분기 invitation 초대(장)

LISTENING EXERCISE

정답

1. (d)	2. (b)	3. (a)	4. (c)	5. (d)	6. (b)	7. (c)
8. (b)	9. (a)	10. (c)				

1-3

M: Hey, Sandy. Here are those tickets you asked me to get for you. [1]I guess you must be a big baseball fan, huh?	남: 안녕, 샌디. 여기 나에게 구해 달라고 했던 입장권이야. 너는 야구를 아주 좋아하는 팬인 게 틀림없어, 그렇지?
F: Well, I like the sport, sure. But [1]my little cousin will be in town this weekend, and he's never been to a game. I want to introduce him to it.	여: 음, 난 스포츠를 좋아해, 분명히. 하지만 내 사촌 동생이 이번 주말에 우리 도시에 오는데, 한 번도 경기를 보러 간 적이 없어. 내가 사촌 동생에게 그 경기를 소개해주고 싶거든.
M: That sounds like it could be a lot of fun!	남: 그거 정말 재미 있을 것 같아!
F: Right? I think Kevin is going to have a blast.	여: 그렇지? 케빈이 아주 즐거운 시간을 보낼 거라고 생각해.
M: While you're there, you should try to get some players' autographs.	남: 그곳에 가 있는 동안, 몇몇 선수들의 사인도 받도록 해봐.
F: Well, maybe if we catch a foul ball or something. [2]Taking part in the cheers is the most fun part of the experience, though.	여: 음, 아마 우리가 파울 볼 같은 거라도 잡는다면. 하지만, 응원에 참가하는 게 그 경험에서 가장 즐거운 부분이야.
M: You never know. Besides, you should do what Kevin wants.	남: 그건 모르는 거지. 게다가, 넌 케빈이 원하는 걸 해야 하잖아.
F: Oh, don't worry. I'm sure he'll have a great time.	여: 아, 걱정하지 마. 그는 분명 아주 즐거운 시간을 보낼 거야.
M: Probably. Hopefully, the weather is nice.	남: 아마 그럴 거야. 날씨가 좋기를 바라.
F: Yeah, I just hope there aren't any rain delays.	여: 응, 난 그저 어떤 우천 연기도 없으면 좋겠어.
M: You know, [3]the stadium posts that information on its homepage every morning. You should check it on the day of the game to make sure.	남: 있잖아, 그 경기장이 매일 웹페이지에 그 정보를 게시해. 확실히 할 수 있도록 경기 당일에 확인해봐.

어휘 ask A to 동사원형: A에게 ~하도록 요청하다 have never been to ~에 한 번도 가본 적이 없다 introduce A to B: A에게 B를 소개하다 have a blast 아주 즐거운 시간을 보내다 autograph (유명인의) 사인 or something (명사 뒤에서) ~ 같은 것 take part in ~에 참가하다 cheers 응원 though (문장 끝이나 중간에서) 하지만 besides 게다가, 더구나 hopefully 희망하여, 바라여 delay 연기, 지연 post ~을 게시하다 make sure 확실히 해 두다

1. 세부정보

Why does Sandy want tickets to a game?	샌디는 왜 경기 입장권을 원하는가?
(a) to impress her best friend (b) to get a player's autograph (c) to see her favorite athlete play (d) to introduce her cousin to baseball	(a) 가장 친한 친구를 감동시키기 위해 (b) 선수의 사인을 받기 위해 (c) 가장 좋아하는 선수가 경기하는 것을 보기 위해 (d) 사촌 동생에게 야구를 소개해주기 위해

정답 (d)

해설 대화 초반부에 경기 입장권과 관련해 남자가 여자에게 야구 팬임을(a big baseball fan) 언급하는 이야기를 하면서 여자가 사촌 동생에게 그 경기를 소개해주고 싶다고(~ he's never been to a game. I want to introduce him to it) 알리고 있으므로 (d)가 정답이다.

어휘 impress ~을 감동시키다, ~에게 깊은 인상을 남기다 see A 동사원형: A가 ~하는 것을 보다 athlete 운동 선수

2. 세부정보

What is Sandy's favorite part of going to baseball games?	야구 경기에 갈 때 샌디가 가장 좋아하는 부분은 무엇인가?
(a) eating stadium food (b) cheering on her team (c) meeting some of the players (d) posting pictures on social media	(a) 경기장 음식을 먹는 일 (b) 좋아하는 팀을 응원하는 일 (c) 몇몇 선수들을 만나는 일 (d) 소셜 미디어에 사진을 게시하는 일

정답 (b)

해설 대화 중반부에 여자가 응원에 참가하는 게 가장 즐거운 부분이라고(Taking part in the cheers is the most fun part of the experience ~) 언급하고 있으므로 (b)가 정답이다.

패러프레이징 Taking part in the cheers → cheering on her team

어휘 cheer on ~을 응원하다

3. 추론

What will Sandy most likely do on the morning of the game?	샌디가 경기 당일 아침에 무엇을 할 것 같은가?
(a) check a website for updates (b) buy some home team merchandise (c) pick up her cousin from the airport (d) prepare an umbrella and rain poncho	(a) 웹사이트에서 최신 정보를 확인하는 일 (b) 홈팀 관련 상품을 구입하는 일 (c) 공항에서 사촌을 데려오는 일 (d) 우산과 우비를 준비하는 일

정답 (a)

해설 대화 마지막 부분에 남자가 여자에게 경기장이 매일 웹페이지에 특정 정보를 게시한다는 사실과 함께 경기 당일에 확인해보도록(~ the stadium posts that information on its homepage every morning. You should check it on the day of the game ~) 권하고 있으므로 (a)가 정답이다.

패러프레이징 information on its homepage every morning → updates

어휘 merchandise 상품 pick up (차로) ~을 데려오다, ~을 데리러 가다 prepare ~을 준비하다 rain poncho 우비

4-6

F: Phil, good to see you! [4] Congratulations on your promotion to assistant manager!	여: 필 씨, 만나서 반가워요! 차장으로 승진하신 거 축하드려요!
M: Thanks, Erin! I'm really excited. This is a big step in my career.	남: 고마워요, 에린 씨! 정말 기쁘네요. 이건 제 경력에 있어서 큰 진전이에요.
F: It certainly is a big deal. People don't usually advance as quickly as you have.	여: 분명히 대단한 일이죠. 사람들은 보통 당신이 한 것 처럼 금방 승진하지 못하거든요.
M: Well, I have been putting in a lot of effort.	남: 음, 제가 계속 많은 노력을 기울여왔어요.
F: That's right. [5] I heard that you spend your free time taking online classes at Burke Community College.	여: 맞아요. 제가 듣기로는 버크 커뮤니티 칼리지의 온라인 강의를 들으면서 여유 시간을 보내신다고 하던데요.
M: You know, some people look down on community colleges. But Burke has a really good business management program.	남: 그게, 어떤 사람들은 커뮤니티 칼리지를 업신여기죠. 하지만 버크대학에 정말 좋은 경영학 프로그램이 있어요.
F: I don't actually know anyone else who goes there.	여: 전 사실 그곳에 다니는 사람을 알지 못해요.
M: You've probably heard of their volunteer programs, though.	남: 하지만, 아마 그곳의 자원 봉사 프로그램은 들어본 적이 있을 거예요.
F: No, I haven't. What do they do?	여: 아뇨, 없어요. 뭘 하나요?
M: All kinds of events! [6] They're all announced through an online newsletter.	남: 모든 종류의 행사를 해요! 전부 온라인 소식지를 통해서 공지되고 있어요.
F: Really? Could you send me a link? [6] I'd like to check it out once I get off work.	여: 정말요? 저에게 링크 좀 보내주실 수 있으세요? 퇴근하는 대로 확인해 보고 싶네요.
M: Of course! I'll text it to you now.	남: 물론이죠! 지금 문자 메시지로 보내 드릴게요.

어휘 Congratulations on ~을 축하합니다 promotion 승진, 진급 big step 큰 진전, 중요한 단계 certainly 분명히, 확실히 big deal 대단한 일, 중요한 일 usually 보통, 일반적으로 advance 승진하다, 진급하다 as A as B: B만큼 A하게 put in an effort 노력을 기울이다 spend time -ing ~하면서 시간을 보내다 take (강의 등) ~을 듣다, ~을 수강하다 look down on ~을 업신여기다, ~을 깔보다 volunteer 자원 봉사 though (문장 끝이나 중간에서) 하지만 announce ~을 공지하다, ~을 발표하다 would like to 동사원형: ~하고 싶다, ~하고자 하다 once (일단) ~하는 대로, ~하자마자 check A out: A를 확인하다 get off work 퇴근하다 text 동 ~을 문자 메시지로 보내다

4. 세부정보

Why does Erin congratulate Phil? (a) because he got accepted to graduate school (b) because he completed his degree (c) because he received a promotion (d) because he started a business	에린 씨는 왜 필 씨를 축하하는가? (a) 그가 대학원 입학 허가를 받았기 때문에 (b) 그가 학위를 수료했기 때문에 (c) 그가 승진되었기 때문에 (d) 그가 사업을 시작했기 때문에

정답 (c)

해설 여자가 대화를 시작하면서 남자에게 승진한 것에 대해 축하 인사를 전하고(Congratulations on your promotion to assistant manager) 있으므로 (c)가 정답이다.

어휘 get accepted to ~에 대한 입학 허가를 받다 graduate school 대학원 complete ~을 수료하다, ~을 완료하다 degree 학위 receive ~을 받다

5. 세부정보

How has Phil been spending his free time lately? (a) visiting college campuses (b) preparing for job interviews (c) participating in volunteer programs (d) taking classes at a community college	필 씨가 최근에 어떻게 여유 시간을 보내고 있었는가? (a) 대학 캠퍼스를 방문하면서 (b) 구직 면접을 준비하면서 (c) 자원 봉사 프로그램에 참가하면서 (d) 커뮤니티 칼리지에서 수업을 들으면서

정답 (d)

해설 대화 중반부에 여자가 남자에게 버크 커뮤니티 칼리지의 온라인 강의를 들으면서 여유 시간을 보낸다는 얘기를 들은 사실을(~ you spend your free time taking online classes at Burke Community College) 밝히고 있으므로 (d)가 정답이다.

어휘 prepare for ~을 준비하다 participate in ~에 참가하다

6. 추론

What will Erin probably do after work? (a) watch a news report (b) sign up for a newsletter (c) visit Burke Community College (d) give Phil her contact information	에린 씨는 퇴근 후에 무엇을 할 것 같은가? (a) 뉴스 보도를 시청하는 일 (b) 소식지를 신청하는 일 (c) 버크 커뮤니티 칼리지를 방문하는 일 (d) 필 씨에게 자신의 연락처를 제공하는 일

정답 (b)

해설 대화 후반부에 남자가 온라인 소식지로 공지된다는 사실을(They're all announced through an online newsletter) 언급하는 것에 대해 여자가 퇴근하는 대로 확인해 보고 싶다고(I'd like to check it out once I get off work) 알리고 있다. 이는 해당 소식지를 읽어볼 수 있도록 신청할 가능성을 나타내는 말에 해당되므로 (b)가 정답이다.

어휘 sign up for ~을 신청하다, ~에 등록하다 contact information 연락처

7-10

M: Hey Carrie, I didn't see you at dance class yesterday.	남: 안녕하세요, 캐리 씨, 어제 댄스 강좌 시간에 뵙지 못했네요.
F: Oh, hi, Mike. I decided not to go anymore.	여: 아, 안녕하세요, 마이크 씨. 저는 더 이상 가지 않기로 결정했어요.
M: Why? What's going on?	남: 왜요? 무슨 일 있으세요?
F: Well, you know that I've taken lots of other dance classes before, right? [7] I just feel like there's nothing new for me to learn from that one.	여: 음, 제가 전에 많은 다른 댄스 강좌를 들었다는 걸 알고 계시죠? 그냥 제가 그 강좌에서 새롭게 배울 게 없는 것 같은 느낌이 들어서요.
M: I always thought that you just signed up for it because you like to dance.	남: 댄스를 좋아하시기 때문에 그 강좌를 신청하셨다고만 항상 생각했어요.
F: Sure, that is part of why I first joined.	여: 당연하죠, 그게 제가 처음에 가입한 이유의 일부분이에요.
M: You know, I started as a way to get some exercise. But now, [8] my favorite part is the instructor. He's so friendly and helpful.	남: 그게, 저는 운동을 좀 하기 위한 방법으로 시작했어요. 하지만 지금은, 제가 가장 좋아하는 부분은 강사 분이에요. 너무 친절하시고 많은 도움이 됩니다.
F: [9] If you really want to have fun while exercising, you should try a team sport. You could meet people and socialize. It's perfect for people like us.	여: 운동하시면서 정말로 즐거운 시간을 보내고 싶으시면, 팀 스포츠를 한 번 해보세요. 사람들을 만나서 함께 어울리실 수 있어요. 우리 같은 사람들에게 완벽하죠.
M: That's a good point. But hey, why don't you do the same thing?	남: 좋은 지적입니다. 하지만, 있잖아요, 당신도 같은 걸 해보면 어떨까요?
F: Hmm... I don't know of anything like that in our area, though.	여: 흠... 하지만, 저는 우리 지역에서 그런 걸 하는지 전혀 알지 못해요.
M: Don't amateur soccer teams play pickup games at Bluefield Park? [10] I could convince some of my friends to join in. We could form our own team.	남: 아마추어 축구팀들이 블루필드 파크에서 즉흥 경기를 하지 않나요? 제가 몇몇 친구들에게 함께 하자고 설득해볼 수 있어요. 우리만의 팀을 구성할 수 있을 거예요.
F: Really? In that case, [10] I'll call some people I know, too. Let's all get together next Saturday morning!	여: 정말요? 그렇다면, 저도 제가 아는 사람들을 좀 부를게요. 다음 주 토요일 아침에 모두 한 자리에 모여봐요!

어휘 decide (not) to 동사원형: ~하기로(하지 않기로) 결정하다 not ~ anymore 더 이상 ~ 않다 What's going on? 무슨 일 있으세요?, 왜 그러시죠? sign up for ~을 신청하다, ~에 등록하다 join ~에 가입하다, ~에 합류하다 way to 동사원형: ~하는 방법 exercise 운동하다 favorite 가장 좋아하는 instructor 강사 while -ing ~하면서, ~하는 동안 try ~을 한 번 해보다 socialize 함께 어울리다, 교류하다 That's a good point 좋은 지적입니다 why don't you ~? ~하는 게 어때요? know of (간접적으로) ~에 관해 알다 though (문장 끝이나 중간에서) 하지만 pickup game 즉흥 경기, 즉석에서 하는 경기 convince A to 동사원형: ~하도록 A를 설득하다 join in 함께 하다, 참가하다 form ~을 구성하다 in that case 그렇다면, 그런 경우라면 get together 한 자리에 모이다

7. 세부정보

Why did Carrie decide to quit a class? (a) She moved to a new neighborhood. (b) She can't afford the registration fee. (c) She isn't learning anything new. (d) She is too busy with work.	캐리 씨는 왜 강좌를 그만두기로 결정했는가? (a) 새로운 지역으로 이사했다. (b) 등록비를 낼 여유가 없다. (c) 새로운 것을 전혀 배우지 못하고 있다. (d) 일 때문에 너무 바쁘다.

정답 (c)

해설 대화 초반부에 여자가 더 이상 댄스 강좌에 가지 않기로 결정한 것과 관련해 그 강좌에서 새롭게 배울 게 없는 것 같은 느낌이 든다고(I just feel like there's nothing new for me to learn from that one) 말하고 있으므로 (c)가 정답이다.

패러프레이징 there's nothing new for me to learn → isn't learning anything new

어휘 **neighborhood** 지역, 인근, 이웃 **can't afford** ~에 대한 여유가 없다 **registration fee** 등록비

8. 세부정보

What does Mike say he likes about the class? (a) its convenient location (b) its friendly instructor (c) its intense workouts (d) its various lessons	마이크 씨는 해당 강좌와 관련해 무엇이 마음에 든다고 말하는가? (a) 편리한 위치 (b) 친절한 강사 (c) 강도 높은 운동 (d) 다양한 레슨

정답 (b)

해설 대화 중반부에 남자가 강사가 가장 마음에 드는 부분이라고 알리면서 친절하고 많은 도움이 된다고(~ my favorite part is the instructor. He's so friendly and helpful) 이유를 덧붙이고 있으므로 (b)가 정답이다.

어휘 **convenient** 편리한 **location** 위치, 장소, 지점 **intense** 강도 높은, 격렬한 **workout** 운동

9. 세부정보

According to Carrie, what kind of exercise is best? (a) playing team sports (b) lifting weights (c) swimming (d) walking	캐리 씨의 말에 따르면, 어떤 종류의 운동이 가장 좋은가? (a) 팀 스포츠 경기 (b) 중량 운동 (c) 수영 (d) 걷기

정답 (a)

해설 대화 중반부에 여자가 운동하면서 정말로 즐거운 시간을 보내고 싶으면 팀 스포츠를 한 번 해보도록(If you really want to have fun while exercising, you should try a team sport) 권하고 있다. 이는 그런 운동 방법이 가장 좋다는 뜻에 해당되는 말이므로 (a)가 정답이다.

어휘 **lift weights** 중량 운동을 하다, 웨이트 기구를 들어올리다

10. 추론

What will Mike and Carrie probably do next weekend? (a) buy tickets to a soccer game (b) attend a local festival (c) gather some friends (d) try out for a team	마이크 씨와 캐리 씨는 다음 주말에 무엇을 할 것 같은가? (a) 축구 경기 입장권을 구입하는 일 (b) 지역 축제에 참석하는 일 (c) 몇몇 친구들을 모으는 일 (d) 한 팀에 지원하는 일

정답 (c)

해설 대화 후반부에 남자가 몇몇 친구들에게 함께 하자고 설득해볼 수 있다고(I could convince some of my friends to join in) 말하자, 여자도 자신이 아는 사람들을 좀 부르겠다고(I'll call some people I know, too) 말하면서 다음 주 토요일에 모이는 일을 언급하고 있으므로 (c)가 정답이다.

패러프레이징 convince some of my friends to join in / call some people I know → gather some friends

어휘 **attend** ~에 참석하다 **local** 지역의, 현지의 **gather** ~을 모으다 **try out for** (선발 등을 위해) ~에 지원하다

ACTUAL LISETENING 기출 문제 풀이

정답

1. (b)	2. (c)	3. (a)	4. (b)	5. (d)	6. (a)	7. (c)

M: Hey, Teresa.	남: 안녕, 테레사.
F: Oh, hi Eddie! How was the concert last night? I was sad that I couldn't go.	여: 아, 안녕, 에디 씨! 어젯밤 콘서트는 어땠어? 난 갈 수 없어서 슬펐어.
M: Honestly, [1] it was probably a good thing you missed it.	남: 솔직히, 아마 그걸 놓친 게 잘된 일이었을 거야.
F: Really? Why? Was it not good?	여: 정말로? 왜? 재미 없었어?
M: It was okay once the main band, Hot New Panic, got started, but overall, [1] the whole experience was pretty disappointing, starting with the fact that I had to park 30 minutes away and walk.	남: 일단 주 밴드인 핫 뉴 패닉이 시작한 뒤로는 괜찮았는데, 전반적으로는, 전체적인 경험이 꽤 실망스러웠어, 30분이나 멀리 떨어진 곳에 주차하고 걸어가야 했다는 사실부터 시작해서 말이야.
F: Isn't that normal for an outdoor stadium concert?	여: 야외 경기장 콘서트에선 그게 일반적이지 않아?
M: It is, but [2] there were no signs showing how to get to the location from the lot, and there weren't any shuttle buses. When I finally got there, it was hard to find the front gate to get in.	남: 그렇긴 하지만, 주차장에서 행사장으로 어떻게 가는지 보여 주는 표지판도 없었고, 셔틀 버스도 전혀 없었어. 결국 그곳에 도착했을 땐, 입장하는 정문도 찾기 힘들었어.
F: Oh, that sounds really frustrating.	여: 아, 그럼 정말 불만스러웠을 것 같아.
M: It was, plus [3] there was only one line for everyone, including people who needed to buy a ticket, so it got really backed up. It took nearly two hours just to get through the gate.	남: 그랬어, 게다가 입장권을 구입해야 하는 사람들까지 포함해서, 모든 사람을 대상으로 줄이 하나뿐이었기 때문에, 정말 많이 밀렸어. 정문을 통과해서 들어가는 데에만 거의 두 시간이나 걸렸다니까.
F: Wow, Eddie. I can imagine that would be aggravating to have to wait for a long time just to get in. I think the longest I ever waited was an hour, but there were multiple lines for people who did and didn't need to buy tickets. That concert was at an indoor venue, though, with assigned seats.	여: 와우, 에디. 단지 입장하기 위해 오랫동안 기다려야 해서 짜증이 났을 거라는 게 상상이 돼. 내 생각에 내가 기다려 본 것 중에 가장 길었던 게 한 시간이었는데, 입장권을 사야 하는 사람들과 그렇지 않은 사람들을 위해 여러 줄이 있었어. 하지만, 그 콘서트는 지정 좌석이 있는 실내 행사장이었어.
M: I would have expected a bit of a wait with people looking for their seats, but this concert was open admission. There were no seats for people to find. You could bring in your own chairs or blanket if you wanted, but most people wanted to stand near the stage like me.	남: 사람들이 자리를 찾느라 조금 기다릴 것이라고 예상했겠지만, 이 콘서트는 자유 입장이었어. 사람들이 찾아야 할 좌석이 없었거든. 원하면 개인 의자나 담요를 챙겨서 갈 수 있었지만, 대부분의 사람들은 나처럼 무대와 가까운 곳에 서 있고 싶어 했어.

F: [4] Were you able to get to the stage then, so you could at least see the bands up close?	여: 그럼 적어도 바로 가까이에서 밴드들을 볼 수 있게 무대 쪽으로 갈 수 있었어?
M: [4] That was the best part, Teresa. I found a spot in the front row. The biggest issue was that the opening act was an hour late.	남: 그게 가장 좋은 부분이었어, 테레사. 내가 앞줄에서 자리를 하나 찾았거든. 가장 큰 문제는 오프닝 공연이 한 시간이나 늦었다는 거였어.
F: Oh no! Was there anyone else that could fill in and play while the crowd waited?	여: 아, 저런! 사람들이 기다리는 동안 대신해서 연주할 수 있는 다른 누구도 없었어?
M: No. There was only the opening act and then the main band. The organizers were just walking around and not really saying anything. Some people in the crowd started booing and [5] others even left thinking that the whole thing was canceled.	남: 없었어. 오프닝 공연과 그 다음으로 주 공연 밴드만 있었어. 주최측 사람들은 그저 곳곳에서 걸어다니기만 하고 실제로는 어떤 말도 하지 않았어. 관객 속의 어떤 사람들은 야유하기 시작했고, 다른 사람들은 심지어 전부 취소되었다고 생각해서 돌아가기도 했어.
F: But you stayed and waited to see what would happen, right?	여: 하지만 남아서 무슨 일이 있을지 보려고 기다린 게 맞지?
M: Yeah, I was determined to stay until I saw Hot New Panic play. I paid a lot of money for the ticket, and it was one of the last shows before they retire. If had I missed this one, I would have to drive across the country to see their final show or just miss out completely. [6] Anyway, I didn't get home until well after midnight — that's why I'm so tired today.	남: 응, 난 핫 뉴 패닉이 공연하는 모습을 볼 때까지 남아 있기로 결심했지. 입장권을 사려고 많은 돈을 지불한데다, 이들이 은퇴하기 전에 하는 마지막 공연들 중 하나였거든. 이번 것을 놓쳤다면, 이들의 마지막 공연을 보기 위해 전국에 걸쳐 운전하고 다녀야 하거나 그냥 완전히 놓치게 될 거야. 어쨌든, 자정이 한참 지나서야 집에 갔는데, 그게 내가 오늘 이렇게 피곤한 이유야.
F: Well, Eddie, I think you made the right choice by staying, even if that meant being tired today! [7] Talking about this makes me want to listen to some Hot New Panic after work. I'm downloading their new single now.	여: 음, 에디, 내 생각엔 네가 남아 있음으로써 좋은 선택을 한 것 같아, 설사 그게 오늘 피곤한 걸 의미한다고 해도 말이야! 이렇게 얘기하고 나니까 퇴근 후에 핫 뉴 패닉이나 좀 들어 보고 싶어 지네. 지금 그들의 새 싱글을 다운로드하고 있어.
M: Have fun with that, Teresa. As for me, I'm so tired I might crash before dinner.	남: 즐겁게 들어, 테레사. 내 상태로 봐선, 난 너무 피곤해서 저녁 식사 전에 잠들지도 몰라.

어휘 How was A?: A는 어땠어? miss ~을 놓치다, ~을 지나치다, ~을 빠뜨리다 get started 시작하다 overall 전반적으로 whole 전체의 the fact that ~라는 사실 sign 표지(판), 안내판 how + to 동사원형: ~하는 방법 get to ~로 가다, ~에 도착하다 lot 주차장 frustrating 불만스럽게 만드는, 좌절하게 만드는 plus 게다가, 그에 더해 including ~을 포함해 backed up 밀려 있는, 정체되어 있는 take ~의 시간이 걸리다 nearly 거의 aggravating 짜증나게 하는, 화나게 하는 multiple 여럿의, 다수의 venue 행사장 though (문장 중간이나 끝에서) 하지만 assigned 지정된, 배정된 would have p.p. ~했을 것이다 expect ~을 예상하다 a bit of 약간의, 조금의 look for ~을 찾다 admission 입장(료) be able + to 동사원형: ~할 수 있다 at least 적어도, 최소한 up close 바로 가까이에서 spot 자리, 지점 row 줄, 열 opening act 오프닝 공연 fill in 대신하다 organizer 주최자, 조직자 crowd 사람들, 군중 boo 야유하다 cancel ~을 취소하다 be determined + to 동사원형: ~하기로 결심하다 see + 목적어 + 동사원형: (목적어)가 ~하는 모습을 보다 retire 은퇴하다 miss out 놓치다, 빠뜨리다 completely 완전히 anyway 어쨌든 make a choice 선택하다 crash 잠들다

1. 세부정보

Why did Eddie say it was a good thing Teresa missed the concert? (a) because the weather was poor (b) because it was difficult to get into the venue (c) because the band was terrible (d) because it was dangerous to be in the audience	에디는 왜 테레사가 콘서트를 놓친 것이 잘된 일이라고 말했는가? (a) 날씨가 좋지 않았기 때문에 (b) 행사장에 들어가기 힘들었기 때문에 (c) 밴드가 끔찍했기 때문에 (d) 관객 속에 있는 것이 위험했기 때문에

정답 (b)

해설 대화 초반부에 남자가 전반적으로 실망스러운 경험이었음을 언급하면서 그 첫 번째 이유로 30분이나 멀리 떨어진 곳에 주차하고 걸어가야 했다는 사실을(the whole experience was pretty disappointing, with the fact that I had to park 30 minutes away and walk) 말하고 있으므로 (b)가 정답이다.

어휘 **terrible** 끔찍한 **audience** 관객, 청중, 시청자들

패러프레이징 park 30 minutes away and walk → it was difficult to get into the venue

2. 세부정보

What made parking a problem for Eddie? (a) Traffic was heavy. (b) Fees were high. (c) Signage was poor. (d) Spaces were limited.	무엇 때문에 주차가 에디에게 문제가 되었는가? (a) 교통량이 많았다. (b) 요금이 높았다. (c) 안내 체계가 좋지 못했다. (d) 공간이 제한적이었다.

정답 (c)

해설 남자가 대화 초반부에 주차장에서 행사장으로 가는 어떻게 가는지 보여 주는 표지판이 없었다는(there were no signs showing how to get to the location from the lot) 문제를 언급하고 있으므로 (c)가 정답이다.

어휘 **traffic** 교통(량), 차량들 **heavy** (수량, 정도 등이) 많은, 심한 **signage** 안내 체계, 표지(판) **limited** 제한적인

패러프레이징 there were no signs → Signage was poor

3. 세부정보

Why did it take Eddie so long to get into the venue? (a) because there was a big line (b) because he misplaced his original ticket (c) because there was high security (d) because he wanted to change his seat	왜 에디가 행사장에 들어가는 데 그렇게 오래 걸렸는가? (a) 긴 줄이 있었기 때문에 (b) 원본 입장권을 분실했기 때문에 (c) 보안 수준이 높았기 때문에 (d) 좌석을 변경하고 싶었기 때문에

정답 (a)

해설 대화 초반부에 남자가 모든 사람을 대상으로 줄이 하나뿐이었기 때문에 정말 많이 밀려 있었다는 점을(there was only one line for everyone, including people who needed to buy a ticket, so it got really backed up) 오랜 시간이 걸린 이유로 언급하고 있으므로 (a)가 정답이다.

어휘 **take A B to 동사원형:** A가 ~하는 데 B의 시간이 걸리다 **misplace** ~을 분실하다, ~을 둔 곳을 잊다

패러프레이징 only one line / got really backed up → there was a big line

4. 세부정보

What was the best part of the concert for Eddie? (a) getting to go backstage (b) being close to the band (c) hearing all new music (d) socializing with other fans	콘서트에서 무엇이 에디에게 가장 좋은 부분이었는가? (a) 무대 뒤쪽 공간에 출입한 것 (b) 밴드와 가까운 곳에 있었던 것 (c) 완전히 새로운 음악을 들은 것 (d) 다른 팬들과 교류한 것

정답 (b)

해설 대화 중반부에 여자가 바로 가까이에서 밴드들을 볼 수 있게 무대 쪽으로 갈 수 있었는지(Were you able to get to the stage then, so you could at least see the bands up close?) 묻자, 남자가 그게 가장 좋은 부분이었다고(That was the best part) 밝히고 있으므로 (b)가 정답이다.

어휘 socialize with ~와 교류하다, ~와 어울리다

패러프레이징 get to the stage / see the bands up close → being close to the band

5. 세부정보

How did the crowd react when they thought the concert had been canceled? (a) Many of them yelled at the organizers. (b) Some of them refused to leave. (c) Many of them demanded a full refund. (d) Some of them walked out.	관객들이 콘서트가 취소된 것으로 생각했을 때 어떻게 반응했는가? (a) 그들 중 많은 이들이 주최측에 소리 쳤다. (b) 그들 중 일부가 돌아가기를 거부했다. (c) 그들 중 많은 이들이 전액 환불을 요구했다. (d) 그들 중 일부가 걸어 나갔다.

정답 (d)

해설 남자가 대화 중반부에 어떤 사람들은 심지어 전부 취소되었다고 생각해서 돌아가기도 했다고(others even left thinking that the whole thing was canceled) 밝히고 있으므로 (d)가 정답이다.

어휘 react 반응하다 yell 소리 치다 refuse + to 동사원형: ~하기를 거부하다 demand ~을 요구하다 refund 환불(액)

패러프레이징 others even left → Some of them walked out

6. 추론

Why is Eddie so tired today? (a) because he arrived home late (b) because he drove a long way (c) because he stayed up all night (d) because he danced for a long time	에디가 오늘 왜 그렇게 피곤한가? (a) 집에 늦게 도착했기 때문에 (b) 먼 길을 운전했기 때문에 (c) 밤을 꼬박 새웠기 때문에 (d) 오랜 시간 춤을 췄기 때문에

정답 (a)

해설 대화 후반부에 남자가 자정이 한참 지나서야 집에 가는 바람에 오늘 피곤한 상태라고(I didn't get home until well after midnight — that's why I'm so tired today) 알리고 있으므로 (a)가 정답이다.

어휘 arrive 도착하다 stay up (늦게까지) 자지 않고 있다

패러프레이징 didn't get home until well after midnight → arrived home late

7. 추론

What will Teresa probably do tonight? (a) go to the band's concert (b) have dinner with a friend (c) listen to the band's music (d) watch a movie at home	테레사가 오늘밤에 무엇을 할 것 같은가? (a) 그 밴드의 콘서트에 가는 일 (b) 친구와 저녁 식사하는 일 (c) 그 밴드의 음악을 듣는 일 (d) 집에서 영화를 보는 일

정답 (c)

해설 대화 후반부에 여자가 퇴근 후에 핫 뉴 패닉을 들어 보고 싶다고 밝히면서 지금 그들의 새 싱글을 다운로드하고 있다고(Talking about this makes me want to listen to some Hot New Panic after work. I'm downloading their new single now) 말하고 있으므로 (c)가 정답이다.

CHAPTER 2

PART 2 1인 담화: 안내 방송, 광고

확인 문제

정답

34. W 목적 ?

What is the purpose of the presentation?

35. Y 추론 동물음식 appeal ?

Based on the talk, why, most likely, are these pet meals appealing?

36. W 고객 do if X sure where ?

What can customers do if they are not sure where to begin?

37. H make sure food X 상함 배송 후?

How does the company make sure the food does not go bad after delivery?

38. W 비용 음식당 based ?

What is the cost per meal based on?

39. H 고객 X 주문 ?

How can customers cancel their orders?

어휘 purpose 목적 meal 식사, 음식 appealing 매력적인, 흥미로운 where to 동사원형: 어디서 ~하는지 make sure 반드시 ~하게 하다 go bad 상하다 cost 비용, 가격 per ~당, ~마다 based on ~에 기반한, ~을 바탕으로 한 cancel 취소하다 order 주문

문제 풀이 연습

정답

34. (a) 35. (b) 36. (c) 37. (d) 38. (a) 39. (b)

34. 주제/목적

What is the focus of the talk?	담화의 중점은 무엇인가?
(a) a tour for future students (b) a guide for new employees (c) a tour for visiting parents (d) a guide for university faculty	(a) 미래의 학생들을 위한 견학 (b) 신입 직원들을 위한 안내 (c) 방문하는 부모들을 위한 견학 (d) 대학 교수진을 위한 안내

정답 (a)

해설 화자가 담화를 시작하면서 톰슨 경영 대학 견학 시간에 온 것을 환영한다는 인사와 함께 청자들을 장래의 학생이라고(welcome to our tour of the brand-new Thompson School of Business at the University of Fontaine. As prospective students, you might be ~) 지칭하고 있으므로 (a)가 정답이다.

안녕하세요, 그리고 폰테인 대학교의 완전히 새로운 톰슨 경영 대학 견학 시간에 오신 것을 환영합니다. 장래의 학생으로서, 여러분은 저희가 전국 최고의 경영 대학들 중 하나가 될 것으로 확신하는 곳에 다니시는 첫 학생에 속하게 되실지도 모릅니다. 오늘 함께 몇몇 저희 최신 시설을 살펴 보는 과정에서 제가 여러분의 가이드가 되어 기쁩니다.

어휘 faculty 교수진 brand-new 완전히 새로운 prospective 장래의, 장차 ~가 될 attend ~에 다니다, ~에 참석하다 explore ~을 살펴 보다, ~을 탐사하다 state-of-the-art 최신의, 첨단의 facility 시설(물)

35. 세부 정보

Why should students attend the weekly presentations?	학생들이 왜 주간 발표회에 참석해야 하는가?
(a) to earn extra credit (b) to learn from professionals (c) to meet other students (d) to practice public speaking	(a) 추가 학점을 받기 위해 (b) 전문가들로부터 배우기 위해 (c) 다른 학생들을 만나기 위해 (d) 대중 연설을 연습하기 위해

정답 (b)

해설 질문의 키워드인 weekly presentations가 언급되는 부분에서 성공적인 기업 소유주들의 주간 발표회를 위한 장소임을 알리면서 그들 각자의 직업 여정 이야기도 공유해 주고 성공을 이루는 방법에 관해 조언해 준다고(~ for weekly presentations from successful area business owners. They will share with you their professional journeys and advise you on how to achieve your own success) 알리고 있다. 이는 이미 성공한 전문가들을 통해 배우는 것을 의미하므로 (b)가 정답이다.

저희 본관 강당부터 시작해 보겠습니다. 정규 강의뿐만 아니라, 이곳은 또한 성공적인 지역 기업 소유주들의 주간 발표회를 위한 장소가 되기도 합니다. 그분들께서 각자의 직업 여정 이야기를 공유해 드리고 여러분만의 성공을 이루는 방법에 관해 조언해 드릴 것입니다. 이미 솔라 블루 리사이클링 사의 존 베이커 대표 이사님께서 우리의 가장 첫 번째 초청 연사가 되어 주실 예정입니다. 지속 가능한 사업체 운영 방법에 관한 이분의 추천 사항들을 놓치고 싶지 않으실 것입니다.

어휘 earn ~을 받다, ~을 얻다 credit 학점 professional 명 전문가 practice ~을 연습하다 in addition to ~뿐만 아니라, ~ 외에도 how to 동사원형: ~하는 방법 achieve ~을 이루다, ~을 달성하다 miss ~을 놓치다, ~을 지나치다 run ~을 운영하다 sustainable 지속 가능한

36. 세부 정보

What is unusual about the business school's library? (a) It is open to local residents. (b) It features rare publications. (c) It is accessible at all times. (d) It features a research lab.	경영 대학 도서관과 관련해 무엇이 특이한가? (a) 지역 주민들에게 개방된다. (b) 희귀 출판물을 특징으로 한다. (c) 항상 이용 가능하다. (d) 연구실을 특징으로 한다.

정답 (c)

해설 질문의 키워드인 library가 언급되는 부분에서 연중 매일, 하루 24시간 문을 여는 도서관이라는(it is the only library on campus that's open twenty-four hours a day, every day of the year) 특징을 언급하고 있으므로 (c)가 정답이다.

이 강당 건너편에 있는 것은 버크너 기념 도서관으로서, 가장 인기 있는 비즈니스 관련 출판물에 대한 광범위한 도서 목록을 제공합니다. 이곳은 최신 컴퓨터실을 특징으로 하며, 캠퍼스 내에서 연중 매일, 하루 24시간 문을 여는 유일한 도서관이기 때문에, 학생들은 공부하고 연구할 수 있는 조용한 장소를 항상 가질 것입니다.

어휘 unusual 특이한, 유별난, 흔치 않은 local 지역의, 현지의 resident 주민 rare 희귀한, 드문 at all times 항상 research lab 연구실 extensive 광범위한, 폭넓은 catalogue 도서 목록 publication 출판(물) feature ~을 특징으로 하다

37. 추론

Why, most likely, does the school have a statue of General Fontaine? (a) because of his business success (b) because of his military service record (c) because of his generous donations (d) because of his educational contributions	학교에 왜 폰테인 장군의 조각상이 있는 것 같은가? (a) 그의 사업적 성공 때문에 (b) 그의 군 복무 기록 때문에 (c) 그의 넉넉한 기부 때문에 (d) 그의 교육적 공헌 때문에

정답 (d)

해설 질문의 키워드인 a statue of General Fontaine이 언급되는 부분에서 교육을 모든 이에게 이용 가능하게 만들었다는 점에서 그 업적에 대해 인정받아야 마땅하다는(He deserves to be recognized for his achievements in making education accessible to everyone) 말로 동상이 세워진 이유를 밝히고 있다. 이는 교육 분야에 대한 훌륭한 공헌을 언급하는 것이므로 (d)가 정답이다.

도서관 출입문 바로 바깥에는 폰테인 정원이 있습니다. 이 넓은 야외 공간은 수업들 사이에 쉴 수 있는 아주 좋은 곳입니다. 이 정원 한복판에서, 넉넉한 동문 기부금을 통해 가능해진, 대학 설립자 웨스트 폰테인 장군의 대형 동상이 보일 것입니다. 폰테인 장군은 모든 사람이 교육을 받을 수 있게 했다는 점에서 그 업적에 대해 인정받으셔야 마땅합니다. 폰테인 장군이 당시에 성공적인 사업가이었다는 사실까지 아시게 되면 놀라워하실 수도 있습니다. 장군님은 심지어 개인 철물점 체인도 보유하셨습니다.

어휘 service 복무, 재직, 봉사 contribution 공헌, 기여 relax 쉬다, 느긋하게 있다 statue 조각상 generous 넉넉한, 후한, 너그러운 alumni 동문, 동창 donation 기부(금) deserve to 동사원형: ~해야 마땅하다, ~을 받을 자격이 있다 recognize ~을 인정하다 achievement 업적, 성취, 달성

38. 추론

Why, most likely, would students go to the student center?	학생들은 왜 학생 회관에 갈 것 같은가?
(a) to grab a quick breakfast (b) to attend study groups (c) to meet friends for lunch (d) to sign up for tutoring	(a) 간단한 아침 식사를 구입하기 위해 (b) 스터디 그룹에 참석하기 위해 (c) 친구들과 만나 점심 식사하기 위해 (d) 개인 지도를 신청하기 위해

정답 (a)

해설 질문의 키워드인 student center가 언급되는 부분에서 그곳에 있는 한 커피 매장을 소개하면서 평일에 매일 오전 6시부터 11시까지 문을 연다는 사실과 함께 학생들이 수업 시작 전에 따뜻한 음료를 사거나 머핀을 포함한 다양한 제과제품 중에서 선택할 수 있다고(The coffee shop will be open every weekday from 6 to 11 a.m. so that students can grab a cup of their favorite hot beverage before classes start or choose from Redeye's selection of baked goods ~) 알리고 있다. 이는 오전 시간에 간단한 아침 식사를 구입할 수 있다는 장점을 말하는 것이므로 (a)가 정답이다.

> 정원 바로 남쪽에 있는 것은 학생 회관입니다. 이곳에서 세계적으로 유명한 커피 체인인 레드아이 커피의 지점을 발견하시게 될 것입니다. 이 커피 매장은 평일에 매일 오전 6시부터 11시까지 문을 열 것이므로 학생들이 수업 시작 전에 각자 가장 좋아하는 따뜻한 음료를 한 잔 사갈 수 있으며, 또는 유명한 초콜릿 에스프레소 머핀을 포함해, 레드아이의 다양한 제과제품 중에서 선택하실 수 있습니다.

어휘 sign up for ~을 신청하다, ~에 등록하다 tutoring 개인 지도, 과외 accessible 이용 가능한, 접근 가능한 branch 지점, 지사 grab 잠깐 ~하다 choose from ~에서 선택하다 one's selection of ~의 다양한

39. 세부 정보

How can incoming students get vouchers for free meals?	신입생들이 어떻게 무료 식사 쿠폰을 받을 수 있는가?
(a) by visiting the housing office (b) by entering a writing contest (c) by taking the campus tour (d) by completing a survey	(a) 기숙사 관리실을 방문함으로써 (b) 글쓰기 대회에 참가함으로써 (c) 캠퍼스 견학 시간을 이용함으로써 (d) 설문 조사지 작성 완료함으로써

정답 (b)

해설 화자가 담화 맨 마지막 부분에 경영대 신입생들에게 특정 주제로 된 에세이를 제출하도록 요청된다는 사실과 함께 그것이 구내식당에서 한달 치의 무료 식사에 해당하는 가치를 지닌 쿠폰을 탈 수 있는 기회임을(incoming business students are invited to submit an essay ~ for a chance to win a month's worth of vouchers for free meals in the cafeteria) 밝히고 있다. 따라서 (b)가 정답이다.

> 캠퍼스 견학 시간에 와 주셔서 감사합니다. 즐거우셨기를 바랍니다. 가시기 전에, 경영대 신입생들은 구내식당에서 한 달 치의 무료 식사 쿠폰을 타실 수 있는 기회를 위해, 경영학을 공부하도록 영감을 주는 것에 관한 에세이를 제출하도록 요청됩니다. 상위 5위까지의 제출작에 대해 이 소중한 상품이 수여됩니다. 곧 뵐 수 있기를 바랍니다!

어휘 free 무료의 enter ~에 참가하다 complete ~을 완료하다 survey 설문 조사(지) be invited to 동사원형: ~하도록 요청되다 submit ~을 제출하다 inspire + 목적어 + to 동사원형: (목적어)에게 ~하도록 영감을 주다 worth 가치, 값어치 voucher 쿠폰, 상품권 for free 무료로 entry 제출작, 출품작 award ~을 수여하다, ~을 주다 valuable 소중한, 가치 있는

LISTENING EXERCISE

정답

1. (a)	2. (d)	3. (a)	4. (b)	5. (c)	6. (d)	7. (d)
8. (c)	9. (b)	10. (b)				

1-3

Attention tourists! The city of Cloverfield's Department of Tourism will be hosting Spring into Music, a special 2-day event on the weekend of March 19th and 20th, at Cloverfield Park. [1] Now that winter is over, bring your friends and family here to Cloverfield to see what our city has to offer! There will be live music from local artists, activities for all ages, and booths representing some of the best restaurants of Cloverfield! Tickets will be available at the park entrance on both days of the event, but we encourage you to purchase yours in advance at www.cloverfieldcity.com. [2] Those who buy their tickets online prior to the event will get one food ticket per person, which adds up to a savings of nearly 50%! Some of the activities include a bean bag toss for prizes, face painting, and a dunk tank. Several local city officials and business owners have volunteered as participants for the dunk tank, so you might get a chance to drop your own boss into the water! On each day of the event, attendees will get a chance to cast a vote for the best music group of that day. Votes will be tallied afterwards and posted on the city's website on the following Monday. The two winning bands will be asked to collaborate on a new theme song for the city of Cloverfield. [3] Please keep in mind that since everything will take place outdoors, heavy rains could cause this event to be postponed to the following weekend. Any tickets purchased for the initial dates would of course be honored on the replacement dates if this should occur.	관광객 여러분께 알립니다! 클로버필드 시의 관광청이 3월 19일과 20일에 해당되는 주말에 클로버필드 파크에서 이틀 간의 특별 행사인 '스프링 인투 뮤직'을 주최할 예정입니다. 이제 겨울이 끝났으므로, 이곳 클로버필드로 여러분의 친구 및 가족과 함께 오셔서 저희 도시가 제공해 드리는 것을 확인해 보세요! 지역 예술가들의 라이브 음악과 모든 연령대를 위한 활동들, 그리고 클로버필드에 있는 몇몇 최고의 레스토랑을 대표하는 부스들이 있을 것입니다! 입장권은 행사 이틀 동안 공원 입구에서 구입하실 수 있겠지만, 저희는 www.cloverfieldcity.com에서 미리 구입하시기를 권해 드립니다. 행사에 앞서 온라인에서 입장권을 구입하시는 분들께서는 1인당 1장의 식권을 받으시게 될 것이며, 이는 거의 50%의 할인액에 달합니다! 활동들 중 일부는 경품이 걸려 있는 빈 백 던지기, 페이스 페인팅, 그리고 덩크 탱크를 포함합니다. 지역의 여러 시 관계자 및 업체 소유주들께서 덩크 탱크에 참가자로 자원하셨으므로, 여러분의 상사를 물에 빠트리실 수 있는 기회가 있을지도 모릅니다! 행사가 열리는 각각의 날에, 참석자들께서는 당일 최고의 음악 그룹을 선정하는 투표를 하실 수 있는 기회를 얻으시게 됩니다. 그 후에 표가 집계되어 그 다음 주 월요일에 시 웹사이트에 게시될 것입니다. 선정된 두 밴드는 클로버필드 시를 위해 새로운 주제가에 대해 협업하도록 요청 받을 것입니다. 모든 것이 야외에서 진행되기 때문에, 폭우로 인해 이 행사가 그 다음 주말로 연기되는 일이 초래될 수 있다는 점을 명심하시기 바랍니다. 이러한 일이 발생되는 경우에 최초의 날짜로 구입하신 모든 입장권은 당연히 대체 날짜에 유효하게 될 것입니다.

어휘 host ~을 주최하다 now that (이제) ~이므로 offer ~을 제공하다 local 지역의, 현지의 booth (행사장 등에 임시로 설치하는) 부스, 칸막이 공간 represent ~을 대표하다 available 구입 가능한, 이용 가능한 encourage + 목적어+ to 동사원형: 목적어에게 ~하도록 권하다 in advance 미리, 사전에 those who ~하는 사람들 prior to ~에 앞서, ~ 전에 add up to (합산 등이) ~에 달하다, ~에 이르다 savings 할인 (금액), 절약 (금액) include ~을 포함하다 bean bag 빈 백(직물로 된 자루 등에 작은 플라스틱 조각들을 채워 쿠션처럼 사용) dunk tank 덩크 탱크(큰 물 탱크 위에 설치된 의자에 사람이 앉아 있다가 다른 사람이 특정 표적을 맞히면 앉은 사람이 물에 빠지는 놀이) official 명 관계자, 당국자 volunteer 자원하다 participant 참가자 get a chance to 동사원형: ~할 기회를 얻다 attendee 참석자 cast a vote 투표하다 tally ~을 집계하다 afterwards 그 후에, 나중에 post ~을 게시하다 following 다음의 be asked to 동사원형: ~하도록 요청 받다 collaborate 협업하다 keep in mind that ~임을 명심하다 take place 진행되다, 개최되다 A cause B to 동사원형: A로 인해 B가 ~하는 일이 초래되다 postpone ~을 연기하다 initial 애초의, 처음의 honor 동 ~을 유효하다고 인정하다, ~을 이행하다 replacement 대체(되는 것) occur 발생되다

1. 주제/목적

What is the purpose of the upcoming event at Cloverfield Park? (a) to promote tourism in Cloverfield (b) to introduce musical artists (c) to raise funds for charity (d) to celebrate a holiday	클로버필드 파크에서 곧 열리는 행사의 목적은 무엇인가? (a) 클로버필드의 관광 산업을 촉진하는 것 (b) 음악 예술가들을 소개하는 것 (c) 자선 사업을 위해 모금하는 것 (d) 휴일을 기념하는 것

정답 (a)

해설 담화 초반부에 클로버필드 파크에서 열리는 행사를 소개하면서 이제 겨울이 끝났기 때문에 친구 및 가족과 함께 행사에 와보라고(Now that winter is over, bring your friends and family here to Cloverfield to see ~) 권하고 있다. 이는 사람들을 끌어들여 관광 산업을 활성화하는 것이 목적임을 의미하는 말이므로 (a)가 정답이다.

어휘 upcoming 곧 있을, 다가오는 promote ~을 촉진하다, ~을 증진하다 introduce ~을 소개하다 raise funds 모금하다, 자금을 마련하다 charity 자선 (단체) celebrate ~을 기념하다, ~을 축하하다

2. 세부정보

How can attendees get free food vouchers? (a) by casting a vote for the best musicians (b) by bringing a group of 3 or more (c) by volunteering to help clean up (d) by reserving a ticket in advance	참석자들은 어떻게 무료 식권을 받을 수 있는가? (a) 최고의 음악가 선정을 위해 투표함으로써 (b) 3인 이상의 단체를 동반함으로써 (c) 청소하는 것을 돕기 위해 자원함으로써 (d) 미리 입장권을 예약함으로써

정답 (d)

해설 담화 중반부에 행사에 앞서 온라인에서 입장권을 구입하면 1인당 1장의 식권을 받게 된다(Those who buy their tickets online prior to the event will get one food ticket per person)고 알리고 있다. 이는 미리 입장권을 예약하는 일을 언급하는 말이므로 (d)가 정답이다.

패러프레이징 buy their tickets online prior to the event 행사에 앞서 온라인에서 입장권을 구매하다 → reserving a ticket in advance 미리 입장권을 예약하는 것

어휘 free 무료의 by (방법) ~함으로써, ~해서 help 동사원형: ~하는 것을 돕다 reserve ~을 예약하다

3. 추론

Why most likely might the event dates be changed? (a) because of stormy weather (b) because of stage construction delays (c) because a budget needs to be approved (d) because some musicians may be unavailable	왜 행사 날짜가 변경될 수도 있을 것 같은가? (a) 비바람이 몰아치는 날씨 때문에 (b) 무대 공사 지연 문제 때문에 (c) 예산이 승인되어야 하기 때문에 (d) 일부 음악가들이 시간이 되지 않을 수 있기 때문에

정답 (a)

해설 담화 후반부에 폭우로 인해 행사가 그 다음 주말로 연기되는 일이 초래될 수 있다는 점을(~ heavy rains could cause this event to be postponed to the following weekend) 언급하고 있으므로 (a)가 정답이다.

패러프레이징 heavy rains 폭우 → stormy weather 비바람이 몰아치는 날씨

어휘 delay 지연, 지체 budget 예산 approve ~을 승인하다 unavailable (사람) 시간이 나지 않는, (사물) 이용할 수 없는

4-6

I appreciate all of you coming out to volunteer for this Housing Humanity project. It's great to see such a big turnout. As you may know, [4] Sascha Busch started Housing Humanity with the initial goal of providing aid to people who were suffering from the effects of natural disasters. Thanks to the support of people like yourselves, we have been able to grow into a nation-wide charity project that constructs affordable housing for low-income families.	이 '하우징 휴머니티' 프로젝트에 자원 봉사하시기 위해 나와 주신 여러분 모두에게 감사 드립니다. 이렇게 많은 참석자들을 뵙게 되어 대단히 기쁩니다. 아실지 모르겠지만, 사샤 부시 씨께서는 자연 재해의 영향으로 고통 받고 계셨던 분들께 도움을 제공해 드리겠다는 초기 목표를 가지고 '하우징 휴머니티'를 시작하셨습니다. 여러분 같은 분들의 지원 덕분에, 저희는 저소득층 가정을 위한 저렴한 주택을 짓는 전국적인 규모의 자선 프로젝트로 성장해올 수 있었습니다.
As you can see, the foundation and frame of the housing unit that we're working on here have already been completed. [5] Today, we're going to be working on the roofing. Since plenty of you showed up this morning, and thanks to this nice weather, we should be able to complete that portion of the structure by the end of the day. Before anything else, let's cover some of the safety guidelines that need to be followed.	보시다시피, 저희가 이곳에서 작업하고 있는 주택의 토대와 뼈대가 이미 완성되었습니다. 오늘, 저희는 지붕 공사 작업을 할 예정입니다. 많은 분들께서 오늘 아침에 자리해 주셨기 때문에, 그리고 이렇게 좋은 날씨 덕분에, 저희가 오늘 하루가 끝날 때까지 건물의 그 부분을 완료할 수 있을 것입니다. 다른 무엇보다 먼저, 준수되어야 하는 몇몇 안전 가이드라인을 다뤄보도록 하겠습니다.
First off, once we start, everyone is required to wear their hardhats, steel-toe boots, and protective gloves at all times while on this worksite. The last thing we want is for anyone to get hurt. You will all be required to sign one of these forms to acknowledge that you understand and agree to following those rules here today.	우선, 시작하시는 대로, 모든 분께서 이 작업 현장에 계시는 동안 항상 안전모와 스틸 토 부츠, 그리고 보호용 장갑을 착용하셔야 합니다. 저희는 누구든 부상을 당하는 것을 결코 원치 않습니다. 여러분께서는 모두 오늘 이곳에서 해당 규정을 이해하고 준수하는 데 동의한다는 점을 인정하는 이 양식들 중 하나에 서명하셔야 할 것입니다.
Okay, so, I guess it's time to break up into teams. Those of you who have certifications and experience in construction and roofing will be assigned as team leaders. Please keep in mind that you may need to give precise instructions to some of your team members, [6] as they may be new to this line of work. Now, I'll start reading off the names of each team.	자, 그럼, 팀을 나눠야 할 시간인 것 같습니다. 여러분 중에서 건설 및 지붕 공사에 대해 자격증과 경력을 지니고 계신 분께서 팀장으로 배정되실 것입니다. 일부 팀원들께서 이러한 종류의 일이 새로우실 수 있으므로 그 분들께 정확한 안내 사항을 전달해 주셔야 할 수도 있다는 점을 명심하시기 바랍니다. 이제, 각 팀의 이름을 읽어 드리기 시작하겠습니다.

어휘 appreciate ~에 대해 감사하다 volunteer 자원 봉사하다 turnout 참가자 수 initial 초기의, 처음의 aid 도움, 지원 suffer from ~로 고통 받다 effect 영향, 효과 disaster 재해 thanks to ~ 덕분에, ~ 때문에 be able to 동사원형: ~할 수 있다 grow into ~로 성장하다 nation-wide 전국적인 (규모의) charity 자선(단체) affordable 저렴한, 가격이 알맞은 low-income 저소득층의 foundation 토대, 기반 complete ~을 완료하다 roofing 지붕 공사 show up 나타나다, 모습을 보이다 portion 부분, 일부 structure 건물 구조(물) by (기한) ~까지 before anything else 다른 무엇보다 먼저 cover (주제 등) ~을 다루다 follow ~을 준수하다, ~을 따르다 be required to 동사원형: ~해야 하다 steel-toe boots 스틸 토 부츠(신발 앞 부분에 강철 보호판이 부착된 부츠) at all times 항상 The last thing we want is ~ 저희는 ~하는 것을 결코 원치 않습니다 get hurt 부상 당하다, 다치다 form 양식, 서식 acknowledge that ~임을 인정하다 agree to ~에 동의하다 break up into ~로 나뉘다 certification 자격증, 인증서 assign ~을 배정하다, ~을 할당하다 keep in mind that ~임을 명심하다 precise 정확한 instructions 안내, 설명, 지시 line of work 업종, 직업 분야

4. 세부정보

What was the initial goal of the person who started Housing Humanity? (a) to raise funds for charity (b) to provide disaster relief (c) to offer construction job training (d) to build houses for the homeless	'하우징 휴머니티'를 시작한 사람의 초기 목표는 무엇이었는가? (a) 자선 활동을 위해 모금하는 것 (b) 재난 구호 서비스를 제공하는 것 (c) 건설 업무 교육을 제공하는 것 (d) 노숙자들을 위한 집을 짓는 것

정답 (b)

해설 담화 초반부에 자연 재해의 영향으로 고통 받고 있던 사람들에게 도움을 제공하는 것이 초기 목표였음을(~ the initial goal of providing aid to people who were suffering from the effects of natural disasters) 알리고 있다. 이는 재난 구호 서비스를 의미하는 것이므로 (b)가 정답이다.

패러프레이징 providing aid to people who were suffering from the effects of natural disasters 자연 재해의 영향으로 고통 받고 있던 사람들에게 도움을 제공하는 것 → provide disaster relief 재난 구호 서비스를 제공하다

어휘 raise funds 모금하다, 자금을 마련하다 relief 구호, 구조 training 교육, 훈련 the homeless 노숙자들

5. 세부정보

What part of the structure will the listeners work on today? (a) the walls (b) the frame (c) the roofing (d) the foundation	청자들이 오늘 건물의 어느 부분에 대한 작업을 할 것인가? (a) 벽 (b) 뼈대 (c) 지붕 (d) 토대

정답 (c)

해설 담화 중반부에 오늘 지붕 공사 작업을 할 예정이라고(Today, we're going to be working on the roofing) 언급하고 있으므로 (c)가 정답이다.

6. 추론

What is probably true about the volunteers? (a) Some of them brought their own work tools. (b) They must attend a safety training course. (c) They should have valid certifications. (d) Some of them are inexperienced.	자원 봉사자들과 관련해 무엇이 사실일 것 같은가? (a) 그들 중 일부는 각자의 작업 도구를 가져왔다. (b) 반드시 안전 교육 과정에 참석해야 한다. (c) 유효한 자격증을 소지하고 있어야 한다. (d) 그들 중 일부는 경험이 부족하다.

정답 (d)

해설 담화 후반부에 일부 팀원들이 해당 작업과 같은 종류의 일을 처음 시작하는 것일지도 모른다(they may be new to this line of work)는 사실을 언급하고 있는데, 이는 일부 작업자들이 그러한 일을 해본 경험이 부족하다는 뜻이므로 (d)가 정답이다.

패러프레이징 new 처음 시작하는 → inexperienced 경험이 부족한

어휘 tool 도구, 공구 attend ~에 참석하다 valid 유효한 inexperienced 경험이 부족한, 미숙한

7-10

Good afternoon, everyone! I hope you're enjoying this technology expo so far. [7] I'm here to talk about a very special new product that is set to hit the market early next year: the Screenius smart TV by Corel Electronics. Why the product name Screenius? Because with this special screen, you will feel like you have a genius assistant with you in your home or place of business to provide entertainment, education, or both.	안녕하세요, 여러분! 지금까지 이 기술 박람회를 즐기고 계시기를 바랍니다. 저는 내년 초에 시장에 출시될 예정인 아주 특별한 신제품, 즉 코렐 일렉트로닉스의 스크리니어스 스마트 TV에 관해 이야기하고자 이 자리에 섰습니다. 이 제품 이름이 왜 스크리니어스일까요? 그 이유는 이 특별한 화면으로 인해, 여러분의 자택에서 또는 업무 장소에서 엔터테인먼트와 교육, 또는 둘 모두를 제공해주는 천재적인 비서가 있는 듯한 느낌이 들 것이기 때문입니다.
The age of people going to the movies is clearly fading away. In recent years, we have seen a massive increase in the popularity of both home entertainment systems and streaming service subscriptions. [8] The phrase 'movie night' has taken on the meaning of staying home with family, or just inviting a few close friends, and selecting something to stream instantly.	사람들이 영화관에 가는 시대는 분명 저물고 있습니다. 최근 몇 년 동안, 우리는 홈 엔터테인먼트 시스템과 스트리밍 서비스 구독 둘 모두의 엄청난 인기 증가를 보아 왔습니다. '저녁 영화 관람'이라는 말은 가족과 함께 집에 머무르거나 그저 몇몇 가까운 친구들을 초대해 즉시 스트리밍 가능한 뭔가를 선택하는 일이라는 의미를 지니게 되었습니다.
So, how do we watch those streaming services? Sure, we could use a tablet, laptop, or smartphone. But then the screen isn't big enough for several people to watch together. That's why smart TVs have been rapidly replacing traditional TVs all across the country. You don't have to worry about separate cables or setting up a projector or anything. Simply use the controls of the smart TV to select what you want to watch, sit back, and enjoy.	그럼, 우리가 어떻게 그런 스트리밍 서비스를 볼까요? 물론, 우리는 태블릿이나 노트북 컴퓨터, 또는 스마트폰을 이용할 수 있습니다. 하지만 그럴 때 화면은 여러 사람이 함께 보기에 충분히 크지 않습니다. 이것이 바로 스마트 TV가 전국 각지에서 전통적인 TV를 빠르게 대체해오고 있는 이유입니다. 별도의 케이블이나 프로젝터 설치 작업 같은 일에 대해 걱정하실 필요가 없습니다. 그저 스마트 TV의 제어 기능을 이용하여 보고 싶은 것을 선택한 다음, 느긋하게 앉아 즐기시기만 하면 됩니다.
You might be wondering what sets the Screenius apart from other brands or models. Well, there are still regular broadcasts that many people don't want to miss. And a countless number of them aren't available online. This is where the Screenius comes in. [9] It has a built-in hard drive that can record and store up to 200 hours of regular broadcast programming. It can help you never miss your favorite shows again, whether they are streamed or not!	여러분께서는 무엇이 스크리니어스를 다른 브랜드나 모델들과 차별화되도록 해주는지 궁금하실 수도 있습니다. 음, 여전히 많은 사람들이 놓치고 싶어하지 않는 일반 방송들이 있습니다. 그리고 수없이 많은 그 방송들이 온라인으로 이용할 수 없습니다. 이 부분에서 바로 스크리니어스가 활용됩니다. 최대 200시간에 달하는 일반 방송 프로그램을 녹화하고 저장할 수 있는 내장 하드 드라이브가 있습니다. 여러분께서 가장 좋아하시는 프로그램을 절대로 다시 놓치시지 않도록 도와 드릴 수 있습니다, 그게 스트리밍되든 아니든 상관없이 말입니다!
As I mentioned earlier, the Screenius has not been officially released yet, but [10] you can pre-order yours in advance. All you have to do is sign up as a Corel Electronics VIP Customer. There is no monthly membership fee, and you will qualify for a variety of discounts and promotions for other Corel Electronics products.	앞서 언급해 드린 바와 같이, 스크리니어스는 아직 정식 출시되지 않았지만, 미리 사전 예약하실 수 있습니다. 여러분께서는 코렐 일렉트로닉스의 VIP 고객으로 등록하시기만 하면 됩니다. 월간 회비는 없으며, 다른 코렐 일렉트로닉스 제품들에 대해 다양한 할인 및 판촉 행사에 대한 자격을 얻으시게 될 것입니다.

어휘 expo 박람회 so far 지금까지 be set to 동사원형: ~할 예정이다 hit the market 시장에 출시되다 assistant 비서, 보조, 조수 fade away (점차) 사라지다, 쇠퇴하다 recent 최근의 massive 엄청난, 거대한 increase in ~의 증가 popularity 인기 streaming 스트리밍(온라인상의 방송 또는 재생) subscription 구독, 서비스 가입 take on (특성 등) ~을 지니다, ~을 띠다 select ~을 선택하다 instantly 즉시 replace ~을 대체하다 traditional 전통적인 don't have to 동사원형: ~할 필요가 없다 separate 별도의, 분리된 set up ~을 설치하다, ~을 마련하다 or anything (부정문에서) ~ 같은 것 controls 제어 장치 set A apart from B: A를 B와 차별화하다 miss ~을 놓치다, ~을 지나치다 a countless number of 수없이 많은 available 이용 가능한 built-in 내장된, 붙박이의 up to 최대 ~까지 help + 목적어 + 동사원형: ~하도록 (목적어)를 돕다 whether A or not: A이든 아니든 (상관없이) officially 정식으로, 공식적으로 release ~을 출시하다 pre-order ~을 사전 주문하다 in advance 미리, 사전에 All you have to do is 동사원형: ~하시기만 하면 됩니다 sign up 등록하다, 신청하다 qualify for ~에 대한 자격이 있다 a variety of 다양한 promotion 판촉 행사

7. 주제/목적

What is the presentation all about?	발표는 모두 무엇에 관한 것인가?
(a) the technological evolution of television (b) the common capabilities of smart TVs (c) the rising popularity of smart TVs (d) the release of a new smart TV	(a) 텔레비전의 기술적 진화 (b) 스마트 TV가 지닌 일반적인 기능 (c) 스마트 TV의 인기 증가 (d) 새로운 스마트 TV의 출시

정답 (d)

해설 화자가 담화를 시작하면서 내년 초에 시장에 출시될 예정인 아주 특별한 신제품, 즉 코렐 일렉트로닉스의 스크리니어스 스마트 TV에 관해 이야기하려 한다고(I'm here to talk about a very special new product that is set to hit the market early next year: the Screenius smart TV by Corel Electronics) 알리고 있으므로 (d)가 정답이다.

패러프레이징 a very special new product ~ the Screenius smart TV 아주 특별한 신제품 ~ 스크리니어스 스마트 TV → release of a new smart TV 새로운 스마트 TV의 출시

어휘 evolution 진화, 발전 capability 기능, 능력 rising 증가하는, 상승하는 release 출시

8. 세부정보

Why are more and more people switching to smart TVs?	왜 점점 더 많은 사람들이 스마트 TV로 바꾸고 있는가?
(a) They are made by environmentally responsible companies. (b) They are available in wider varieties than regular TVs. (c) They can be used to watch streaming services. (d) They can be powered by renewable energy.	(a) 환경적으로 책임을 지고 있는 회사들에 의해 만들어진다. (b) 일반 TV보다 더 많은 종류로 구입 가능하다. (c) 스트리밍 서비스를 보는 데 이용될 수 있다. (d) 재생 가능한 에너지로 전력을 공급 받을 수 있다.

정답 (c)

해설 담화 중반부에 화자가 '저녁 영화 관람'이 가족이나 친구와 함께 집에서 즉시 스트리밍 가능한 뭔가를 선택하는 일이 되었다고(~ staying home with family, or just inviting a few close friends, and selecting something to stream instantly) 알리고 있다. 이는 스트리밍 서비스를 이용하는 것으로 영화 관람 방식이 바뀐 것을 알리는 말에 해당되므로 (c)가 정답이다.

어휘 environmentally 환경적으로 responsible 책임이 있는 variety 종류, 품종, 다양성 power 동 ~에 전력을 공급하다 renewable 재생 가능한

9. 세부정보

What makes the Screenius different from other televisions?	무엇 때문에 스크리니어스가 다른 텔레비전들과 다른가?
(a) its ease of connecting to smartphones (b) its built-in recording capability (c) its movie theater screen shape (d) its affordable market price	(a) 스마트폰과의 연결 용이성 (b) 내장된 녹화 기능 (c) 극장 화면 같은 모양 (d) 저렴한 시장 판매가

정답 (b)

해설 화자가 담화 후반부에 최대 200시간에 달하는 일반 방송 프로그램을 녹화하고 저장할 수 있는 내장 하드 드라이브가 있다는(It has a built-in hard drive that can record and store up to 200 hours of regular broadcast programming) 특징을 알리고 있으므로 (b)가 정답이다.

패러프레이징 built-in hard drive that can record 녹화 가능한 내장 하드 드라이브 → built-in recording capability 내장된 녹화 기능

어휘 ease 용이성, 쉬움

10. 추론

According to the talk, how can one place an advance order for a Screenius? (a) by visiting a Web site (b) by joining a membership (c) by contacting the speaker (d) by making a down payment	담화 내용에 따르면, 어떻게 스크리니어스를 사전 주문할 수 있는가? (a) 웹사이트를 방문함으로써 (b) 회원으로 가입함으로써 (c) 화자에게 연락함으로써 (d) 선금을 지불함으로써

정답 (b)

해설 화자가 담화 후반부에 미리 사전 예약할 수 있다는 말과 함께 그 방법으로 코렐 일렉트로닉스의 VIP 고객으로 등록하는 일을(All you have to do is sign up as a Corel Electronics VIP Customer) 언급하고 있다. 이는 회원 가입을 의미하는 말이므로 (b)가 정답이다.

패러프레이징 sign up as a ~ VIP Customer VIP 고객으로 등록하다 → joining a membership 회원 가입

어휘 place an advance order 사전 주문하다 join ~에 가입하다, ~에 합류하다 contact ~에게 연락하다 make a down payment 선금을 지불하다, 계약금을 지불하다

ACTUAL LISETENING 기출 문제 풀이

정답

1. (d)	2. (a)	3. (a)	4. (b)	5. (c)	6. (b)

1-6

Good day to all of you magicians out there! I'm pleased to announce that [1] we have officially opened ticket sales for the twenty-second annual Wizard Con, the biggest magicians' conference in the country. If you've never been to Wizard Con, allow me to tell you what it's all about and introduce some of the activities we have in store this year.

세상의 모든 마술사 여러분 안녕하세요! 전국에서 가장 규모가 큰 마술사 컨퍼런스인 제22회 연례 위저드 콘에 대한 입장권 판매를 공식적으로 개시했음을 알려 드리게 되어 기쁩니다. 저희 위저드 콘테스트에 와 보신 적이 전혀 없으시다면, 제가 그 모든 것에 관해 알려 드리고 저희가 올해 마련한 몇몇 활동들도 소개해 드리겠습니다.

The original Wizard Con staple is, of course, the Trick Exchange, an open market for magicians to purchase props, equipment, and even trick guides. Popular makers of magic accessories will have booths set up in the main hall of the convention center. Company representatives will be available to demonstrate their products, answer questions, and take special orders for the unique items you may need for future performances. [2] If you order any custom-made items, the products will be created and shipped within no more than two business days, guaranteed.

원래 위저드 콘의 주된 요소는, 당연히, '트릭 익스체인지'로서, 이는 마술사들이 소품과 장비, 심지어 마술 가이드까지 구입할 수 있는 공개 시장입니다. 마술 부대용품의 인기 있는 제조사들이 컨벤션 센터의 본관에 부스를 설치할 것입니다. 회사 대표자들이 각자의 제품을 시연하고, 질문에 답변해 드리며, 여러분께서 미래의 공연에 필요하실 수 있는 독특한 제품에 대한 특별 주문도 받을 수 있을 것입니다. 어떤 맞춤 제작 제품이든 주문하시는 경우, 해당 제품이 불과 이틀 만에 제작되어 배송된다는 점을 보장해 드립니다.

Next up, we are encouraging all attendees to participate in our trick competition. This year, we're pleased to announce that we'll have a celebrity judge joining us. [3] Famous magician Max Hamilton, recently back from his sold-out European tour, will be joining our judging panel of specialists. Contestants will perform their own original tricks in front of the judges. If the panel is unable to determine how your trick was done, you will advance to the finals, which will be held later this year at the Starlight Palace Theater in Las Vegas. The winner of the final competition will receive a twenty-thousand-dollar prize.

다음으로, 저희는 모든 참석자들께 저희 마술 경연 대회에 참가하시도록 권해 드립니다. 올해는, 유명 인사 한 분께서 심사 위원으로 함께 자리하실 것이라는 사실을 알려 드리게 되어 기쁩니다. 최근 전석 매진을 기록한 유럽 투어에서 돌아 오신, 유명 마술사 맥스 해밀턴 씨께서 저희 전문가 심사 위원단에 합류하실 예정입니다. 참가자들께서 이 심사 위원들 앞에서 각자의 독창적인 마술을 공연하게 됩니다. 심사 위원단이 여러분의 마술이 어떻게 된 것인지 밝혀 내지 못하는 경우, 결선에 진출하시게 될 것이며, 이는 라스베가스의 스타라이트 팰리스 시어터에서 올 하반기에 개최됩니다. 결선 대회 우승자께서는 2만 달러의 상금을 받습니다.

Another popular part of Wizard Con is our annual fashion display. We know that in the magic business, style is an important part of your act. We'll be showcasing outfits that not only look great but also offer the special features magicians need — most importantly, secret pockets where you can hide anything from a handkerchief to a white rabbit. [4] All the outfits are available to buy, but supplies are limited. Don't wait too long to check out what we have in stock!

위저드 콘의 인기 있는 또 다른 부분은 저희 연례 패션 전시회입니다. 저희는 마술 업계에서, 스타일이 여러분의 공연에서 중요한 일부분임을 알고 있습니다. 저희는 훌륭해 보일 뿐만 아니라, 마술사들이 필요로 하는 특별한 특징들, 그 중 가장 중요한, 손수건에서부터 흰토끼에 이르기까지 어떤 것이든 숨길 수 있는 비밀 주머니까지 제공해 드리는 복장을 선보일 것입니다. 모든 복장은 구입 가능하지만, 공급량은 제한되어 있습니다. 저희가 재고로 보유하고 있는 것을 확인하기 위해 너무 오래 기다리지 마십시오!

Finally, we at Wizard Con want to make our community as friendly and welcoming to children as possible. That's why [5] we have a special magic workshop for young ones interested in learning a few new skills. A crew of professional magicians will amaze your children with some basic magic before teaching them how to perform tricks themselves. Little ones can learn anything from card magic to pulling ping pong balls out of their ears!

마지막으로, 저희 위저드 콘은 우리 지역 사회를 가능한 한 아이들에게 친절하고 따뜻한 곳으로 만들고 싶습니다. 그것이 바로 저희가 몇 가지 새로운 기술을 터득하는 데 관심이 있는 어린 마술사들을 위한 특별 마술 워크숍을 여는 이유입니다. 전문 마술사로 구성된 팀이 직접 마술을 공연하는 방법을 가르쳐 드리기 전에 몇몇 기본적인 마술로 여러분의 아이들을 놀라게 해 드릴 것입니다. 어린 마술사들은 카드 마술에서부터 귀에서 탁구공을 꺼내는 것에 이르기까지 어떤 것이든 배울 수 있습니다!

We would love nothing more than to see the magic community grow, and that's why we're offering a special promotion on tickets. [6] For every two tickets you buy, you'll receive one extra for free. So, come on down to Wizard Con, and bring your friends along for a magical time!	저희는 마술 업계가 성장하는 모습을 보는 것 외에는 더 이상 바라는 것이 없으며, 이것이 바로 저희가 입장권에 대해 특별 판촉 행사를 제공해 드리는 이유입니다. 구입하시는 모든 입장권 두 장에 대해, 무료로 추가 한 장을 더 받으시게 됩니다. 그래서, 저희 위저드 콘에 찾아 오시기 바라며, 친구분들과 함께 오셔서 마법 같은 시간을 즐겨 보시기 바랍니다!

어휘 officially 공식적으로, 정식으로 annual 연례적인, 해마다의 allow + 목적어 + to 동사원형: (목적어)에게 ~할 수 있게 해 주다 introduce ~을 소개하다 have + 목적어 + in store: (목적어)를 마련하다 original 원래의, 독창적인 props 소품 equipment 장비 accessories 부대용품 have + 목적어 + p.p.: (목적어)를 ~되게 하다 set up ~을 설치하다, ~을 준비하다 representative 명 대표자, 직원 be available to 동사원형: ~할 수 있다 demonstrate ~을 시연하다, ~을 시범 보이다 unique 독특한, 특별한 performance 공연, 연기, 연주 custom-made 맞춤 제작의 no more than 불과 ~인, 겨우 ~인 guarantee ~을 보장하다 encourage + 목적어 + to 동사원형: (목적어)에게 ~하도록 권하다 attendee 참석자 participate in ~에 참가하다 competition 경연 대회, 경기 대회 celebrity 유명인 judge 심사 위원 recently 최근 sold-out 매진된, 품절된 contestant (시합 등의) 참가자, 경쟁자 be unable to 동사원형: ~할 수 없다 determine ~을 밝혀 내다 advance to ~로 진출하다, ~로 나아가다 hold ~을 개최하다 receive ~을 받다 showcase ~을 선보이다 outfit 복장, 옷 not only A but also B: A뿐만 아니라 B도 feature 특징 supplies 공급량, 공급 물품 limited 제한된 have + 목적어 + in stock: (목적어)를 재고로 보유하다 as A as possible: 가능한 한 A한 welcoming (마음 등이) 따뜻한, 따뜻하게 맞이하는 crew (함께 작업하는) 팀, 조 amaze ~을 놀라게 하다 how to 동사원형: ~하는 방법 would love nothing more than to 동사원형: ~하는 것에는 외에 더 이상 바라는 것이 없다 see + 목적어 + 동사원형: (목적어)가 ~하는 모습을 보다 promotion 판촉 (행사), 홍보, 촉진 receive ~을 받다 extra 추가되는 것 for free 무료로 bring + 목적어 + along: (목적어)를 데려 오다

1. 주제/목적

What is the talk mainly about? (a) a magic shop opening (b) a magician's charity event (c) a brand-new magic show (d) a convention for magicians	담화가 주로 무엇에 관한 것인가? (a) 마술용품 매장 개장 (b) 한 마술사의 자선 행사 (c) 완전히 새로운 마술 쇼 (d) 마술사들을 위한 컨벤션

정답 (d)

해설 화자가 담화를 시작하면서 전국에서 가장 규모가 큰 마술사 컨퍼런스인 제22회 연례 위저드 콘에 대한 입장권 판매를 공식적으로 시작했음을(we have officially opened ticket sales for the twenty-second annual Wizard Con, the biggest magicians' conference in the country) 알린 후, 그 행사와 관련된 정보를 이야기하고 있으므로 (d)가 정답이다.

어휘 charity 자선 (활동), 자선 단체 brand-new 완전히 새로운

패러프레이징 magicians' conference → convention for magicians

2. 세부정보

What do companies guarantee for special-order items? (a) They promise rapid processing. (b) They offer a two-year repair warranty. (c) They promise free returns. (d) They offer discounts on large orders.	업체들은 특별 주문 제품에 대해 무엇을 보장하는가? (a) 빠른 처리를 약속한다. (b) 2년 기간의 수리 보증을 제공한다. (c) 무료 반품을 약속한다. (d) 대량 주문에 대해 할인을 제공한다.

정답 (a)

해설 질문의 키워드인 special-order items가 custom-made items로 언급된 부분에서 어떤 맞춤 제작 제품이든 주문하는 경우에 제품이 불과 이틀 만에 제작되어 배송된다는 점을 보장한다고(If you order any custom-made items, the products will be created and shipped within no more than two business days, guaranteed) 알리고 있다. 이는 빠른 배송 처리를 보장한다는 뜻이므로 (a)가 정답이다.

어휘 promise ~을 약속하다 processing 처리 (과정) warranty 품질 보증(서) return 반품, 반환

패러프레이징 will be created and shipped within no more than two business days, guaranteed → promise rapid processing

3. 세부 정보

Who will decide on the finalists for the trick competition? (a) a panel of experts (b) fellow contestants (c) several celebrity judges (d) all event attendees	누가 마술 대회 결선 진출자를 결정할 것인가? (a) 전문가 위원단 (b) 동료 참가자들 (c) 여러 유명인 심사 위원들 (d) 모든 행사 참석자

정답 (a)

해설 질문의 키워드인 trick competition이 언급된 부분에서 유명 마술사 맥스 해밀턴 씨가 전문가 심사 위원단에 합류한다는(Famous magician Max Hamilton, recently back from his sold-out European tour, will be joining our judging panel of specialists) 정보가 제시되므로 (a)가 정답이다.

어휘 decide on ~을 결정하다 finalist 결선 진출자 expert 전문가 fellow 동료의, 또래의

패러프레이징 our judging panel of specialists → a panel of experts

4. 세부정보

Why might listeners hurry to see the fashion display? (a) to meet a celebrity (b) to purchase an outfit (c) to enter a raffle (d) to receive a free gift	청자들이 왜 패션 전시회를 보기 위해 서둘러야 할 수도 있는가? (a) 유명인을 만나기 위해 (b) 옷 한 벌을 구입하기 위해 (c) 경품 추첨 행사에 참가하기 위해 (d) 무료 선물을 받기 위해

정답 (b)

해설 질문의 키워드인 fashion display가 언급된 부분에서 화자는 모든 복장은 구입 가능하지만 공급량이 제한되어 있기 때문에 너무 오래 기다리지 말라고(All the outfits are available to buy, but supplies are limited. Don't wait too long to check out what we have in stock!) 당부하고 있다. 이는 신속히 해당 의류 제품을 구입하도록 당부하는 것이므로 (b)가 정답이다.

어휘 enter ~에 참가하다 raffle 경품 추첨 행사

패러프레이징 outfits are available to buy → purchase an outfit

5. 세부정보

Why will the organizers hold a special magic workshop? (a) to raise money for charity (b) to promote a local academy (c) to inspire kids to join in (d) to advertise certain products	주최측에서 특별 마술 워크숍을 개최할 이유는 무엇인가? (a) 자선 기금을 마련하기 위해 (b) 지역 학교를 홍보하기 위해 (c) 아이들에게 함께 하도록 영감을 주기 위해 (d) 특정 제품을 광고하기 위해

정답 (c)

해설 질문의 키워드인 special magic workshop이 언급된 부분에서 새로운 기술을 터득하는 데 관심이 있는 어린 마술사들을 위한 특별 마술 워크숍을 연다는(we have a special magic workshop for young ones interested in learning a few new skills) 내용이 언급되었다. 이는 마술에 관심이 있는 아이들에게 함께 하도록 권장하기 위한 조치에 해당하므로 (c)가 정답이다.

어휘 organizer 주최자, 조직자 raise money 기금을 마련하다, 모금하다 promote ~을 홍보하다 local 지역의, 현지의 inspire + 목적어 + to 동사원형: (목적어)에게 ~하도록 영감을 주다 advertise ~을 광고하다 certain 특정한, 일정한

6. 세부 정보

How can guests get a free ticket? (a) by registering in advance (b) by purchasing two at a time (c) by posting on social media (d) by joining the magicians' club	손님들은 어떻게 무료 입장권을 받을 수 있는가? (a) 사전 등록함으로써 (b) 한 번에 두 장을 구입함으로써 (c) 소셜 미디어에 글을 게시함으로써 (d) 마술사 동호회에 가입함으로써

정답 (b)

해설 질문의 키워드인 free와 ticket이 언급된 부분에서 두 장을 구입하면 추가 한 장을 무료로 받는다고(For every two tickets you buy, you'll receive one extra for free) 알리고 있으므로 (b)가 정답이다.

어휘 free 무료의 register 등록하다 in advance 미리, 사전에 post 글을 게시하다

패러프레이징 every two tickets you buy → purchasing two at a time

PART 3 2인 대화: 두 화제(A, B)의 장/단점 비교

확인 문제

정답

40. W 걱정 E discuss ?
What concern is Elizabeth discussing with Johnny?

41. W E&J like 해변에서 ?
Based on the conversation, what do Elizabeth and Johnny both like to do at the beach?

42. W make E 주저 to visit 해변 ?
What could make Elizabeth reluctant to visit the beach?

43. H E make 최대 휴가 home ?
How can Elizabeth make the most out of her vacation by staying home?

44. Y E 지루함 if 집에 주말동안 ?
Why would Elizabeth be bored if she stays home over the weekend?

45. W E 추론 to do ?
What has Elizabeth most likely decided to do?

어휘 concern 걱정, 우려 reluctant to 동사원형: ~하기를 주저하는, ~하기를 망설이는 make the most out of ~을 최대한 이용하다 bored 지루한

문제 풀이 연습

정답
40. (d) 41. (a) 42. (c) 43. (a) 44. (b) 45. (c)

40. 세부 정보

Why has Christine been thinking about a new file storage option? (a) Her desktop is disorganized. (b) She would like better security. (c) Her laptop has been slow lately. (d) She needs space for work files.	크리스틴 씨가 왜 새로운 파일 저장 선택권과 관련해 계속 생각하고 있는가? (a) 자신의 데스크톱 컴퓨터가 체계적이지 못하다. (b) 더 나은 보안을 원한다. (c) 자신의 노트북 컴퓨터가 최근에 느려졌다. (d) 업무용 파일을 위한 공간이 필요하다.

정답 (d)

해설 대화 초반부에 여자가 노트북 컴퓨터에 파일들이 가득해 지고 있다고 밝히면서 홍보용 연설에서 사용하는 파일들을 위해 더 많은 저장 공간을 확보하는 것에 관해 생각해 보고 있다고(I've been thinking about getting more storage for the files that I use in my promotional talks) 알리고 있으므로 (d)가 정답이다.

> 남: 안녕하세요, 크리스틴 씨! 행사 기획 사업은 어떻게 되어 가고 있나요?
> 여: 아, 안녕하세요, 로렌스 씨! 그 사업으로 요즘 계속 바빴어요. 사실, 다른 주에 계신 몇몇 고객들을 이번 주에 만나 뵈어야 합니다.
> 남: 잘 되어 가고 있군요! 좋은 소식에 기쁩니다.
> 여: 감사합니다. 하지만, 약간의 문제가 있어요. 제가 발표를 많이 하기 때문에, 제 노트북 컴퓨터가 빠르게 파일들로 가득해 지고 있거든요. 제가 홍보용 연설에서 사용하는 파일들을 위해 더 많은 저장 공간을 확보하는 것에 관해 계속 생각해 보고 있어요.

어휘 disorganized 체계적이지 못한 would like ~을 원하다, ~으로 하고 싶다 How's A doing?: A는 어떻게 되어 가고 있나요? out-of-state 다른 주에 있는 a bit of 약간의, 조금의 fill up with ~로 가득 차다 storage 저장 (공간), 보관(소) promotional 홍보의, 판촉의

41. 세부 정보

Why is using external hard drive storage ideal for Christine's business trips? (a) because it provides easy access (b) because it fits in her luggage (c) because it is password-protected (d) because it charges quickly	외장 하드 드라이브 저장 공간을 이용하는 것이 왜 크리스틴 씨의 출장에 이상적인가? (a) 더 수월한 접근성을 제공해 주기 때문에 (b) 자신의 짐에 크기가 적합하기 때문에 (c) 비밀번호로 보호되기 때문에 (d) 빠르게 충전되기 때문에

정답 (a)

해설 여자가 외장 하드 드라이브 저장 공간 이용이 이상적이라고 생각하는 이유로 출장 중에서 어디에 있든 하드 드라이브에서 곧바로 문서를 꺼낼 수 있다는 점을(I think that using an external hard drive to store data is ideal ~I can retrieve documents directly from a hard drive and deliver talks wherever I am) 언급하고 있다. 이는 편리한 접근성을 말하는 것이므로 (a)가 정답이다.

> 남: 아마 우리가 각각의 선택권이 지닌 장단점을 이야기해 보면 도움이 될 겁니다.
> 여: 좋은 생각이에요. 첫 번째 선택권부터 시작해 보죠. 데이터 저장을 위해 외장 하드 드라이브를 이용하는 게 제겐 이상적이라고 생각하는데, 제가 출장 중에 발표를 하기 때문이에요. 제가 어디에 있든 하드 드라이브에서 곧바로 문서를 꺼내 연설할 수 있어요.
> 남: 그렇죠. 하드 드라이브가 있으면, 파일을 더 빠르게 이용할 수 있는데, 비밀번호를 입력하거나 파일을 다운로드하기 위해 인터넷에 접속할 필요가 없을 것이기 때문이죠.

어휘 fit (크기 등이) 적합하다, 어울리다 luggage 짐, 수하물 charge 충전되다 pros and cons 장단점 ideal 이상적인 retrieve (자료 등) ~을 꺼내다, ~을 되찾아 오다 access 명 이용 (권한), 접근 (권한) 동 ~을 이용하다, ~에 접근하다 connect to ~에 연결되다

42. 세부 정보

What could be a problem if Christine uses a hard drive when giving presentations?	크리스틴 씨가 발표할 때 하드 드라이브를 이용하면 무엇이 문제가 될 수 있는가?
(a) that it could get lost (b) that files could be deleted (c) that it could become damaged (d) that files could be stolen	(a) 분실될 수 있다는 점 (b) 파일이 삭제될 수 있다는 점 (c) 손상될 수 있다는 점 (d) 파일이 도난될 수 있다는 점

정답 (c)

해설 여자가 하드 드라이브가 손상될 수 있다는 점이 우려된다고 말하면서 막 연설하려고 할 때 서두르는 경향이 있다고(~ what I'm concerned about is that a hard drive can get damaged. I tend to rush when I'm about to give a talk ~) 밝히고 있으므로 (c)가 정답이다.

여: 맞아요. 하지만 제가 우려하는 건 하드 드라이브가 손상될 수 있다는 점이에요. 저는 막 연설하려고 할 때 서두르는 경향이 있는데, 하드 드라이브가 제 가방 안에서 망가지게 될지도 몰라서 불안해요. 발표를 시작하는데 드라이브가 작동하지 않는다는 사실을 알게 되고 싶진 않을 거예요.

남: 당연히 그러고 싶지 않죠! 하드 드라이브와 관련해 또 다른 점은 오류가 날 수도 있다는 거예요. 저장 장치가 오래될수록, 파일들이 심지어 더 이상 이용할 수 없을 때까지 질적으로 저하되거나 형편없어지기 시작할 수 있어요.

어휘 be concerned about ~에 대해 우려하다 get p.p. ~된 상태가 되다 damaged 손상된, 피해를 입은 tend + to 동사원형: ~하는 경향이 있다 rush 서두르다 be about + to 동사원형: 막 ~하려 하다 bang up ~을 망가뜨리다, ~을 손상시키다 only + to 동사원형: (결과적으로) ~하게 되다, ~할 뿐이다 work 작동하다, 효과가 있다 corrupt ~에 오류를 일으키다 age 오래되다, 낡아지다 degrade 질이 저하되다 not ~ anymore 더 이상 ~ 않다

43. 세부 정보

According to Lawrence, how can using cloud storage be convenient for Christine?	로렌스 씨의 말에 따르면, 클라우드 저장 공간을 이용하는 것이 어떻게 크리스틴 씨에게 편리할 수 있는가?
(a) by enabling her to share files (b) by allowing for faster software updates (c) by keeping all her files in order (d) by extending the laptop's battery life	(a) 파일을 공유할 수 있게 함으로써 (b) 더 빠른 소프트웨어 업데이트를 가능하게 함으로써 (c) 모든 파일을 순차적으로 유지하게 함으로써 (d) 노트북 컴퓨터의 배터리 수명을 연장함으로써

정답 (a)

해설 남자가 클라우드 저장 공간이 지닌 한 가지 편리한 점으로 공유 가능하다는 특징을(~ another convenient thing about cloud storage is that it's shareable) 언급하고 있으므로 (a)가 정답이다.

여: 자, 온라인 저장 공간의 한 가지 장점은 제가 다른 무엇도 직접 휴대하고 다닐 필요가 없다는 거예요. 이 선택으로, 제 노트북 컴퓨터를 또 다른 장치에 부착할 필요 없이 파일을 열 수 있죠.

남: 좋은 지적입니다. 계정에 로그인해서 버튼만 몇 개 클릭하기만 하면 되죠.

여: 맞아요.

남: 그리고 클라우드 저장 공간과 관련해 편리한 또 다른 점은 공유가 가능하다는 겁니다. 고객들에게 링크를 전송하기만 하면, 공유하고자 하는 문서를 이용할 수 있죠.

어휘 enable + 목적어 + to 동사원형: (목적어)에게 ~할 수 있게 해 주다 allow for ~을 가능하게 하다 in order 순차적으로 extend ~을 연장하다 advantage 장점 (↔ disadvantage) carry A around: A를 갖고 다니다 without having + to 동사원형: ~할 필요 없이 attach A to B: A를 B에 부착하다 device 기기, 장치 Good point 좋은 지적입니다 All you'll have to do is + 동사원형: ~하기만 하면 될 것입니다 log into ~에 로그인하다 account 계정, 계좌 convenient 편리한 shareable 공유할 수 있는

44. 세부 정보

Why is Christine worried about using cloud storage? (a) because of limited access (b) because of security concerns (c) because of constant updates (d) because of price increases	크리스틴 씨가 왜 클라우드 저장 공간을 이용하는 것과 관련해 걱정하는가? (a) 제한적인 이용 권한 때문에 (b) 보안 우려 때문에 (c) 지속적인 업데이트 때문에 (d) 가격 인상 때문에

정답 (b)

해설 여자가 자신의 계정이 해킹 당할 리 없다고 정말로 확신하지 못한다는(I'm not really confident that my account can't be hacked) 문제를 언급하고 있다. 이는 계정 보안 문제를 걱정하고 있다는 뜻이므로 (b)가 정답이다.

여: 그게 제게 좋을 거예요. 제게 많은 고객들이 있는데, 그분들에게 파일을 보내 드리기 위해 일일이 이메일을 보내 드릴 필요가 없을 테니까요. 하지만, 제가 온라인 저장에 관해 갖고 있는 한 가지 걱정은 제 파일의 안전과 관련되어 있어요.
남: 왜 그런 걸까요?
여: 음, 클라우드 저장 호스트가 개인 정보 보호와 보안을 보장해 준다는 건 사실이에요. 하지만, 제 계정이 해킹 당할 리 없다고 정말로 확신하지 못해요. 제 파일들이 "클라우드"에 있을 때 유출되지 않는다는 주장에 대해서도 회의적이고요.

어휘 limited 제한적인 constant 지속적인, 끊임없는 increase 인상, 증가 concern ~와 관련되다 guarantee ~을 보장하다 be confident that ~라고 확신하다 be skeptical of ~에 대해 회의적이다 the claim that ~하다는 주장 leak ~을 유출시키다

45. 추론

What has Christine most likely decided to do after the conversation? (a) buy a different laptop computer (b) get a portable storage device (c) subscribe to an online service (d) bring paper files during her trips	크리스틴 씨가 대화 후에 무엇을 하기로 결정했을 것 같은가? (a) 다른 노트북 컴퓨터를 구입하는 일 (b) 휴대용 저장 장치를 구입하는 일 (c) 한 가지 온라인 서비스에 가입하는 일 (d) 출장 중에 종이 파일을 챙겨 가는 일

정답 (c)

해설 여자가 고객들과 모두 한꺼번에 파일을 공유할 수 있게 해 주는 선택사항을 고를 것 같다고(I think I'll choose the option that allows me to share files with my clients all at once) 언급하고 있다. 이는 43번에서 남자가 언급하는 클라우드 저장 공간의 한 가지 장점에 해당하므로 (c)가 정답이다.

남: 그럼 어떤 생각이 드셨나요?
여: 제가 고객들과 모두 한꺼번에 파일을 공유할 수 있게 해 주는 선택사항을 고를 것 같아요. 도와 주셔서 감사해요, 로렌스 씨!
남: 별 말씀을요, 크리스틴 씨.

어휘 portable 휴대용의 subscribe to (서비스 등) ~에 가입하다, ~을 구독하다 come up with (아이디어 등) ~을 생각해 내다, ~을 제시하다 choose ~을 선택하다 allow + 목적어 + to 동사원형: (목적어)에게 ~할 수 있게 해 주다 all at once 모두 한꺼번에

LISTENING EXERCISE

정답

1. (b)	2. (d)	3. (d)	4. (a)	5. (a)	6. (c)	7. (d)
8. (b)	9. (c)	10. (a)				

1-3

F: Hey, Andrew! I heard you're thinking about trading in your car?	여: 안녕하세요, 앤드류 씨! 갖고 계신 자동차를 보상 판매로 내놓으실 생각이시라고 들었어요.
M: That's right, Brandi. As you know, my current one is old and gets such terrible gas mileage. [1] I want to cut down on the amount of pollution that I make.	남: 맞아요, 브랜디 씨. 아시다시피, 제가 현재 갖고 있는 자동차가 오래돼서 연비가 아주 끔찍해요. 제가 만들어내는 오염 물질의 양을 줄이고 싶어서요.
F: That's a good idea. You know, I heard that Smithtown Auto is doing a special promotion for hybrids and electric vehicles.	여: 좋은 생각이에요. 있잖아요, 스미스타운 오토에서 하이브리드 및 전기 차량에 대해 특별 판촉 행사를 한다고 들었어요.
M: I was thinking of going there, actually. But I'm not sure which type of vehicle would suit my needs better. Could you help me discuss their pros and cons?	남: 실은, 저도 그곳에 가볼 생각이었어요. 하지만 어떤 종류의 차량이 제 요건에 더 잘 맞을지 잘 모르겠어요. 그 장단점을 이야기하도록 좀 도와 주시겠어요?
F: Of course! First off, electric vehicles are great because they have almost no emissions. They only run on batteries, which have become much more powerful in recent years. [2] You can go farther than you might expect on a single charge!	여: 물론이죠! 우선, 전기 차량이 아주 좋은 이유는 배출 물질이 거의 없다는 점이에요. 오직 배터리로만 주행하는데, 그게 최근 몇 년 사이에 훨씬 더 강력해졌어요. 단 한 번의 충전으로 예상하실 수 있을 만한 것보다 더 멀리 갈 수 있어요!
M: That sounds great, but what if the batteries run out while I'm going somewhere?	남: 아주 좋은 것 같긴 하지만, 제가 어디론가 가고 있는 도중에 배터리가 다 떨어지면 어떻게 하죠?
F: That is their downside. They require a charging station that is compatible with the car. A hybrid, however, could switch between electric and gas power.	여: 그게 단점이에요. 그 자동차와 호환이 되는 충전소를 필요로 하죠. 하지만, 하이브리드 차량은 전기 동력과 휘발유 동력 사이에서 바꿀 수 있어요.
M: True, but wouldn't that still end up being harmful to the environment?	남: 그렇긴 하지만, 그게 여전히 결국 환경에 유해하지 않을까요?
F: Well, you could just try to minimize the amount of miles you drive using gas. So, do you know which one you're going to go with?	여: 음, 휘발유를 이용해서 운전하시는 마일 수를 최소화하도록 해보실 수 있을 거예요. 그럼, 어느 것으로 하실 생각이신지 알게 되셨나요?
M: Hmm... [3] I have an appointment at a dealership this Saturday. I'd like to see how it feels behind the wheel before committing to my new car.	남: 흠... 제가 이번 주 토요일로 자동차 대리점에 시간을 예약했어요. 새 자동차 구입을 약속하기 전에 운전석에 앉아서 어떤 느낌인지 확인해 보고 싶어요.

어휘 trade in ~을 보상 판매하다 current 현재의 terrible 끔찍한 gas mileage 연비 cut down on ~을 줄이다 pollution 오염 (물질) promotion 판촉, 홍보 vehicle 차량 suit ~에게 알맞다, ~에게 적합하다 help + 목적어 + 동사원형: ~하도록 (목적어)를 돕다 discuss ~을 이야기하다, ~을 논의하다 pros and cons 장단점 emission 배출 (물질) run 주행하다 much (비교급 수식) 훨씬 recent 최근의 farther 더 멀리(far의 비교급) expect ~을 예상하다 charge 충전 run out 다 떨어지다, 다 쓰다 downside 단점 be compatible with ~와 호환이 되다 switch 바뀌다, 전환되다 end up -ing 결국 ~하게 되다 harmful 유해한 try to 동사원형: ~하려 하다 minimize ~을 최소화하다 go with (결정 등) ~로 하다 appointment 예약 dealership 자동차 대리점 would like to 동사원형: ~하고 싶다, ~하고자 하다 behind the wheel 운전석에 앉아 commit to ~을 약속하다

1. 세부정보

Why does Andrew want to trade in his car? (a) to get a bigger vehicle (b) to create less pollution (c) to save on driving expenses (d) to take advantage of an offer	앤드류 씨는 왜 자신의 자동차를 보상 판매로 내놓고 싶어하는가? (a) 더 큰 차량을 구입하기 위해 (b) 오염 물질을 덜 만들어내기 위해 (c) 운전에 드는 지출 비용을 절약하기 위해 (d) 특가 서비스를 이용하기 위해

정답 (b)

해설 대화 초반부에 남자는 연비가 끔찍하다는 사실과 함께 자신이 만들어내는 오염 물질의 양을 줄이고 싶다고(I want to cut down on the amount of pollution that I make) 알리고 있으므로 (b)가 정답이다.

패러프레이징 cut down on the amount of pollution 오염 물질의 양을 줄이다 → create less pollution 오염 물질을 덜 만들어내다

어휘 create ~을 만들어내다 save on ~을 절약하다 expense 지출 비용, 경비 take advantage of ~을 이용하다 offer 특가 서비스, 할인

2. 세부정보

What benefit of electric vehicles does Brandi mention? (a) their cheap upkeep (b) their comfortable interiors (c) their universal compatibility (d) their surprisingly long range	브랜디 씨는 전기 차량의 어떤 이점을 언급하는가? (a) 저렴한 유지 비용 (b) 편안한 실내 (c) 보편적인 호환성 (d) 놀라울 정도로 긴 이동 범위

정답 (d)

해설 여자가 대화 중반부에 전기 자동차의 장점을 언급하면서 단 한 번의 충전으로 예상할 수 있을 만한 것보다 더 멀리 갈 수 있다고(You can go farther than you might expect on a single charge) 알리고 있다. 이는 긴 이동 범위를 설명하는 말에 해당되므로 (d)가 정답이다.

패러프레이징 go farther than you might expect 예상할 수 있을 만한 것보다 더 멀리 가다 → surprisingly long range 놀라울 정도로 긴 이동 범위

어휘 benefit 이점, 혜택 upkeep 유지 (관리) comfortable 편안한, 편한 universal 보편적인, 일반적인 compatibility 호환성 surprisingly 놀라울 정도로 range 범위, 거리

3. 추론

What will Andrew most likely do this weekend? (a) take a road trip (b) purchase a hybrid car (c) e-mail a car dealership (d) test drive an electric vehicle	앤드류 씨는 이번 주말에 무엇을 할 것 같은가? (a) 장거리 자동차 여행을 떠나는 일 (b) 하이브리드 자동차를 구입하는 일 (c) 자동차 대리점에 이메일을 보내는 일 (d) 전기 자동차를 시운전해보는 일

정답 (d)

해설 대화 맨 마지막 부분에 남자가 이번 주 토요일로 자동차 대리점에 시간을 예약한 사실과 함께 운전석에 앉아서 어떤 느낌인지 확인해 보고 싶다고(I'd like to see how it feels behind the wheel before committing to my new car) 말하고 있다. 이는 시운전을 해보고 결정하겠다는 뜻으로 볼 수 있으므로 (d)가 정답이다.

어휘 road trip 장거리 자동차 여행 purchase ~을 구입하다 test drive ~을 시운전하다

4-6

M: Hey, Cheryl. You look worried. What's up?	남: 안녕하세요, 셰릴 씨. 걱정이 있어 보이시네요. 무슨 일 있으세요?
F: Hi, Victor. I was just thinking about my cousin, Alex. He asked me if he should go to college to become a doctor or an engineer.	여: 안녕하세요, 빅터 씨. 제 사촌동생인 알렉스 생각을 막 하고 있었어요. 저에게 대학에 가서 의사가 되어야 할지, 아니면 엔지니어가 되어야 할지 물어봤거든요.
M: Well, since we're a little older, let's talk about the benefits and downsides of each option. First, [4] why do you think he'd be a good doctor?	남: 음, 우리가 나이가 조금 더 있으니까, 각 선택 사항에 대한 이점과 단점에 관해 얘기해봐요. 우선, 그가 왜 좋은 의사가 될 거라고 생각하세요?
F: [4] He's always been at the top of his class in biology and health studies. His hands are steady and precise, so he would be great as a surgeon.	여: 생물학 및 의료 관련 학업에 있어서 항상 반에서 최고였거든요. 손을 떨지 않고 꼼꼼하기 때문에, 외과의사로서 아주 좋을 거예요.
M: That's great! But didn't he do good in math and physics, too? I don't think he necessarily needs to be pushed into medicine.	남: 아주 좋네요! 하지만 수학과 물리학도 잘 하지 않았나요? 의학을 공부해야 한다는 압박감을 꼭 받을 필요는 없을 것 같아요.
F: Hmm... I see your point. Besides, he really hates blood. He gets sick whenever he sees someone bleed. So, what are some benefits of becoming an engineer?	여: 흠... 무슨 말씀인지 알겠어요. 게다가, 정말로 피를 싫어해요. 누군가가 피를 흘리는 걸 볼 때마다 메스꺼워 해요. 그럼, 엔지니어가 되는 것의 이점으로 어떤 게 있을까요?
M: Oh, there are lots. For one, you could be asked to participate in jobs all over the world. So, [5] he could get chances to get paid to travel for work.	남: 아, 많습니다. 우선은, 전 세계 각지의 일에 참가하도록 요청 받을 수 있어요. 그래서, 일을 위해 여행을 다니면서 보수를 받을 수 있는 기회를 얻을 수 있죠.
F: I'm sure he would like that. But some construction sites have really long working hours, right?	여: 그건 분명 좋아할 거예요. 하지만 어떤 건설 현장은 작업 시간이 정말 길죠?
M: Yes, especially during the summer when there's more daylight. So, what do you think you'll tell him to do?	남: 네, 특히 일조량이 더 많은 여름 기간에 그렇죠. 그럼, 사촌동생에게 뭘 하라고 말씀하실 것 같으세요?
F: Well, right now he doesn't even have a passport. Maybe it would be best to put off the decision, and just focus on the basics of each for now.	여: 음, 지금은 심지어 여권도 없어요. 아마 그 결정은 미루고 일단은 각각의 기본에만 초점을 맞추는 게 가장 좋을 거예요.
M: I think that sounds like good advice. [6] Lots of people start out with more than one major and decide later on which one they really want to pursue a career in.	남: 좋은 조언인 것 같아요. 많은 사람들이 한 가지 이상의 전공으로 시작했다가 정말로 추구하기를 원하는 진로를 나중에 결정합니다.

어휘 look 형용사: ~하게 보이다, ~한 것 같다 What's up? 무슨 일 있으세요?, 잘 지내세요? benefit 이점, 혜택 downside 단점, 부정적인 면 biology 생물학 steady 흔들리지 않는 precise 꼼꼼한, 정확한 surgeon 외과의사 physics 물리학 not ~ necessarily 꼭 ~할 필요는 없다 be pushed into ~에 대한 압박감을 받다 medicine 의학 see one's point ~가 말하는 것을 이해하다, ~의 요점을 알다 sick 메스꺼운, 아픈 whenever ~할 때마다 see + 목적어 + 동사원형: (목적어)가 ~하는 것을 보다 be asked to 동사원형: ~하도록 요청 받다 participate in ~에 참가하다 get paid 보수를 받다, 급여를 받다 site 현장, 부지, 장소 tell + 목적어 + to 동사원형: (목적어)에게 ~하라고 말하다 it would be best to 동사원형: ~하는 게 가장 좋을 것이다 put off ~을 미루다 decision 결정 focus on ~에 초점을 맞추다 basics 기본, 기초 major 전공 decide on ~을 결정하다 pursue ~을 추구하다 career 진로, 경력

4. 세부정보

According to the conversation, why would Alex make a good doctor? (a) He got good grades in biology classes. (b) He took part in a medical internship. (c) He watches lots of hospital dramas. (d) He likes working with older people.	대화 내용에 따르면, 알렉스는 왜 좋은 의사가 될 것인가? (a) 생물학 수업에서 좋은 성적을 받았다. (b) 의료 인턴 프로그램에 참가했다. (c) 의학 드라마를 많이 본다. (d) 나이가 더 많은 사람들과 일하는 것을 좋아한다.

정답 (a)

해설 대화 초반부에 남자가 왜 알렉스가 좋은 의사가 될 거라고 생각하는지 묻자, 여자가 알렉스는 생물학 수업에서 반에서 최고였다고(He's always been at the top of his class in biology ~) 알리고 있다. 이는 생물학에서 좋은 점수를 받았다는 뜻이므로 (a)가 정답이다.

패러프레이징 the top of his class in biology 생물학 수업에서 반에서 최고 → got good grades in biology classes 생물학 수업에서 좋은 성적을 받았다

어휘 make ~가 되다 grade 성적, 학점

5. 세부정보

What is mentioned as a perk of working as an engineer? (a) opportunities for paid travel (b) the ability to work remotely (c) better pay than a doctor (d) very strong job security	엔지니어로서 일하는 것의 특전으로 무엇이 언급되는가? (a) 유급으로 여행할 수 있는 기회 (b) 원격으로 근무할 수 있음 (c) 의사보다 더 나은 급여 (d) 매우 뛰어난 직업 안정성

정답 (a)

해설 대화 중반부에 여자가 엔지니어가 되는 것의 이점을 묻자, 남자는 일을 위해 여행을 다니면서 보수를 받을 수 있는 기회를 얻는다고(he could get chances to get paid to travel for work) 알리고 있으므로 (a)가 정답이다.

패러프레이징 get paid to travel for work 여행을 다니면서 보수를 받다 → opportunities for paid travel 유급 여행의 기회

어휘 perk 특전, 특혜 opportunity 기회 paid 유급의, 보수를 받는 ability to 동사원형: ~할 수 있음 security 안정(성)

6. 추론

What will Victor most likely suggest to Alex? (a) participating in a study abroad program (b) going to an upcoming career fair (c) starting off with a double major (d) applying to a variety of schools	빅터 씨는 알렉스에게 무엇을 권할 것 같은가? (a) 유학 프로그램에 참가하는 일 (b) 곧 있을 취업 박람회에 가는 일 (c) 이중 전공으로 시작하는 일 (d) 다양한 학교에 지원하는 일

정답 (c)

해설 남자가 대화 맨 마지막 부분에 많은 사람들이 한 가지 이상의 전공으로 시작했다가 정말로 추구하기를 원하는 진로를 나중에 결정한다고(Lots of people start out with more than one major and decide later ~) 알리고 있다. 이는 복수 전공으로 시작하는 방법을 말하는 것이므로 (c)가 정답이다.

패러프레이징 start out with more than one major 1개 이상의 전공으로 시작하다 → starting off with a double major 이중 전공으로 시작하는 것

어휘 upcoming 곧 있을, 다가오는 career fair 취업 박람회 start off with (우선) ~으로 시작하다 double 이중의, 두 개의 apply to ~에 지원하다 a variety of 다양한

7-10

F: Hi, Teddy. Have you set up your home workstation?	여: 안녕하세요, 테디 씨. 댁에 업무 공간은 설치하셨어요?
M: Hi, Mia. About that... I can use the guest room at my house, but [7] I'm still not sure whether it would be better to do work using a desktop or laptop computer.	남: 안녕하세요, 미아 씨. 그것과 관련해서는... 저희 집에 있는 손님용 방을 이용하면 되지만, 데스크톱 컴퓨터를 이용해 일하는 게 더 나을지, 아니면 노트북 컴퓨터가 더 나을지 여전히 잘 모르겠어요.
F: Well, let's discuss their ups and downs. First off, a desktop would have more memory storage and faster speeds. Plus, they're usually more affordable.	여: 음, 그것들의 장단점을 함께 얘기해봐요. 가장 먼저, 데스크톱 컴퓨터는 메모리 저장 용량이 더 크고 속도가 더 빠를 거예요. 게다가, 일반적으로 더 저렴하죠.
M: But then I'd have to do all of my work there, right? I wouldn't be able to carry around a desktop computer.	남: 하지만 그렇다면 제가 모든 일을 그곳에서 해야 할 것 같은데요? 데스크톱 컴퓨터를 이리저리 갖고 다닐 수 없을 거예요.
F: True, but it's easier than you think. [8] Simply use the Cloud. Save all your work there, and you can access them from anywhere.	여: 맞아요, 하지만 생각하시는 것보다 더 쉬워요. 그냥 클라우드를 이용하시면 되죠. 그곳에 모든 작업물을 저장하시면, 어디서든 접속하실 수 있어요.
M: Oh, I didn't think of that. Well, you're making it sound like desktops are a better option than laptops.	남: 아, 그 생각은 못했네요. 음, 데스크톱이 노트북보다 더 좋은 선택권인 것처럼 말씀하시네요.
F: Not necessarily. Laptops are equipped with the full package, whereas desktops require a camera, mic, keyboard, and mouse. So, laptops are much simpler to set up. And like you said, they are portable.	여: 꼭 그렇지 않죠. 노트북은 모든 걸 전체 패키지로 갖추고 있는 반면, 데스크톱은 카메라와 마이크, 키보드, 그리고 마우스가 필요하죠. 그래서, 노트북은 설치하기 훨씬 더 간단해요. 그리고 말씀하신 것처럼, 휴대가 가능해요.
M: Plus, [9] the worst thing about using all those accessories is that not all of them are compatible with each other.	남: 그리고, 그 모든 부대용품을 이용하는 일과 관련해서 최악인 건 그것들이 모두 서로 호환되는 건 아니라는 거예요.
F: Yes, that is something you should confirm before buying anything.	여: 네, 그게 바로 무엇이든 구입하기 전에 확인하셔야 하는 부분이죠.
M: Okay, well, thanks for your help.	남: 좋아요, 음, 도와 주셔서 감사합니다.
F: I hope I've been helpful. So, what will you do now?	여: 제가 도움이 되었기를 바랍니다. 그럼, 이제 어떻게 하실 건가요?
M: [10] I'll go and talk with a sales representative in person. They should be able to help me get a good deal on a computer with all the necessary accessories.	남: 제가 직접 영업직원에게 가서 이야기해볼 거예요. 그 모든 필수 부대용품이 있는 컴퓨터에 대해 좋은 가격에 구입할 수 있게 저를 도와줄 수 있을 거예요.

어휘 **whether A or B:** A인지 B인지 **it would be better to 동사원형:** ~하는 게 더 나을 것이다 **discuss** ~을 얘기하다, ~을 논의하다 **ups and downs** 장단점, 우여곡절, 흥망성쇠 **storage** 저장, 보관 **usually** 일반적으로, 보통 **affordable** 저렴한, 가격이 알맞은 **be able to 동사원형:** ~할 수 있다 **carry around** ~을 이리저리 갖고 다니다 **access** ~에 접속하다, ~을 이용하다 **make + 목적어 + 동사원형:** (목적어)를 ~하게 만들다 **sound like** ~인 것 같다, ~한 것처럼 들리다 **not necessarily** 꼭 그렇지는 않다 **be equipped with** ~을 갖추고 있다, ~가 장착되어 있다 **whereas** ~인 반면 **require** ~을 필요로 하다 **set up** ~을 설치하다, ~을 설정하다 **portable** 휴대가 가능한 **accessories** 부대용품 **be compatible with** ~와 호환이 되다 **confirm** ~을 확인하다 **representative** 직원 **in person** 직접 (가서) **help + 목적어 + 동사원형:** (목적어)가 ~하는 것을 돕다 **get a good deal on** ~을 좋은 가격에 구입하다

7. 세부정보

Why hasn't Teddy set up his home workstation? (a) because his boss won't approve remote work (b) because he already got hired at another company (c) because his house does not have enough space for it (d) because he could not decide what kind of computer to buy	테디 씨는 왜 자신의 집에 업무 공간을 설치하지 않았는가? (a) 상사가 원격 근무를 승인하지 않을 것이기 때문에 (b) 이미 다른 회사에 고용되었기 때문에 (c) 집에 그에 대한 공간이 충분하지 않기 때문에 (d) 어떤 종류의 컴퓨터를 구입할지 결정할 수 없었기 때문에

정답 (d)

해설 남자가 대화 초반부에 자신의 업무 공간과 관련해 데스크톱 컴퓨터를 이용해 일하는 게 더 나을지, 아니면 노트북 컴퓨터가 더 나을지 여전히 잘 모르겠다고(I'm still not sure whether it would be better to do work using a desktop or laptop computer) 알리고 있으므로 (d)가 정답이다.

패러프레이징 not sure whether it would be better to do work using a desktop or laptop computer 데스크톱 컴퓨터를 이용해 일하는 게 더 나을지, 아니면 노트북 컴퓨터가 더 나을지 확실하지 않다 → not decide what kind of computer to buy 어떤 종류의 컴퓨터를 구입할지 결정하지 못하다

어휘 approve ~을 승인하다 remote work 원격 근무 hire ~을 고용하다 decide ~을 결정하다

8. 세부정보

According to Mia, how could Teddy bring work with him? (a) by e-mailing it to himself (b) by saving files to the Cloud (c) by using a USB memory stick (d) by carrying his laptop with him	미아 씨의 말에 따르면, 테디 씨는 어떻게 자신의 작업물을 가지고 다닐 수 있는가? (a) 자신에게 이메일로 보내 놓음으로써 (b) 파일을 클라우드에 저장함으로써 (c) USB 메모리 스틱을 이용함으로써 (d) 노트북 컴퓨터를 갖고 다님으로써

정답 (b)

해설 대화 중반부에 여자가 클라우드를 이용하는 방법을 언급하면서 그곳에 작업물을 저장하면 어디서든 접속할 수 있다는(Simply use the Cloud. Save all your work there, and you can access them from anywhere) 장점을 알리고 있으므로 (b)가 정답이다.

어휘 by (방법) ~함으로써, ~해서

9. 세부정보

According to Teddy, what is the main drawback of desktops? (a) They use more electricity than laptops. (b) They require frequent software upgrades. (c) They may be incompatible with other hardware. (d) They would take up too much space in his home office.	테디 씨의 말에 따르면, 데스크톱의 주요 단점은 무엇인가? (a) 노트북보다 더 많은 전기를 소모한다. (b) 잦은 소프트웨어 업그레이드를 필요로 한다. (c) 다른 하드웨어와 호환되지 못할 수 있다. (d) 자택 내 업무 공간에 너무 많은 자리를 차지할 것이다.

정답 (c)

해설 대화 중반부에 여자가 데스크톱의 부대용품을 언급하는 것에 대해 남자가 그것들이 전부 서로 호환되는 건 아니라는(not all of them are compatible with each other) 단점을 말하고 있으므로 (c)가 정답이다.

패러프레이징 not all of them are compatible with each other 그것들 중 모든 것이 서로 호환되는 것은 아니다 → incompatible with other hardware 다른 하드웨어와 호환되지 않는

어휘 drawback 단점 electricity 전기 frequent 잦은, 빈번한 be incompatible with ~와 호환되지 않다 take up ~을 차지하다

10. 추론

What will Teddy probably do after the conversation? (a) visit an electronics store (b) check ads for ongoing promotions (c) compare some product prices online (d) request some funds from his employer	테디 씨는 대화 후에 무엇을 할 것 같은가? (a) 전자기기 매장을 방문하는 일 (b) 진행 중인 판촉 행사 광고를 확인하는 일 (c) 온라인으로 몇몇 제품 가격을 비교하는 일 (d) 고용주에게 일부 자금을 요청하는 일

정답 (a)

해설 남자가 대화 맨 마지막 부분에 직접 영업직원에게 가서 이야기하겠다고 알리면서 좋은 컴퓨터를 구입하는 일과 관련해 도움을 받을 수 있을 것이라고 (I'll go and talk with a sales representative in person. ~ get a good deal on a computer with all the necessary accessories) 알리고 있다. 이는 직접 전자기기 매장을 방문하겠다는 뜻이므로 (a)가 정답이다.

어휘 electronics 전자기기 ad 광고 ongoing 진행 중인, 계속되는 promotion 판촉, 홍보 compare ~을 비교하다 request ~을 요청하다 fund 자금, 돈

ACTUAL LISETENING 기출 문제 풀이

정답

1. (d) 2. (c) 3. (a) 4. (d) 5. (b) 6. (c)

1-6

F: Marvin! [1] I never thought I'd see you here. How do you know the bride and groom?	여: 마빈 씨! 이곳에서 볼 줄은 전혀 생각도 하지 못했어요. 신랑과 신부를 어떻게 아세요?
M: Hey, Tina! I was roommates with the groom in college. What about you?	남: 안녕하세요, 티나 씨! 제가 대학생 때 신랑과 룸메이트였어요. 당신은요?
F: The bride is my cousin.	여: 신부가 제 사촌이에요.
M: Wow, I never would've guessed. So, how have you been? Are you still working for the same company?	남: 와우, 전혀 짐작도 못했을 거예요. 그래서, 어떻게 지내셨나요? 여전히 같은 회사에서 근무하고 계세요?
F: Yeah, full-time. But lately [6] I've been seriously considering quitting to go out on my own as a freelancer and be my own boss for a change.	여: 네, 정규직으로요. 하지만 최근에 변화를 위해 프리랜서로서 따로 독립해 나가서 개인 사업을 하기 위해 그만두는 것을 심각하게 고려해 보고 있어요.
M: I used to freelance before I got my current job. Maybe I could help you decide.	남: 제가 현재의 일자리를 얻기 전에 한때 프리랜서로 일한 적이 있어요. 아마 제가 결정하시는 데 도움을 드릴 수 있을 거예요.
F: Great! I'd love to go over some of the pros and cons.	여: 잘됐네요! 몇몇 장단점을 꼭 짚어 보고 싶어요.
M: Sure. For starters, what's keeping you at your current job?	남: 네. 가장 먼저, 현재의 일자리에 계속 있게 해 주는 것이 뭔가요?
F: The biggest reason is that I have stability. I've worked hard to get where I am in the company. I'm responsible for a whole department, and I get lots of vacation time and health insurance benefits.	여: 가장 큰 이유는 안정감이 있다는 점이죠. 회사 내에서 현재의 위치를 얻기 위해 열심히 일해 왔어요. 한 부서 전체를 책임지고 있고, 많은 휴가 시간과 건강 보험 혜택도 얻고 있고요.

M: That's great. Having access to a retirement fund is what made me stay in my first corporate job so long.	남: 잘됐네요. 퇴직 연금을 이용할 수 있다는 게 제가 첫 직장에서 그렇게 오래 머물러 있게 만들어 준 것이에요.
F: Also, [2] I really love my coworkers and my bosses. We have a great office atmosphere, and we often socialize after work. So, I feel really lucky to have found a work environment with people I'm really comfortable around.	여: 그리고, 동료 직원과 상사들이 정말 마음에 들어요. 훌륭한 사무실 환경이 있고, 흔히 퇴근 후에 서로 어울려요. 그래서, 함께 하기 정말 편한 사람들이 있는 업무 환경을 찾은 걸 정말 행운이라고 느껴요.
M: Yeah, that's not something you get everywhere, Tina. So, why are you thinking about leaving?	남: 네, 그건 모든 곳에서 얻게 되는 게 아니죠, 티나 씨. 그럼, 왜 떠날 생각을 하고 계신 거죠?
F: Well, [3, 6] the main disadvantage of my current job is that I feel stuck in this career path. I want to try something completely different, like offering IT services. I've always loved solving people's computer problems.	여: 그게, 현 직장의 주된 단점이 이 진로에만 갇혀 있는 느낌이 든다는 점이에요. 저는 완전히 다른 뭔가를 시도해 보고 싶어요, IT 서비스를 제공하는 일처럼요. 제가 항상 사람들의 컴퓨터 문제를 해결해 주는 걸 아주 좋아했거든요.
M: That's a great idea!	남: 아주 좋은 생각입니다!
F: So, [4] what was the best part about being a freelancer, Marvin?	여: 그럼, 프리랜서가 되는 것과 관련해서 뭐가 가장 좋은 부분인가요, 마빈 씨?
M: [4] For me, it was the flexible hours. I had the freedom to choose when I worked. That meant I could go for a run in the afternoon before the kids got home from school, and then work again in the evenings if I wanted to. I was free to structure my day the way I wanted to, which improved my productivity.	남: 제 경우엔, 탄력적 근무 시간이었어요. 언제 일할지 선택할 수 있는 자유가 있었거든요. 그건 아이들이 학교를 마치고 집에 오기 전에 오후에 달리기를 하러 간 다음, 제가 원하면 저녁 시간대에 다시 일할 수 있었다는 걸 의미하죠. 제가 원하는 방식으로 하루를 자유롭게 구성했는데, 그게 제 생산성을 향상시켜 주었죠.
F: That sounds so nice. I'm not a morning person, and it takes me four cups of coffee to wake up properly. If I could start work whatever time I wanted, I'd probably be a lot more productive.	여: 아주 좋은 것 같아요. 제가 아침형 인간은 아니라서, 제대로 정신이 들기 위해서 커피를 네 잔이나 마셔요. 언제든 제가 원하는 시간에 일을 시작할 수 있다면, 아마 훨씬 더 생산적일 거예요.
M: You probably would. I find I do my best work at night, so I can definitely relate to that.	남: 아마 그러실 겁니다. 저는 밤에 일이 가장 잘 된다는 걸 알기 때문에, 그 부분에 분명 공감할 수 있어요.
F: [5] Why did you end up going back to a traditional job?	여: 어째서 결국 예전 형태의 일자리로 돌아가시게 된 거죠?
M: Well, despite the benefits, [5] the drawback of being a freelancer is that you routinely have to network and put yourself out there to find jobs. I had to keep about five professional profiles updated online. Eventually, it became a bit too much of an effort.	남: 음, 그런 이점들에도 불구하고, 프리랜서가 되는 것의 단점은 일을 찾기 위해 일상적으로 교류 관계를 형성하고 특별히 애를 써야 한다는 점이에요. 저는 온라인에서 약 다섯 가지의 전문 프로필을 계속 업데이트해둬야 했어요. 결국, 좀 너무 과한 노력이 되었죠.
F: Well, I'm glad things worked out for you in the end.	여: 음, 일이 결국 잘 풀리셔서 기쁘네요.
M: Thanks. It was a good move for me. So, do you think you're any closer to making your decision?	남: 감사합니다. 제겐 신의 한 수였죠. 그럼, 결정을 내리시는 데 조금이라도 더 가까워지신 것 같으세요?
F: I think so. I know stability is important but, [6] at the end of the day, I feel like I need a change in my career. Thanks so much for your advice, Marvin!	여: 그런 것 같아요. 안정감이 중요하긴 하지만, 결국에는, 제 경력에 있어 변화가 필요한 것 같아요. 조언 정말 감사합니다, 마빈 씨!
M: Anytime, Tina!	남: 별 말씀을요, 티나 씨!

어휘 bride 신부 groom 신랑 What about you? 당신은 어때요? would have p.p. ~했을 것이다 consider -ing ~하는 것을 고려하다 quit 그만두다 on one's own 독립해서, 혼자, 단독으로 used to 동사원형: (과거에) 한때 ~했다, ~하곤 했다 freelance 동 프리랜서로 일하다 current 현재의 help + 목적어 + 동사원형: (목적어)가 ~하는 것을 돕다 go over ~을 짚어 보다, ~을 검토하다 pros and cons 장단점 stability 안정(감) be responsible for ~을 책임지고 있다 whole 전체의 insurance 보험 benefit 혜택, 이점 have access to ~을 이용할 수 있다, ~에 접근할 수 있다 retirement fund 퇴직 연금 atmosphere 분위기 socialize 서로 어울리다 comfortable 편한, 편안한 disadvantage 단점(= drawback) stuck in ~에 갇혀 있는 completely 완전히, 전적으로 solve ~을 해결하다 flexible 탄력적인, 유연한 choose 선택하다 go for ~하러 가다 structure 동 ~을 구성하다 improve ~을 향상시키다 productivity 생산성 properly 제대로, 적절히 a lot (비교급 강조) 훨씬 find (that) ~임을 알게 되다 definitely 분명히, 확실히 relate to ~에 공감하다 end up -ing 결국 ~하게 되다 traditional 전통적인 routinely 일상적으로 network 교류 관계를 형성하다, 인적 관계를 형성하다 put oneself out 특별히 애쓰다 keep + 목적어 + p.p.: (목적어)를 ~된 상태로 유지하다 about 약, 대략 eventually 결국, 마침내 a bit too much of 좀 너무 과한 things work out for 일이 ~에게 잘 해결되다 in the end 결국, 결과적으로 a good move 신의 한 수, 뛰어난 조치 close to ~와 가까운

1. 세부 정보

What event are Marvin and Tina attending? (a) a college graduation (b) a business convention (c) a company retreat (d) a wedding reception	마빈 씨와 티나 씨가 어떤 행사에 참석하고 있는가? (a) 대학 졸업식 (b) 비즈니스 컨벤션 (c) 회사 야유회 (d) 결혼 피로연

정답 (d)

해설 티나 씨가 대화를 시작하면서 예상치 못한 곳에서 만났음을 언급하는 말과 함께 신랑과 신부를 어떻게 아는지(I never thought I'd see you here. How do you know the bride and groom?) 묻고 있으므로 (d)가 정답이다.

어휘 graduation 졸업(식) retreat 야유회, 짧은 여행

2. 세부 정보

Why does Tina feel lucky to work for her current company? (a) She has a beautiful office. (b) She is paid generously. (c) She likes her coworkers. (d) She can retire early.	티나 씨는 왜 현재의 회사에서 일하는 것을 행운이라고 느끼는가? (a) 아름다운 사무실에 있다. (b) 넉넉하게 급여를 받는다. (c) 동료 직원들을 좋아한다. (d) 조기 은퇴할 수 있다.

정답 (c)

해설 대화 중반부에 티나 씨가 동료 직원과 상사들이 정말 마음에 든다고 밝히면서 그런 사람들과 함께 하는 업무 환경을 찾은 것이 정말 행운이라고 (I really love my coworkers and my bosses. We have a great office atmosphere, and we often socialize after work. So, I feel really lucky ~) 밝히고 있으므로 (c)가 정답이다.

어휘 generously 넉넉하게, 너그럽게 retire 은퇴하다

3. 세부 정보

Why would Tina consider leaving? (a) so she can explore a different field (b) so she can improve her finances (c) so she can return to a previous employer (d) so she can complete her training	티나 씨가 왜 그만두기를 고려할 것 같은가? (a) 그래야 다른 분야를 살펴 볼 수 있으므로 (b) 그래야 자신의 재정 상태를 향상시킬 수 있으므로 (c) 그래야 이전의 회사로 돌아갈 수 있으므로 (d) 그래야 교육을 완료할 수 있으므로

정답 (a)

해설 티나 씨가 대화 중반부에 현 직장의 주된 단점이 그 진로에만 갇혀 있는 느낌이 드는 점이라고 알리면서 IT 서비스를 제공하는 일 같이 완전히 다른 뭔가를 시도해 보고 싶다고(the main disadvantage of my current job is that I feel stuck in this career path. I want to try something completely different, like offering IT services) 언급하고 있다. 이는 다른 분야에서 일하고 싶다는 뜻이므로 (a)가 정답이다.

어휘 explore ~을 살펴 보다, ~을 탐사하다 field 분야 finance 재정, 재무 previous 이전의, 과거의 employer 회사, 고용주 complete ~을 완료하다 training 교육, 훈련

패러프레이징 try something completely different → explore a different field

4. 세부 정보

How did being a freelancer benefit Marvin? (a) by allowing him to work anywhere (b) by giving him time with his kids (c) by allowing him to enroll in classes (d) by giving him more freedom	프리랜서가 되는 것이 마빈 씨에게 어떻게 유익했는가? (a) 어디서든 일할 수 있게 함으로써 (b) 아이들과 보낼 시간을 제공함으로써 (c) 수업에 등록할 수 있게 함으로써 (d) 더 많은 자유를 제공함으로써

정답 (d)

해설 대화 중반부에 티나 씨가 프리랜서로서 어떤 부분이 가장 좋았는지 묻자(what was the best part about being a freelancer, Marvin?), 마빈 씨가 탄력적 근무 시간을 언급하면서 언제 일할지 선택할 수 있는 자유가 있었다고(For me, it was the flexible hours. I had the freedom to choose when I worked) 대답하고 있으므로 (d)가 정답이다.

어휘 benefit ~에게 유익하다 allow + 목적어 + to 동사원형: (목적어)에게 ~할 수 있게 해 주다 enroll in ~에 등록하다

패러프레이징 flexible hours / had the freedom to choose when I worked → giving him more freedom

5. 세부 정보

Why did Marvin eventually go back to a traditional job? (a) to return to a regular routine (b) to stop having to look for work (c) to network with more people (d) to gain access to benefits	마빈 씨가 왜 결국 예전 형태의 일자리로 돌아갔는가? (a) 규칙적인 일상으로 돌아가기 위해 (b) 일을 찾아야 하는 것을 중단하기 위해 (c) 더 많은 사람들과 교류 관계를 형성하기 위해 (d) 혜택에 대한 이용 자격을 얻기 위해

정답 (b)

해설 질문의 키워드인 traditional job이 언급되는 부분에서 마빈 씨가 프리랜서가 되는 것의 단점은 일을 찾기 위해 일상적으로 교류 관계를 형성하고 특별히 애를 써야 한다는(the drawback of being a freelancer is that you routinely have to network and put yourself out there to find jobs) 문제점을 언급하고 있다. 따라서 지속적으로 힘들게 일을 찾아야 하는 것을 중단하기 위해 전통적인 일자리로 돌아갔음을 알 수 있으므로 (b)가 정답이다.

어휘 regular 규칙적인, 정규의, 보통의, 일반적인 routine 일상 look for ~을 찾다 gain ~을 얻다 access to ~에 대한 이용 (자격), ~에 대한 접근 (권한)

6. 추론

What will Tina probably decide to do? (a) take some vacation time (b) interview at another company (c) become a freelance worker (d) keep her current position	티나 씨는 무엇을 하기로 결정할 것 같은가? (a) 쉬는 시간을 좀 갖는다 (b) 다른 회사에서 면접을 본다 (c) 프리랜서 근로자가 된다 (d) 현재의 직책을 유지한다

정답 (c)

해설 대화 맨 마지막 부분에 티나 씨가 경력에 있어 변화가 필요한 것 같다는(I feel like I need a change in my career) 결론을 말하고 있다. 이는 대화 중반부에 티나 씨가 완전히 다른 뭔가를 시도해 보고 싶다고 밝힌 것을 가리키는데, 대화 초반부에 티나 씨가 최근에 프리랜서로서 일하는 것을 고려하고 있다고(I've been seriously considering quitting to go out on my own as a freelancer) 언급했으므로 (c)가 정답이다.

어휘 decide to 동사원형: ~하기로 결정하다 position 직책, 일자리

CHAPTER 2

PART 4 1인 담화: 발표, 과정 설명

확인 문제

정답

46. 주제/목적 ?
What is this podcast episode about?

47. H keep same 일정 집에서 as office ?
How can workers keep the same schedule at home as they would in the office?

48. Y 원격 근무자 set up 특정 업무 장소 ?
According to the talk, why should remote workers set up a specific place to work?

49. H 추론 ↓ 좌절 on big task ?
How, most likely, can one reduce the frustration of working on a big task?

50. W worker set phone 알람 for ?
According to the talk, what should workers set a phone alarm for?

51. Y helpful 유지 af work ritual ?
Why is it helpful to maintain an after-work ritual?

52. Y 직원 gentle 자신에게 재택 근무할 때 ?
Why should employees be gentle with themselves when working from home?

어휘 remote 원거리의, 원격의 set up 정하다, 마련하다 specific 특정한 frustration 좌절 task 업무, 과업 set an alarm 알람을 맞추다 helpful 도움이 되는, 유용한 maintain 유지하다 ritual 의식, 의례 be gentle with ~에게 관대하다 working from home 재택 근무

문제 풀이 연습

정답

46. (c) 47. (b) 48. (d) 49. (a) 50. (c) 51. (b) 52. (a)

46. 세부 정보

What is the speaker mostly talking about? (a) funding a student drama club (b) acting in an afterschool play (c) putting on a stage production (d) persuading kids to do theater	화자는 주로 무엇에 관해 이야기하고 있는가? (a) 학생 연극반에 자금을 제공하는 일 (b) 방과 후 연극에서 연기하는 일 (c) 무대 공연 작품을 올리는 일 (d) 연극 공연을 하도록 아이들을 설득하는 일

정답 (c)

해설 화자가 한 교사가 학교 연극을 올리는 방법을 문의한 것을 언급하면서 학교 연극 작품을 준비하기 위해 알아 둬야 하는 모든 것을 차근차근 설명해 주겠다고(Allow me to walk you through everything you need to know to put together a fantastic school drama production) 알린 뒤로 그 제작 과정을 단계별로 설명하고 있으므로 (c)가 정답이다.

안녕하세요, 그리고 <엑스트라 에듀케이션> 팟캐스트에 오신 것을 환영합니다! 이번 달에, 저희는 계속해서 방과 후 활동에 초점을 맞춰 오고 있으며, 지난 주에는, 한 교사분으로부터 학교 연극을 올리는 방법을 제게 문의하는 내용의 편지를 받았습니다. 다행히, 저는 수년 동안 연극반을 해 본 경험이 꽤 많이 있습니다. 환상적인 학교 연극 작품을 준비하시기 위해 알아 두셔야 하는 모든 것을 차근차근 설명해 드리겠습니다.

어휘 fund ~에 자금을 제공하다 persuade ~을 설득하다 do theater 연극 공연을 하다 focus on ~에 초점을 맞추다, ~에 집중하다 extracurricular 방과 후의, 정규 교과 외의 how to 동사원형: ~하는 방법 put on a play 연극을 무대에 올리다 quite a bit of 꽤 많이 allow + 목적어 + to 동사원형: (목적어)에게 ~할 수 있게 해 주다 walk A through B: A에게 B를 차근차근 설명하다 put together ~을 준비하다, ~을 조립하다 production 제작(된 작품)

47. 세부 정보

Based on the talk, what kind of play should a teacher probably select for middle schoolers? (a) one with a lot of roles (b) one that is manageable (c) one with a lot of humor (d) one that is challenging	담화 내용에 따르면, 교사는 중학생들을 위해 어떤 종류의 연극을 선택해야 할 것 같은가? (a) 배역이 많이 있는 것 (b) 감당할 수 있는 것 (c) 유머가 많이 있는 것 (d) 도전 의식을 불러일으키는 것

정답 (b)

해설 화자가 첫 번째 단계로 연극을 선택하는 것을 언급하면서 반드시 학생들이 다룰 수 있는 것이어야 한다고(The first step is to select a play. ~ make sure it's something that your students can handle) 알리고 있다. 이는 학생들이 감당할 수 있는 연극을 선택하도록 권하는 것이므로 (b)가 정답이다.

첫 단계는 연극을 선택하는 것입니다. 개인적으로 가장 좋아하시는 것들 중 하나를 고르시는 게 매력적이기는 하지만, 반드시 여러분의 학생들이 다룰 수 있는 것이어야 합니다. 제가 아는 한 교사분은 중학생들로 셰익스피어 연극을 무대에 올리려 하셨는데, 그 아이들은 자신들이 말하는 대사의 어느 것도 거의 이해하지 못했습니다. 이로 인해 그 공연은 어색해졌는데, 저는 그 아이들이 그렇게 많이 즐거웠으리라고 생각하지 않습니다.

어휘 manageable 감당할 수 있는 challenging 도전 의식을 불러일으키는, 까다로운 tempting 매력적인, 솔깃한 pick ~을 고르다 make sure (that) 반드시 ~하도록 하다 handle ~을 다루다, ~을 처리하다 barely 거의 ~ 않다 line 대사 awkward 어색한, 곤란한, 골치 아픈 doubt (that) ~하다고 생각하지 않다, ~하는 데 의구심을 갖다

48. 세부 정보

How did the speaker make a particular student feel included? (a) He assigned him a small role. (b) He invited him to audition. (c) He gave him time to practice. (d) He let him work backstage.	화자는 어떻게 한 특정 학생이 소속감을 갖도록 만들었는가? (a) 그에게 작은 배역을 배정했다. (b) 오디션에 초대했다. (c) 연습할 시간을 제공했다. (d) 무대 뒤에서 일하게 해 주었다.

정답 (d)

해설 질문의 키워드인 feel included가 언급되는 부분에서 화자는 소속감을 갖는 것의 중요성과 함께 한 학생과 관련된 일화를 소개하면서 목소리 전달 문제가 있었던 그 학생이 무대 뒤의 일들을 총괄하는 환상적인 역할을 했다고(He ended up doing a fantastic job overseeing tasks behind the scenes instead) 이야기하고 있으므로 (d)가 정답이다.

> 다음 단계는 출연진과 스태프들을 대상으로 책임을 배정하는 것입니다. 기억하셔야 하는 점은, 이들은 학생들이지 전문가가 아니기 때문에, 어떤 사람의 감정도 해치지 않게 주의하셔야 한다는 것입니다. 한 학생이 첫 번째 선택에 대해 아주 적합하지 않을 경우에, 그 학생에게 다른 뭔가를 하면서 보람을 느끼는 책임을 맡기십시오. 그 학생이 소속감을 갖는 것이 중요합니다. 제가 한 지역 학교에서 준비했던 연극에서는, 연기를 하고 싶어 했지만 관객들이 알아 들을 만큼 충분히 목소리를 전달하는 데 문제가 있었던 학생이 한 명 있었습니다. 그 학생은 결국 대신 무대 뒤의 일들을 총괄하는 환상적인 역할을 했습니다.

어휘 particular 특정한, 특별한 let + 목적어 + 동사원형: (목적어)에게 ~하게 해 주다 assign ~을 부여하다, ~을 배정하다 responsibility 책임(감) cast 출연진 crew 스태프 professional 명 전문가 be careful (not) to 동사원형: ~하도록(하지 않도록) 주의하다 be well-suited for ~에 아주 적합하다 rewarding 보람 있는 feel included 소속감을 갖다 organize ~을 준비하다, ~을 조직하다 local 지역의, 현지의 have trouble -ing ~하는 데 문제가 있다 project 동 (소리 등) ~을 전하다 end up -ing 결국 ~하게 되다 oversee ~을 총괄하다 task 일, 업무

49. 세부 정보

What helped the speaker to learn his lines? (a) going over them with friends (b) attending all the rehearsals (c) practicing them backstage (d) tying them to staging	무엇이 대사를 익히도록 화자에게 도움을 주었는가? (a) 친구들과 함께 살펴 본 것 (b) 모든 예행 연습에 참석한 것 (c) 무대 뒤에서 연습한 것 (d) 대사를 발판에 묶어 매달아 놓은 것

정답 (a)

해설 화자가 자신이 학생이었을 때 반 친구들과 점심 시간에 대사를 연습했던 것이 정말 도움이 되었다는(When I was in school, I used to practice my lines with my classmates during lunch. That really helped me ~) 사실을 밝히고 있으므로 (a)가 정답이다.

> 세 번째 단계는, 당연히, 충분한 예행 연습을 진행하시는 것입니다. 어떤 학생들은 대사를 기억하는 데 힘겨운 시간을 보낼 것이므로, 그 학생들에게 충분히 연습하면서 상연 과정을 익힐 기회를 제공하십시오. 주기적인 예행 연습을 통해, 모든 것이 딱 맞아떨어지게 될 것입니다. 제가 학생이었을 때, 저는 반 친구들과 점심 시간에 대사를 연습하곤 했습니다. 그것이 대본에서 더 어려운 부분들을 익히는 데 정말 도움이 되었습니다.

어휘 go over ~을 살펴 보다, ~을 검토하다 attend ~에 참석하다 tie A to B: A를 B에 묶어 매달다 staging 상연, 발판, 비계 hold ~을 진행하다, ~을 개최하다 rehearsal 예행 연습 opportunity to 동사원형: ~할 수 있는 기회 practice 연습하다 click into place 딱 맞아떨어지다 used to 동사원형: (과거에) ~하곤 했다, 전에 ~했다 script 대본

50. 세부 정보

How does the speaker suggest making set construction easier? (a) by hiring a professional team (b) by keeping the design simple (c) by asking parents to help (d) by using items from past shows	화자는 어떻게 세트 설치 작업을 더 쉽게 만들도록 제안하는가? (a) 전문 팀을 고용해서 (b) 디자인을 단순하게 유지해서 (c) 학부모들에게 돕도록 요청해서 (d) 과거의 공연 물품을 이용해서

정답 (c)

해설 질문의 키워드인 make set construction easier가 언급되는 부분에서 화자는 세트 설치와 관련해 더 수월하게 하려면 학부모님들에게 건설 공사 경험이 있는지 물어 보는 방법을(To make things easier, ask if some of the parents have construction experience) 권하고 있다. 이는 학부모들에게 도움을 요청하는 것이므로 (c)가 정답이다.

> 네 번째 단계는 세트를 설치하는 일입니다. 좋은 세트를 공연에 대한 시각적 관심을 더해 주므로, 그것을 계획하고 세우는 데 시간을 보내는 것이 중요합니다. 더 수월하게 하실 수 있도록, 몇몇 학부모님들께서 건설 공사 경험이 있으신지 여쭤 보십시오. 그런 다음, 출연진 및 스태프, 그리고 몇몇 자원 봉사하시는 학부모님들과 세트를 세우고 페인트칠하시면서 주말을 보내 보십시오.

어휘 suggest -ing ~하도록 제안하다 hire ~을 고용하다 keep + 목적어 + 형용사: (목적어)를 ~하게 유지하다 ask + 목적어 + to 동사원형: (목적어)에게 ~하도록 요청하다 past 과거의, 지난 interest 관심 performance 공연 spend time -ing ~하면서 시간을 보내다 volunteer 자원 봉사자

51. 세부 정보

Why did the speaker's first production have such a small audience? (a) because of a competing event (b) because he failed to advertise (c) because of a sudden storm (d) because he had limited seating	화자의 첫 공연 작품은 왜 그렇게 관객이 적었는가? (a) 경쟁하는 행사 때문에 (b) 광고하지 못했기 때문에 (c) 갑작스러운 폭풍우 때문에 (d) 좌석이 제한되어 있었기 때문에

정답 (b)

해설 질문의 키워드인 first production이 언급되는 부분에서 화자는 연극 자체에 너무 집중하는 바람에 공연이 열린다는 사실을 가족 외의 다른 사람에게 알리는 것을 잊었다고(For my first production, we were so focused on the play itself that we forgot to tell anyone other than our families that it was happening) 언급하고 있다. 따라서 연극 공연을 광고하지 못한 것이 관객이 적었던 이유임을 알 수 있으므로 (b)가 정답이다.

> 다섯 번째 단계는 행사를 홍보하는 일입니다. 입소문을 낼 수 있도록 학생들에게 지역 사회 곳곳에 전단을 붙이도록 요청하십시오. 제 첫 작품의 경우에, 저희가 연극 자체에 너무 집중하는 바람에 공연이 열린다는 사실을 저희 가족 외의 다른 사람에게 알리는 것을 잊었습니다. 그 모든 작업 준비 끝에, 저희는 결국 많은 좌석이 텅 비어 있는 상태로 소규모의 관객 앞에서 공연하게 되었습니다!

어휘 competing 경쟁하는, 겨루는 fail + to 동사원형: ~하지 못하다, ~하는 데 실패하다 advertise 광고하다 sudden 갑작스러운 limited 제한적인 seating 좌석 (공간) promote 을 홍보하다 post ~을 붙이다, ~을 게시하다 flyer 전단 spread the word 입소문을 내다 so A that B: 너무 A해서 B하다 forget to 동사원형: ~하는 것을 잊다

52. 세부 정보

According to the talk, what can a director do to show trust in students? (a) let them solve problems on their own (b) invite them to suggest favorite plays (c) encourage them to stop the show if needed (d) allow them to introduce the performance	담화 내용에 따르면, 연출자가 학생들에게 신뢰를 보여 주기 위해 무엇을 할 수 있는가? (a) 스스로 문제를 해결하게 한다 (b) 가장 좋아하는 연극을 제안하도록 요청한다 (c) 필요할 경우에 공연을 중단하도록 권한다 (d) 공연을 소개할 수 있게 해 준다

정답 (a)

해설 질문의 키워드인 trust와 students가 언급되는 부분에서 화자는 마지막 단계로 학생들을 믿는 것을 언급하면서(The last step is to trust your students) 학생들에게 그들의 일을 맡겨 두라고(Let your students do their thing) 알리고 있다. 이는 공연과 관련해 학생들이 스스로 문제를 헤쳐 나가도록 맡겨 두라는 뜻이므로 (a)가 정답이다.

마지막 단계는 여러분의 학생들을 믿는 것입니다. 공연이 개막할 때쯤, 여러분께서는 연출자로서의 일을 이미 완료하신 것입니다. 학생들에게 그들의 일을 맡겨 두시고, 완벽히 진행되지 않더라도 당황하지 마십시오. 제가 본 가장 좋은 공연들 중 하나는 한 배우가 예기치 못하게 꺼진 무대 조명에 대처해야 했던 경우였습니다. 저는 그것을 고치기 위해 일시 중단이 될 줄 알았지만, 그 배우는 그저 그 지역 내의 폭풍우에 관해 몇 마디 대사를 추가했고, 조명이 다시 들어올 때까지 공연의 일부처럼 느끼게 만들었습니다. 그 모습은 인상적이었고, 연출자가 문제를 해결하기 위해 뛰어 들었다면 절대 일어나지 못했을 것입니다.

어휘 show trust in ~에 대한 신뢰를 보이다 let + 목적어 + 동사원형: (목적어)에게 ~하게 하다 solve ~을 해결하다 on one's own 스스로 invite + 목적어 + to 동사원형: (목적어)에게 ~하도록 요청하다 encourage + 목적어 + to 동사원형: (목적어)에게 ~하도록 권하다 if needed 필요할 경우에 allow + 목적어 + to 동사원형: (목적어)에게 ~할 수 있게 해 주다 introduce ~을 소개하다 by the time ~할 때쯤(이면) panic 당황하다 go perfectly 완벽히 진행되다 deal with ~에 대처하다, ~을 처리하다 go out (전기 등이) 나가다, 꺼지다 unexpectedly 예기치 못하게 fix ~을 고치다 impressive 인상적인 would have p.p. ~했을 것이다 solve ~을 해결하다

LISTENING EXERCISE

정답

1. (a)	2. (c)	3. (a)	4. (b)	5. (d)	6. (d)	7. (b)
8. (b)	9. (a)	10. (c)				

1-3

Seasonal festivals are a great way for towns to promote themselves, attract tourists, and generate revenue. [1] There are some general steps that you should follow if you intend to plan a festival for your town. Like anything else, planning is a major part of success.	계절 축제는 마을마다 자체적으로 홍보하고, 관광객들을 끌어들여, 수익을 창출할 수 있는 아주 좋은 방법입니다. 여러분의 마을을 위해 축제를 계획하실 생각이시라면 따르셔야 하는 몇 가지 일반적인 단계들이 있습니다. 다른 모든 일과 마찬가지로, 기획은 성공의 중요한 일부분입니다.
First, you need to determine the focus of your festival. Maybe there are lots of cornfields in your area? In that case, you could do a corn festival. The same goes for strawberries or apples. You could have local farmers selling their goods, along with artisans making all kinds of foods that feature the product that your festival focuses on as a main ingredient.	첫 번째로, 축제의 중점 사항을 결정하셔야 합니다. 아마 여러분께서 계신 지역에 옥수수 밭이 많을 수도 있겠죠? 그럴 경우에, 옥수수 축제를 여실 수 있습니다. 딸기나 사과의 경우에도 똑같이 해당됩니다. 각자의 상품을 판매하는 지역 농부들이 있을 수 있습니다, 축제에서 주된 재료로서 중점을 두는 제품을 특징으로 하는 모든 종류의 음식을 만드는 장인들과 함께 말이죠.
Second, decide where exactly to hold your event and what kind of entertainment will be provided. Most people will get bored without a show or some music. [2] Perhaps you could save money by getting local artists or students to perform, since they need exposure and experience and would be willing to play for less than, say, someone who just released a big hit album. Also, remember that if it's too hot or cold outside, people would probably prefer an indoor venue. But if it's nice out, there's nothing wrong with holding it outdoors! If your town has a park with a large open area, then that could be perfect for setting up a stage and some booths.	두 번째로, 어디에서 정확히 행사를 개최하고 어떤 종류의 오락 시간을 제공할 것인지 결정하셔야 합니다. 대부분의 사람들은 공연이나 음악이 없으면 지루해 합니다. 아마 지역 예술가 또는 학생들에게 공연하게 함으로써 돈을 아끼실 수 있는데, 이들은 노출과 경험을 필요로 하면서, 말하자면, 크게 히트한 앨범을 막 발매한 사람보다 더 적은 돈으로 기꺼이 공연하려 할 것이기 때문입니다. 그리고, 밖이 너무 덥거나 추울 경우에, 사람들이 아마 실내 행사장을 좋아할 것이라는 점을 기억하시기 바랍니다. 하지만 바깥 날씨가 아주 좋다면, 야외 공간에서 개최하셔도 아무런 문제가 없습니다! 마을에 개방된 넓은 공간을 갖춘 공원이 있다면, 그곳이 무대와 몇몇 부스를 설치하기에 안성맞춤일 수 있습니다.
Third, and quite possibly most importantly, you need to promote your event both locally and online. Billboards by a highway exit and flyers on telephone poles around town aren't enough to cut it anymore. The Internet is a great way to get the word out about events and garner attention. Social media in particular is effective because you can use it to offer discounts or promotional items just for clicking the "like" and "share" buttons. [3] If done well, you can virtually eliminate your marketing expenses!	세 번째로, 그리고 가장 중요할 가능성이 꽤 높은 것으로서, 지역 내에서 그리고 온라인에서 모두 행사를 홍보하셔야 합니다. 고속도로 출구 옆에 위치하는 옥외 광고판과 마을 곳곳에 위치한 전신주에 부착하는 전단만으로는 더 이상 충분히 통하지 않습니다. 인터넷이 행사에 관한 소문을 퍼트리고 주목을 받을 수 있는 아주 좋은 방법입니다. 소셜 미디어가 특히 효과적인데, 그것을 이용해 "좋아요"와 "공유" 버튼을 클릭하는 것에 대해 할인이나 홍보용 물품을 제공하실 수 있습니다. 잘 진행되는 경우, 사실상 마케팅 지출 비용을 없애실 수 있습니다!

어휘 **way (for A) to 동사원형:** (A가) ~할 수 있는 방법 **promote** ~을 홍보하다 **attract** ~을 끌어들이다 **generate** ~을 창출하다, ~을 만들어내다 **revenue** 수익 **follow** ~을 따르다, ~을 준수하다 **intend to 동사원형:** ~할 생각이다, ~할 작정이다 **like anything else** 다른 모든 것과 마찬가지로 **planning** 기획 **determine** ~을 결정하다(= decide) **focus** 중점, 초점 **in that case** 그럴 경우에, 그렇다면 **The same goes for A:** A에도 동일하게 해당된다 **local** 지역의, 현지의 **goods** 상품 **artisan** 장인 **feature** ~을 특징으로 하다 **ingredient** (음식) 재료, 성분 **hold** ~을 개최하다 **get bored** 지루해 하다 **by** (방법) ~함으로써, ~해서, (위치) ~ 옆에 **get + 목적어 + to 동사원형:** A에게 ~하게 하다 **perform** 공연하다, 연주하다 **exposure** 노출 **be willing to 동사원형:** 기꺼이 ~하다 **release** ~을 발매하다, ~을 출시하다 **would prefer** ~을 좋아하다 **venue** 행사장, 개최 장소 **set up** ~을 설치하다, ~을 마련하다 **booth** (행사장 등에 임시로 설치하는) 부스, 칸막이 공간 **quite** 꽤, 상당히 **locally** 지역적으로 **billboard** 옥외 광고판 **flyer** 전단 **not ~ anymore** 더 이상 ~ 않다 **cut it** (방법 등이) 통하다, 효과가 있다

get the work out 소문을 퍼트리다 garner ~을 얻다 attention 관심, 주목, 주의 in particular 특히 effective 효과적인 offer ~을 제공하다 promotional 홍보의, 판촉의 if done well 잘 진행되는 경우 virtually 사실상 eliminate ~을 없애다, 제거하다 expense 지출 비용, 경비

1. 주제/목적

What is the talk all about? (a) how to organize a local festival (b) how to create a revenue stream (c) how to find fun seasonal festivals (d) how to attract businesses to a town	담화는 모두 무엇에 관한 것인가? (a) 지역 축제를 조직하는 방법 (b) 수익원을 만들어내는 방법 (c) 재미있는 계절 축제를 찾는 방법 (d) 기업들을 마을로 끌어들이는 방법

정답 (a)

해설 화자가 담화를 시작하면서 마을을 위해 축제를 계획할 생각이 있을 경우에 따라야 하는 몇 가지 일반적인 단계들이 있다고 알리면서(There are some general steps that you should follow if you intend to plan a festival ~) 그 단계들을 하나씩 설명하고 있다. 이는 축제를 마련하는 방법에 관한 것이므로 (a)가 정답이다.

패러프레이징 plan a festival 축제를 계획하다 → organize a local festival 지역 축제를 조직하다

어휘 how to 동사원형: ~하는 방법 organize ~을 마련하다, ~을 조직하다 create ~을 만들어내다 revenue stream 수익원, 수익의 흐름

2. 세부정보

Based on the talk, what could be done to reduce entertainment expenses? (a) purchase tickets at a group discount (b) find a hit artist to play for charity (c) book a local student band (d) use an existing stage	담화 내용에 따르면, 오락 관련 지출 비용을 줄이기 위해 무엇을 할 수 있는가? (a) 단체 할인가로 입장권을 구입하는 일 (b) 자선 목적으로 공연할 히트곡 아티스트를 찾는 일 (c) 지역 학생 밴드를 예약하는 일 (d) 기존의 무대를 이용하는 일

정답 (c)

해설 담화 중반부에 화자가 지역 예술가 또는 학생들에게 공연하게 함으로써 돈을 아낄 수 있을 것이라고(Perhaps you could save money by getting local artists or students to perform ~) 알리고 있으므로 (c)가 정답이다.

패러프레이징 getting students to perform 학생들을 공연하게 하다 → book a local student band 지역 학생 밴드를 예약하다

어휘 reduce ~을 줄이다, ~을 감소시키다 charity 자선 (단체) book ~을 예약하다 existing 기존의

3. 세부정보

According to the speaker, why should one advertise on social media? (a) It helps to minimize marketing costs. (b) It would not distract people while driving. (c) It is more likely to attract younger participants. (d) It can be used over a variety of different platforms.	화자의 말에 따르면, 왜 소셜 미디어에 광고해야 하는가? (a) 마케팅 비용을 최소화하는 데 도움이 된다. (b) 운전하는 동안 사람들을 집중이 되지 않게 하지 않을 것이다. (c) 더 젊은 참가자들을 끌어들일 가능성이 더 크다. (d) 여러 가지 다른 플랫폼에 걸쳐 이용될 수 있다

정답 (a)

해설 담화 맨 마지막 부분에 화자가 소셜 미디어를 이용하는 일과 관련해 사실상 마케팅 지출 비용을 없앨 수 있다고(you can virtually eliminate your marketing expenses) 알리고 있으므로 이러한 장점을 언급한 (a)가 정답이다.

패러프레이징 eliminate your marketing expenses 마케팅 지출 비용을 없애다 → minimize marketing costs 마케팅 비용을 최소화하다

어휘 minimize ~을 최소화하다 distract 집중이 안되게 하다, ~을 방해하다 while -ing ~하는 동안, ~하면서 be more likely to 동사원형: ~할 가능성이 더 크다 participant 참가자 a variety of 여러 가지의, 다양한

4-6

Giving a speech to a crowd is no easy thing. I'm here to share some tips about speaking in public. This talk may sound natural now, but I must admit, it required a good deal of preparation to make it this way. There are several steps that you can take in order to get ready to present in front of a crowd.	사람들을 대상으로 연설하는 것은 쉬운 일이 아닙니다. 저는 대중 앞에서 연설하는 일과 관련된 몇 가지 팁을 공유해 드리기 위해 이 자리에 섰습니다. 제 이야기가 지금 자연스럽게 들릴 수도 있지만, 정말이지, 이렇게 만들기 위해 아주 많은 준비 과정을 필요로 했습니다. 사람들 앞에서 발표하실 준비를 하시기 위해 취하실 수 있는 몇 가지 조치가 있습니다.
The first thing is to practice your speech in advance. Some people use a mirror, but that doesn't have the same effect as a real person. [4] Ask one of your friends to sit and listen to you rehearse. It would only take a few minutes of their time, and their participation could make all the difference. While you practice, you can observe their expressions and reactions. That will help you recognize what people will like most about your presentation.	첫 번째는 말할 내용을 미리 연습해보는 것입니다. 어떤 사람들은 거울을 이용하지만, 실제 사람과 동일한 효과를 내진 않습니다. 친구분들 중 한 분에게 앞에 앉아 예행 연습하시는 것을 들어 달라고 부탁해 보십시오. 이는 몇 분 밖에 시간이 걸리지 않겠지만, 그분들의 참여가 아주 큰 차이를 만들어낼 수 있습니다. 연습하시는 동안, 그분들의 얼굴 표정과 반응을 관찰하실 수 있습니다. 이는 여러분의 발표와 관련해 사람들이 무엇을 가장 좋아할지 인식하는 데 도움이 될 것입니다.
My second tip is to prepare some physical accompaniments to your speech, and by that I mean [5] make some gestures with your hands. This can help you draw more focus to your key points. Of course, intonation helps with that too, but just avoid using a monotone when you talk. You might be surprised by how much people pay attention to your body language when you are on stage.	제 두 번째 팁은 여러분의 연설에 동반하는 몇 가지 신체적인 요소를 준비하는 것인데, 여기서 제가 의미하는 건 손으로 몇몇 동작을 취해보시라는 뜻입니다. 이는 핵심 사항에 대해 더 많이 집중시키는 데 도움이 될 수 있습니다. 물론, 억양도 그 부분에 도움이 되기는 하지만, 말씀하실 때 단조로운 어조를 이용하시는 것만 피하십시오. 무대에 서 계실 때 사람들이 여러분의 바디 랭귀지에 얼마나 많은 관심을 기울이는지 놀라워하실 수도 있습니다.
Finally, my third and last tip. Be sure to dress the part. For example, if you want the people to see you as someone who is well-educated, then wear a nice outfit that fits you well. If you're a politician trying to win over the hearts of the working class, don't wear expensive designer clothes. If you plan to give a talk about scientific findings, a lab coat might not be a bad idea. [6] Whatever your audience sees you wearing becomes what they expect to hear from you.	마지막으로, 세 번째이자 마지막 팁입니다. 반드시 어울리는 옷차림을 하시기 바랍니다. 예를 들어, 사람들이 여러분을 훌륭한 교육을 받은 사람처럼 봐주기를 원하신다면, 여러분께 잘 어울리는 멋진 옷차림을 하십시오. 노동자 계층에 속한 사람들의 표심을 얻으려 하는 정치인이라면, 비싼 유명 브랜드 의류를 입지 말아야 합니다. 과학적인 결과물에 관해 이야기하실 계획이시라면, 실험실 가운이 괜찮은 아이디어일 수 있습니다. 여러분께서 무엇을 착용하시든 청중이 보게 된다면 그것이 여러분을 통해 무엇을 듣게 될지 기대하는 것이 됩니다.

어휘 give a speech 연설하다 crowd 사람들, 군중 share ~을 공유하다 speak in public 대중 앞에서 연설하다 I must admit (강조) 정말이지 require ~을 필요로 하다 a good deal of 많은 (양의) preparation 준비 this way 이렇게, 이런 식으로 several 몇몇의, 여럿의 take steps 조치를 취하다 in order to 동사원형: ~하기 위해, ~하려면 get ready to 동사원형: ~할 준비가 되다 present 발표하다 in front of ~ 앞에서 practice ~을 연습하다 in advance 미리, 사전에 have the same effect 동일한 효과를 내다 ask + 목적어 + to 동사원형: A에게 ~하도록 요청하다 rehearse 예행 연습하다 take ~의 시간이 걸리다 participation 참여, 참가 make all the difference 아주 큰 차이를 만들어내다 observe ~을 관찰하다 expressions 얼굴 표정 help + 목적어 + 동사원형: 목적어가 ~하는 데 도움을 주다 recognize ~을 인식하다, ~을 알아보다 prepare ~을 준비하다 physical 신체적인 accompaniment 동반(되는 것) draw focus to ~에 집중시키다, ~에 초점을 맞추게 하다 intonation 억양 help with ~에 도움이 되다 avoid -ing ~하는 것을 피하다 monotone 단조로운 어조 pay attention to ~에 관심을 기울이다, ~에 주목하다 be sure to 동사원형: 반드시 ~하도록 하다, 꼭 ~하도록 하다 dress the part 어울리는 옷을 입다 outfit 옷, 복장 fit ~에게 어울리다, ~에게 적합하다 politician 정치인 win over the hearts of ~의 마음을 얻다 working class 노동자 계층 designer 형 유명 브랜드의 plan to 동사원형: ~할 계획이다 findings 결과물 lab 실험실 whatever 무엇이든 ~하는 것, ~하는 무엇이든 see + 목적어 + -ing: 목적어가 ~하고 있는 것을 보다 expect to 동사원형: ~할 것으로 기대하다, ~할 것으로 예상하다

4. 세부정보

Based on the talk, what should one do to prepare to speak in public?	담화 내용에 따르면, 대중 앞에서 연설할 준비를 하기 위해 무엇을 해야 하는가?
(a) buy some custom-fitted clothes (b) rehearse the speech to a friend (c) ask for feedback on the script (d) visit the venue in advance	(a) 맞춤 제작된 옷을 구입하는 일 (b) 친구를 대상으로 연설을 예행 연습하는 일 (c) 대본에 대한 의견을 요청하는 일 (d) 행사장을 미리 방문하는 일

정답 (b)

해설 화자가 담화 초반부에 친구들 중 한 명에게 앞에 앉아 예행 연습하는 것을 들어 달라고 부탁하는 일을(Ask one of your friends to sit and listen to you rehearse) 언급하고 있으므로 (b)가 정답이다.

패러프레이징 Ask one of your friends to sit and listen to you rehearse 친구 중 한명에게 앉아서 당신이 예행 연습하는 것을 들어달라고 요청하다 → rehearse the speech to a friend 친구에게 연설을 예행 연습하다

어휘 custom-fitted 맞춤 제작된 ask for ~을 요청하다 venue 행사장, 개최 장소

5. 세부정보

According to the talk, how can one keep a crowd's attention?	담화 내용에 따르면, 어떻게 사람들의 관심을 유지할 수 있는가?
(a) by showing visual aids like drawings (b) by asking questions to the crowd (c) by speaking in an even tone (d) by using hand gestures	(a) 그림 같은 시각 보조 자료를 보여줌으로써 (b) 사람들에게 질문을 함으로써 (c) 일정한 어조로 말함으로써 (d) 손동작을 이용함으로써

정답 (d)

해설 담화 중반부에 화자가 손으로 몇몇 동작을 취해보는 것을 권하면서 그렇게 하면 핵심 사항에 대해 더 많이 집중시키는 데 도움이 될 수 있다고(make some gestures with your hands. This can help you draw more focus to your key points) 알리고 있으므로 (d)가 정답이다.

패러프레이징 make some gestures with your hands 손으로 몇 가지 동작을 만들다 → using hand gestures 손동작을 이용하는 것

어휘 visual aids 시각 보조 자료, 시청각 교재 drawing 그림 even 형 일정한, 균일한

6. 추론

Why most likely does the speaker recommend dressing a certain way?	화자가 왜 특정 방식으로 옷을 차려 입도록 권장하는 것 같은가?
(a) because clothes should be designed for specific events (b) because people like hearing directly from scientists (c) because politicians represent their voters (d) because first impressions set the tone	(a) 옷이 특정한 행사를 위해 디자인되어야 하기 때문에 (b) 사람들이 과학자들로부터 직접 이야기 듣는 것을 좋아하기 때문에 (c) 정치인들이 유권자들을 대표하기 때문에 (d) 첫 인상이 분위기를 정하기 때문에

정답 (d)

해설 화자가 담화 후반부에 알맞은 옷차림을 하는 것을 언급하면서 무엇을 착용하든 청중이 보게 된다면 그것이 연설자를 통해 무엇을 듣게 될지 기대하는 것이 된다고(Whatever your audience sees you wearing becomes what they expect to hear from you) 알리고 있다. 이는 옷차림을 통한 첫 인상의 중요성을 나타내는 말에 해당되므로 이러한 의미로 쓰인 (d)가 정답이다.

패러프레이징 whatever your audience sees you wearing 당신이 무엇을 착용하든 청중이 보게 되는 것 → first impressions 첫 인상

어휘 certain 특정한, 일정한 specific 특정한, 구체적인 represent ~을 대표하다 impression 인상, 느낌, 감동 set the tone 분위기를 정하다

7-10

Hello everyone, and thanks for tuning in. In today's episode, we're going to focus mainly on the workplace. But [7] more importantly, ways that you can stay positive while you're there. I know it can be hard sometimes, but with the right frame of mind, you will find your job to be much less stressful.

For the first point, I'll talk about my own personal experience. I used to have trouble balancing my schedule. Work would all come in at once, and I would rush to get it all done. That meant that until all the tasks were completed, I was stressed out and generally frustrated. [8] I was able to fix that by planning out my schedule in advance for weeks. By doing so, I was able to slow down and relax.

The second key point is improving the overall mood of the people that you work with. I don't mean by telling jokes or sharing everything about your personal life, because that sort of thing doesn't always work out. In fact, talking about interests that they don't care about would only drive a wedge between you. [9] The best way to make people happy is to recognize the things that they have accomplished at work. Be sure to compliment them on successful projects to show them that you care. Their smiles will help you smile as well.

My third and final point is that if you have some personal space at work, you should decorate it with pictures that remind you of good times. Maybe you had a fun vacation recently, or you and your best friend went to a concert. Just by seeing pictures from those great memories, your mood is bound to improve as you think about all the fun you had. [10] Feeling connected has been shown to put a smile on people's faces.

Now, we're going to take a quick break to hear a word from our sponsors. When I come back, we'll continue talking more about this with Raine Grosso, a professional interior designer. Raine is going to talk about how bright colors can make people feel happy, so stay tuned!

안녕하세요, 여러분, 그리고 청취해 주셔서 감사합니다. 오늘 방송분에서는, 주로 직장 생활에 초점을 맞춰 볼 예정입니다. 하지만 더욱 중요한 점은, 그곳에 계시는 동안 긍정적인 상태를 유지하실 수 있는 방법입니다. 때때로 힘들 수 있다는 것을 알지만, 올바른 마음가짐을 통해, 여러분의 일이 훨씬 덜 스트레스 받는 일이라는 생각이 드시게 될 것입니다.

첫 번째 사항으로, 제 개인적인 경험에 관해 이야기해 드리겠습니다. 저는 전에 제 일정의 균형을 잡는 데 어려움을 겪곤 했습니다. 일이 한꺼번에 전부 몰려 들었고, 급하게 전부 해치우곤 했습니다. 이는 모든 일들이 완료될 때까지, 스트레스를 받아 일반적으로 좌절감을 느끼는 상태가 되었다는 뜻이었습니다. 저는 몇 주 전에 미리 제 일정을 세심히 계획하는 것으로 이 문제를 바로잡을 수 있었습니다. 이렇게 함으로써, 속도를 늦추고 여유를 가질 수 있게 되었습니다.

두 번째 핵심 요소는 함께 일하는 사람들의 전반적인 기분을 향상시키는 것입니다. 농담을 하거나 여러분의 개인적인 삶에 관한 모든 것을 공유하라는 뜻은 아닌데, 이런 종류의 것이 항상 효과가 있지는 않기 때문입니다. 실제로, 사람들이 신경 쓰지 않는 관심사에 관해 이야기하는 것은 서로 사이를 틀어지게만 할 것입니다. 사람들을 기쁘게 만드는 최고의 방법은 직장에서 성취해낸 부분들을 인정하는 것입니다. 그 사람들에게 여러분께서 신경을 쓰고 있다는 것을 보여주기 위해 꼭 성공적이었던 프로젝트들에 대해 칭찬해 드리십시오. 그 사람들의 미소가 여러분께서 미소 지으시는 데에도 도움이 될 것입니다.

세 번째이자 마지막 요소는 직장에 개인적인 공간이 좀 있으시면, 좋았던 때를 상기시켜주는 사진으로 장식해 보시라는 것입니다. 아마 최근에 즐거운 휴가를 보내셨거나, 가장 친한 친구와 함께 콘서트에 가셨을 수도 있습니다. 그렇게 아주 좋은 기억이 담긴 사진을 보는 것만으로도, 즐거웠던 모든 일에 대해 생각하시면 기분이 나아지게 마련입니다. 교감하는 기분이 들면 사람들의 얼굴에 미소가 번지는 것으로 나타났습니다.

자, 저희 후원업체에서 전하는 말씀 들으시면서 잠시 쉬어 가도록 하겠습니다. 다시 돌아와서, 전문 실내 디자이너이신 레인 그로소 씨와 함께 이에 관해 계속해서 더 이야기 나누겠습니다. 레인 씨께서 밝은 색상이 어떻게 사람들을 행복한 기분이 들게 만드는지에 관해 이야기해주실 것이므로, 채널 고정하시기 바랍니다!

어휘 **tune in** (채널을 맞춰) 청취하다, 채널을 맞추다 **episode** 1회 방송분 **focus on** ~에 초점을 맞추다 **way** 방법 **stay 형용사:** ~한 상태로 유지하다 **positive** 긍정적인 **frame of mind** 마음가짐, 기분 **find A to be B:** A를 B하다고 생각하다 **much** (비교급 수식) 훨씬 **used to 동사원형:** 전에 ~하곤 했다 **have trouble -ing** ~하는 데 어려움을 겪다 **balance** ⓓ ~의 균형을 잡다 **at once** 한꺼번에, 한번에 **rush to 동사원형:** 급하게 ~하다 **get A done:** A를 해내다, A를 완료하다 **task** 일, 업무 **complete** ~을 완료하다 **stressed out** 스트레스를 받은 **generally** 일반적으로, 보통 **frustrated** 좌절한, 불만스러워 하는 **be able to 동사원형:** ~할 수 있다 **fix** ~을 바로잡다, ~을 고치다 **plan out** ~을 세심히 계획하다 **in advance** 미리, 사전에 **slow down** (속도, 진행 등을) 늦추다 **relax** 여유를 갖다, 느긋하게 하다 **improve** ~을 향상시키다, ~을 개선하다 **overall** 전반적인 **mood** 기분, 분위기 **work out** 효과를 내다, 작용하다 **interests** 관심사 **care about** ~에 대해 신경 쓰다, 관심을 갖다 **drive a wedge** 사이를 틀어지게 하다 **recognize** ~을 인정하다 **accomplish** ~을 성취하다, ~을 달성하다 **be sure to 동사원형:** 꼭 ~하도록 하다 **compliment A on B:** B에 대해 A를 칭찬하다 **help A 동사원형:** A가 ~하는 데 도움이 되다 **as well** ~도, 또한 **decorate A with B:** A를 B로 장식하다 **remind A of B:** A에게 B를 상기시키다 **recently** 최근에 **be bound to 동사원형:** ~하게 마련이다, ~하게 되다 **be shown to 동사원형:** ~하는 것으로 나타나다 **break** 휴식 (시간) **sponsor** 후원업체 **continue -ing** 계속 ~하다 **make A 동사원형:** A를 ~하게 만들다 **stay tuned** 채널을 고정한 상태로 있다

7. 주제/목적

What is the speaker mainly talking about?	화자가 주로 무엇에 관해 이야기하고 있는가?
(a) how to avoid being overlooked for promotions (b) how to maintain a positive attitude at work (c) how to improve your own work efficiency (d) how to make friends with coworkers	(a) 승진에 대해 간과되는 것을 피하는 방법 (b) 직장에서 긍정적인 태도를 유지하는 방법 (c) 자신의 업무 효율성을 개선하는 방법 (d) 동료 직원들과 친구가 되는 방법

정답 (b)

해설 화자가 담화를 시작하면서 직장에 있는 동안 긍정적인 상태를 유지할 수 있는 방법이 중요하다고(more importantly, ways that you can stay positive while you're there) 알리면서 그 방법들을 소개하고 있으므로 (b)가 정답이다.

패러프레이징 stay positive 긍정적인 상태를 유지하다 → maintain a positive attitude 긍정적인 태도를 유지하다

어휘 how to 동사원형: ~하는 법 avoid -ing ~하는 것을 피하다 overlook ~을 간과하다 promotion 승진, 진급 maintain ~을 유지하다 attitude 태도 efficiency 효율(성) coworker 동료 (직원)

8. 세부정보

How did the speaker handle a large workload?	화자는 많은 업무량을 어떻게 처리했는가?
(a) by downloading scheduling software (b) by creating a long-term schedule (c) by asking her coworkers for help (d) by hiring a personal assistant	(a) 일정 관리 소프트웨어를 다운로드함으로써 (b) 장기적인 일정표를 만듦으로써 (c) 동료 직원들에게 도움을 요청함으로써 (d) 개인 비서를 고용함으로써

정답 (b)

해설 담화 초반부에 화자가 자신이 겪은 어려움을 말하면서 몇 주 전에 미리 일정을 세심히 계획하는 것으로 문제를 바로잡을 수 있었다고(I was able to fix that by planning out my schedule in advance for weeks) 알리고 있으므로 (b)가 정답이다.

패러프레이징 planning out my schedule in advance for weeks 몇 주 전에 미리 일정을 세심히 계획하는 것 → creating a long-term schedule 장기적인 일정표를 만드는 것

어휘 handle ~을 처리하다, ~을 다루다 workload 업무량 scheduling 일정 관리 create ~을 만들어내다 long-term 장기적인 ask A for B: A에게 B를 요청하다 hire ~을 고용하다 assistant 비서, 조수, 보조

9. 세부정보

How does the speaker improve his coworkers' moods?	화자는 동료 직원들의 기분을 어떻게 향상시키는가?
(a) He acknowledges their accomplishments. (b) He takes them out for coffee after lunch. (c) He shares jokes about current events. (d) He talks about his personal life.	(a) 그들의 성취를 인정해준다. (b) 점심 식사 후에 커피를 마시러 데리고 간다. (c) 시사 문제에 관한 농담을 공유한다. (d) 자신의 개인적인 삶에 관해 이야기한다.

정답 (a)

해설 화자가 담화 중반부에 사람들을 기쁘게 만드는 최고의 방법이 직장에서 성취해낸 부분들을 인정하는 것이라고(The best way to make people happy is to recognize the things that they have accomplished at work) 언급하고 있으므로 (a)가 정답이다.

패러프레이징 recognize the things that they have accomplished at work 그들이 직장해서 성취한 것을 인정하다 → acknowledges their accomplishments 그들의 성취를 인정하다

어휘 acknowledge ~을 인정하다 accomplishment 성취, 달성, 업적 current 현재의

10. 세부정보

According to the speaker, why should people decorate their workstation? (a) to make your desk easy to locate (b) to put your hobbies on display (c) to feel a family connection (d) to brighten up the office	화자의 말에 따르면, 사람들이 왜 업무 공간을 장식해야 하는가? (a) 책상 위치를 찾기 쉽게 만들기 위해 (b) 취미를 드러내 놓기 위해 (c) 가족과 교감하는 느낌을 갖기 위해 (d) 사무실을 화사하게 만들기 위해

정답 (c)

해설 담화 후반부에 화자가 업무 공간을 장식하는 것에 따라 교감하는 기분을 갖는 것의 장점을(Feeling connected has been shown to put a smile on people's faces) 설명하고 있으므로 (c)가 정답이다.

패러프레이징 feeling connected 교감되는 기분을 느끼는 것 → feel a family connection 가족과의 교감을 느끼다

어휘 make A B: A를 B한 상태로 만들다 locate ~의 위치를 찾다 put A on display: A를 드러내 놓다, A를 진열하다 brighten up ~을 화사하게 만들다, ~을 밝게 만들다

ACTUAL LISETENING 기출 문제 풀이

정답

1. (c) 2. (a) 3. (b) 4. (c) 5. (d) 6. (a) 7. (d)

1-7

Welcome to another episode of *Enjoying Travel*, a podcast that helps you make traveling fun. Continuing with last week's topic of road trips, [1] today we'll cover a key element of any driving experience — the playlist. Here are six tips for making the perfect road trip playlist.	여행을 즐겁게 만드는 데 도움을 드리는 팟캐스트, <여행 즐기기>의 또 다른 에피소드에 오신 것을 환영합니다. 지난 주의 주제였던 장거리 자동차 여행에 이어, 오늘은 모든 운전 경험의 핵심 요소인 플레이리스트를 다뤄 보겠습니다. 완벽한 자동차 여행용 플레이리스트를 만드는 여섯 가지 팁을 소개해 드리겠습니다.
First, consider the length of your trip. Your playlist should be long enough that you don't need to keep repeating it. This is particularly important on long trips. Once, [2] I went on a five-hour road trip with friends along the California coast, but the playlist I made was only an hour long. Halfway through the trip, we'd already heard the same songs several times, and we were getting bored. To avoid this, make a playlist that matches the length of your drive.	첫째, 여행의 길이를 고려해 보십시오. 플레이리스트는 계속 반복할 필요가 없을 정도로 충분히 길어야 합니다. 이는 장거리 여행에서 특히 중요합니다. 한 번은, 제가 친구들과 함께 캘리포니아 해변을 따라 5시간 동안 자동차 여행을 떠났는데, 제가 만든 플레이리스트가 1시간밖에 되지 않았습니다. 그 여행의 중간쯤에, 저희는 이미 같은 노래들을 여러 차례 들은 상태였기 때문에, 지루해졌습니다. 이를 피하시려면, 운전 시간과 일치하는 플레이리스트를 만드십시오.
Second, think about the atmosphere you want to create. If you're driving through the mountains, you might want to listen to something dramatic. On the other hand, if you're headed to the beach, cheerful summer music might be better. [3] A friend of mine was recently driving through the desert at sunset, which should have been relaxing, but the only music she had downloaded beforehand was heavy metal. It completely ruined the drive for her!	둘째, 만들고 싶은 분위기를 생각해 보십시오. 산을 지나 운전하시는 경우, 뭔가 극적인 것을 듣고 싶어 하실 수도 있습니다. 반면에, 해변으로 향하시는 경우에는, 신나는 여름 음악이 더 나을지도 모릅니다. 제 친구 한 명은 최근 해질녘에 사막을 지나 운전하고 있었는데, 느긋함이 있어야 했지만, 그 친구가 미리 다운로드한 유일한 음악이 헤비메탈이었습니다. 그게 그 운전 시간을 완전히 망쳐 버렸죠!

My third tip is to consider the preferences of your fellow passengers. Try to include something for everyone. That's not what my sister did on a trip we took to Los Angeles a few weeks ago. Her entire playlist was songs from Broadway musicals, which she likes to sing along with. I hate that stuff! [4] I asked her if we could listen to my classic rock mix, but she wouldn't put it on, and we started arguing about who had better taste in music. Don't assume that everyone in the car likes what you like.	세 번째 팁은 동승객들의 선호 사항을 고려해 보시는 것입니다. 모두를 위한 것을 포함해 보도록 하십시오. 제 여동생은 몇 주 전에 로스앤젤레스로 함께 떠났던 여행에서 그렇게 하지 못했습니다. 전체 플레이리스트가 자신이 따라 부르기 좋아하는, 브로드웨이 뮤지컬 곡들이었습니다. 저는 그런 걸 좋아하지 않거든요! 제가 제 고전 록 음악 믹스를 들을 수 있는지 물어 봤지만, 여동생은 틀지 않았고, 저희는 누가 더 나은 음악 취향을 갖고 있는지에 관해 말다툼하기 시작했습니다. 자동차에 탄 모두가 여러분이 좋아하시는 것을 좋아한다고 생각하지 마십시오.
Fourth, make sure that whatever music you're taking is going to be accessible. Now that many of us use streaming services for music, you must consider internet coverage along your route. I have unlimited data, but that doesn't matter when there's no signal. [5] On last year's trip through the Rocky Mountains, I discovered that parts of my route had poor cell phone reception. I couldn't enjoy my streaming playlist, or even listen to the radio!	넷째, 여러분께서 어떤 음악을 가져가시든 반드시 이용 가능하게 되도록 하십시오. 우리 대부분이 음악 스트리밍 서비스를 이용하고 있으므로, 경로상의 인터넷 접속 범위를 반드시 고려하시기 바랍니다. 제가 무제한 데이터를 이용하고 있지만, 신호가 없는 경우에는 중요하지 않습니다. 작년에 로키 산맥을 지났던 여행 중에, 저는 경로의 여러 구간에서 휴대 전화 수신 상태가 좋지 못했다는 사실을 알게 되었습니다. 저는 제 스트리밍 플레이리스트를 즐길 수도, 심지어 라디오를 청취할 수도 없었습니다!
[6] The fifth tip is that it's a good idea to incorporate familiar tunes in your playlist. If you only play new music, you might end up getting annoyed. I remember driving to Nevada and only downloading one set of tracks: a brand-new album by a band I liked. The album was terrible, and hearing it made me grumpy for the rest of the trip. That frustration could've been avoided if I had brought some old favorites.	다섯 번째 팁은 익숙한 곡을 플레이리스트에 포함하는 것이 좋은 아이디어라는 사실입니다. 오직 신곡만 틀어 놓는다면, 결국 짜증나게 될지도 모릅니다. 제가 네바다로 운전해 가면서 오직 한 가지 일련의 트랙들만 다운로드한 게 기억이 나는데, 제가 좋아했던 한 밴드의 완전히 새로운 앨범이었습니다. 이 앨범이 끔찍했기 때문에 그걸 들으니까 나머지 여행 동안 투덜거리게 되었습니다. 제가 기존에 가장 좋아했던 몇몇 곡들을 가져갔다면 그런 불만은 피할 수 있었을 겁니다.
My last recommendation concerns [7] changing up the track order to keep things interesting. If you plan the order carefully, knowing exactly which song follows which, you can create a playlist that flows like a work of art. However, [7] if you hit the "shuffle" button, the next song will always be a surprise. That way, you'll be more engaged, even on long car rides. This can breathe new life into a playlist, even if you've listened to it many times.	제 마지막 추천 사항은 흥미롭게 유지할 수 있도록 트랙 순서를 변경하는 것과 관련되어 있습니다. 어느 곳이 어느 곳 뒤에 이어지는지 정확히 알고, 순서를 신중히 계획하시면, 예술 작품처럼 흘러가는 플레이리스트를 만들어 내실 수 있습니다. 하지만, "무작위 재생" 버튼을 누르시는 경우, 다음 곡에 항상 놀라시게 될 것입니다. 그렇게 하시면, 심지어 장거리 자동차 여행 중에도, 더욱 몰입하시게 될 것입니다. 이는 플레이리스트에 새로운 생명을 불어넣을 수 있으며, 설사 여러 번 들으셨다 하더라도 그렇습니다.
Every person is unique with different tastes. However, following these six tips will guarantee that every road trip is accompanied by an excellent playlist. Until next time, may all your travels be enjoyable.	각각의 사람은 서로 다른 취향을 지니고 있어 고유합니다. 하지만, 이 여섯 가지 팁을 따르시면 모든 자동차 여행에 훌륭한 플레이리스트가 동반된다는 점이 보장될 것입니다. 다음 시간까지, 여러분의 모든 여행이 즐겁기를 바랍니다.

어휘 episode (방송의) 에피소드, 1회분 help + 목적어 + 동사원형: (목적어)가 ~하도록 돕다 cover (주제 등) ~을 다루다 element 요소 consider ~을 고려하다 length (시간, 거리 등의) 길이 particularly 특히, 특별히 halfway through ~하는 중간에 avoid ~을 피하다 match ~와 일치하다, ~와 어울리다 atmosphere 분위기 on the other hand 반면에, 다른 한편으로는 be headed to ~로 향하다 cheerful 신나는, 쾌활한 recently 최근에 should have p.p. ~했어야 했다 relaxing 느긋하게 만드는, 여유로운 beforehand 미리, 사전에 completely 완전히, 전적으로 ruin ~을 망치다 preference 선호 (사항), 선호도 fellow 같은 입장에 있는, 동료의 include ~을 포함하다 entire 전체의 sing along with ~을 따라 부르다 stuff 것(들), 물건, 물체 mix 믹스, 섞은 것 argue 말다툼하다 taste 취향, 기호 assume that ~라고 생각하다, ~라고 추정하다 make sure that 반드시 ~하도록 하다 accessible 이용 가능한, 접근 가능한 now that (이제) ~이므로 coverage (서비스 등의) 적용 범위 unlimited 무제한의 matter 동 중요하다, 문제가 되다 discover that ~임을 알게 되다, ~임을 발견하다 reception 수신 (상태) incorporate ~을 포함하다 familiar 익숙한, 잘 아는 tune 곡, 곡조 end up -ing 결국 ~하게 되다 annoyed 짜증이 난 remember -ing ~한 것을 기억하다 brand-new 완전히 새로운 terrible 끔찍한 grumpy 투덜거리는 the rest of ~의 나머지 frustration 불만, 좌절 could have p.p. ~할 수도 있었다 favorite 명 가장 좋아하는 것 recommendation 추천 (사항) concern ~와 관련되다 order 순서 exactly 정확히 follow ~ 뒤에 이어지다, ~을 따르다 flow 흐르다 shuffle 무작위로 섞기 that way 그렇게 하면, 그런 방법으로 engaged 몰입한, 몰두한 breathe new life into ~에 새로운 생명을 불어 넣다 unique 고유한, 독특한 guarantee that ~임을 보장하다 be accompanied by ~이 동반되다

1. 세부 정보

What is the talk mainly about?	담화는 주로 무엇에 관한 것인가?
(a) packing for a music festival (b) creating a camping trip playlist (c) choosing music for a road trip (d) making playlists for friends	(a) 음악 축제를 위한 짐 꾸리기 (b) 캠핑 여행용 플레이리스트 만들기 (c) 자동차 여행용 음악 고르기 (d) 친구를 위한 플레이리스트 만들기

정답 (c)

해설 화자가 담화 시작 부분에 오늘은 모든 운전 경험의 핵심 요소인 플레이리스트를 다뤄 보겠다고 밝히면서 완벽한 자동차 여행용 플레이리스트를 만드는 여섯 가지 팁을 전하겠다고(today we'll cover a key element of any driving experience — the playlist. Here are six tips for making the perfect road trip playlist) 언급하고 있다. 이는 자동차 여행에 좋은 음악을 고르는 일을 의미하므로 (c)가 정답이다.

어휘 pack 짐을 꾸리다, 짐을 싸다 choose ~을 선택하다

패러프레이징 making the perfect road trip playlist → choosing music for a road trip

2. 세부 정보

Why did the speaker get bored during his drive along the California coast?	화자는 캘리포니아 해변을 따라 운전하던 중에 지루해졌는가?
(a) because he failed to prepare enough music (b) because he forgot to make a playlist (c) because he remained on the same road (d) because he decided to travel alone	(a) 충분한 음악을 준비하지 못했기 때문에 (b) 플레이리스트를 만드는 것을 잊었기 때문에 (c) 같은 도로에 계속 남아 있었기 때문에 (d) 혼자 여행하기로 결정했기 때문에

정답 (a)

해설 질문의 키워드인 drive along the California coast가 언급된 부분에서 화자는 친구들과 함께 캘리포니아 해변을 따라 5시간 동안 자동차 여행을 떠난 사실과 함께 자신이 만든 플레이리스트가 1시간밖에 되지 않았다는 점을(I went on a five-hour road trip with friends along the California coast, but the playlist I made was only an hour long) 밝히고 있다. 이는 여행 시간만큼 길이가 충분한 플레이리스트를 만들지 못한 것의 예시에 해당하므로 (a)가 정답이다.

어휘 fail to 동사원형: ~하지 못하다, ~하는 데 실패하다 forget to 동사원형: ~하는 것을 잊다 remain 계속 남아 있다 decide to 동사원형: ~하기로 결정하다

패러프레이징 a five-hour road trip / the playlist I made was only an hour long → failed to prepare enough music

3. 세부 정보

What problem did the speaker's friend have with her music during a drive through the desert?	화자의 친구가 사막을 지나 운전하던 중에 음악과 관련해 어떤 문제가 있었는가?
(a) It brought up bad memories. (b) It set the wrong mood. (c) It had poor sound quality. (d) It made her sleepy.	(a) 나쁜 기억을 불러일으켰다. (b) 엉뚱한 분위기를 만들었다. (c) 음질이 좋지 못했다. (d) 졸음이 오게 만들었다.

정답 (b)

해설 질문의 키워드인 friend와 drive through the desert가 언급된 부분에서 화자는 친구가 사막 여행 중에 느긋함이 있어야 했지만 음악이 헤비메탈이었기 때문에 그 시간을 완전히 망쳤다고(A friend of mine was recently driving through the desert at sunset, which should have been relaxing, but the only music she had downloaded beforehand was heavy metal. It completely ruined the drive for her!) 설명하고 있다. 이는 어울리지 않는 음악으로 인해 어색한 분위기 만들어진 것의 예시에 해당하므로 (b)가 정답이다.

어휘 bring up ~을 불러일으키다 set ~을 만들어 내다, ~을 설정하다, ~을 결정하다

패러프레이징 should have been relaxing / completely ruined the drive → set the wrong mood

4. 세부 정보

Why did the speaker argue with his sister about music? (a) because she refused to stop singing along (b) because she kept switching radio stations (c) because she refused to play certain songs (d) because she kept turning up the volume	화자가 음악과 관련해 여동생과 말다툼했던 이유는 무엇인가? (a) 따라 부르는 것을 멈추기를 거부했기 때문에 (b) 계속 라디오 방송국을 바꿨기 때문에 (c) 특정 노래들을 틀기를 거부했기 때문에 (d) 계속 음량을 높였기 때문에

정답 (c)

해설 질문의 키워드인 argue와 sister가 언급된 부분에서 화자는 여동생이 틀어 놓은 브로드웨이 뮤지컬 곡들을 좋아하지 않아서 자신이 좋아하는 록 음악을 들을 수 있는지 물어 봤지만 여동생은 틀지 않았고 말다툼하게 되었다는(I asked her if we could listen to my classic rock mix, but she wouldn't put it on, and we started arguing ~) 일화를 소개하고 있다. 따라서 화자의 여동생이 특정 곡을 틀지 않아 말다툼했음을 알 수 있으므로 (c)가 정답이다.

어휘 **refuse to 동사원형:** ~하기를 거부하다 **keep -ing** 계속 ~하다 **switch** ~을 바꾸다 **certain** 특정한, 일정한 **turn up the volume** 음량을 높이다

패러프레이징 asked her if we could listen to my classic rock mix, but she wouldn't put it on → refused to play certain songs

5. 세부 정보

Why was the speaker unable to enjoy his playlist on last year's trip? (a) because his car broke down (b) because he ran out of data (c) because his phone died (d) because he had bad reception	화자가 왜 작년에 떠난 여행에서 플레이리스트를 즐길 수 없었는가? (a) 자동차가 고장 났기 때문에 (b) 데이터가 부족해졌기 때문에 (c) 전화기가 작동하지 않았기 때문에 (d) 수신 상태가 좋지 못했기 때문에

정답 (d)

해설 질문의 키워드인 on last year's trip이 언급된 부분에서 화자는 경로의 여러 구간에서 휴대 전화 수신 상태가 좋지 못했기 때문에 자신의 스트리밍 플레이리스트를 즐길 수 없었다고(On last year's trip through the Rocky Mountains, I discovered that parts of my route had poor cell phone reception. I couldn't enjoy my streaming playlist ~) 언급하고 있으므로 (d)가 정답이다.

어휘 **be unable to 동사원형:** ~할 수 없다 **break down** 고장 나다 **run out of** ~이 부족해지다, ~이 다 떨어지다 **die** (기계 등이) 작동을 멈추다

패러프레이징 had poor cell phone reception → had bad reception

6. 세부 정보

Based on the talk, what might listeners find annoying while in the car? (a) too many unfamiliar songs (b) songs with repetitive lyrics (c) advertisements between songs (d) songs with too much bass	담화 내용에 따르면, 청자들이 자동차에 타 있는 동안 무엇을 짜증난다고 생각할 수도 있는가? (a) 너무 많은 익숙하지 않은 노래들 (b) 반복적인 가사가 있는 노래들 (c) 노래들 사이의 광고 (d) 베이스가 너무 많은 노래들

정답 (a)

해설 화자가 다섯 번째 팁을 소개하면서 익숙한 곡을 플레이리스트에 포함하는 것이 좋다고 말한 다음, 오직 신곡만 틀어 놓는다면 결국 짜증나게 될지도 모른다고(The fifth tip is that it's a good idea to incorporate familiar tunes in your playlist. If you only play new music, you might end up getting annoyed) 알리고 있다. 이는 익숙하지 않은 곡들이 너무 많으면 짜증날 수 있다는 뜻이므로 (a)가 정답이다.

어휘 **find + 목적어 + 형용사:** (목적어)를 ~하다고 생각하다 **unfamiliar** 익숙하지 않은, 잘 알지 못하는 **repetitive** 반복적인 **lyrics** 가사 **advertisement** 광고

7. 세부 정보

Based on the talk, how might someone create excitement on a long car ride? (a) by changing styles often (b) by trying out new bands (c) by taking a friend's suggestions (d) by mixing up the song order	담화 내용에 따르면, 장거리 자동차 여행에서 어떻게 흥겨움을 만들어 낼 수도 있는가? (a) 자주 스타일을 바꿈으로써 (b) 새로운 밴드를 시도해 봄으로써 (c) 친구의 제안을 수용함으로써 (d) 곡 순서를 섞음으로써

정답 (d)

해설 화자가 마지막 추천 사항을 알리는 부분에서 흥미롭게 유지할 수 있도록 트랙 순서를 변경하는 것을(changing up the track order to keep things interesting) 언급한 다음, "무작위 재생" 버튼을 누르면 다음 곡에 항상 놀라게 될 것이라고(if you hit the "shuffle" button, the next song will always be a surprise) 밝히고 있다. 따라서 플레이리스트의 곡 순서를 섞는 것이 흥겨움을 만들어 내는 방법임을 알 수 있으므로 (d)가 정답이다.

어휘 excitement 흥겨움, 신남 try out ~을 시도해 보다, ~을 시험해 보다 suggestion 제안, 의견

패러프레이징 changing up the track order → mixing up the song order

부록

질문 노트테이킹 5회

PART 1

1-1

27. According to Victoria, what was the best thing about the Golden Beach Resort?	27. 빅토리아의 말에 따르면, 골든 비치 리조트의 가장 좋은 점은 무엇이었는가?
28. How most likely did Victoria get the VIP room?	28. 빅토리아는 어떻게 VIP 객실을 얻었을 것 같은가?
29. Why were the snorkeling tours canceled?	29. 스노클링 투어는 왜 취소되었는가?
30. What might be the reason Andy did not eat at the hotel?	30. 앤디가 호텔에서 식사를 하지 않은 이유는 무엇인가?
31. What did Andy say about the souvenirs that Victoria bought?	31. 빅토리아가 산 기념품에 대해 앤디가 말한 것은 무엇인가?
32. According to Andy, why is tourism good for the locals at Golden Beach?	32. 앤디의 말에 따르면, 골든 비치에서 관광업이 지역 주민들에게 좋은 이유는 무엇인가?
33. What will Andy probably do after the conversation?	33. 대화 후에 앤디는 무엇을 할 것 같은가?

노트테이킹

27. V, W best (골든 비치) 리조트?
28. H V get VIP room?
29. Y 스노클링 투어 cancel(취소)?
30. Y A X eat 호텔에서? (What can be the reason = Why)
31. W A say souvenir[기념품]?
32. A, Y 투어리즘[관광업] good for 로컬?
33. W A 추론 do 대화 후?

어휘 snorkeling 스노클링, 스노클 잠수 souvenir 기념품 tourism 관광업 local 지역 주민

1-2

27. What did Olive do last weekend?	27. 올리브는 지난 주말에 무엇을 하였는가?
28. Why is John not interested in CB International Circus?	28. 존이 CB 인터내셔널 서커스에 관심을 가지지 않는 이유는 무엇인가?
29. According to Olive, how is a modern circus different from a traditional Circus?	29. 올리브의 말에 따르면, 현대의 서커스는 전통 서커스와 어떻게 다른가?
30. How did CB International Circus start up?	30. CB 인터내셔널 서커스는 어떻게 시작하였는가?
31. What was the first part of the Circus show about?	31. 서커스 쇼의 첫 부분은 무엇에 관한 것이었는가?
32. According to John, why do musicians limit interaction with the audience?	32. 존의 말에 따르면, 음악가들이 관중과의 교류를 제한하는 이유는 무엇인가?
33. What will John most likely do tonight?	33. 존은 오늘밤 무엇을 할 것 같은가?

노트테이킹

27. W O do 지난 주말?
28. Y J X interested in 서커스?
29. O, H 모던 서커스 different?

TIP 앞부분에 modern이 언급되었고, 현대와 전통적인 부분을 비교하는 것을 알 수 있으므로 traditional circus를 노트테이킹하지 않아도 질문 파악 가능

30. H CB 서커스 start?
31. W 1st part 서커스 쇼?
32. J, Y 뮤지션 limit interaction (관중)?
33. W J 추론 do tonight?

어휘 be different from ~와 다르다 traditional 전통적인 limit 제한하다 interaction with ~와의 교류

1-3

27. What is the conversation all about?	27. 대화는 무엇에 관한 것인가?
28. Why were Joe and Ella unable to see the stage at first?	28. 조와 엘라가 처음에 무대를 볼 수 없었던 이유는 무엇인가?
29. Why did Joe suddenly hold onto Ella during the concert?	29. 콘서트 중에 조가 갑자기 엘라에게 매달렸던 이유는 무엇인가?
30. What accident happened at the concert?	30. 콘서트에서 어떤 사고가 발생하였는가?
31. How did the show proceed after the accident?	31. 사고 후에 쇼는 어떻게 진행되었는가?
32. What makes the band great?	32. 그 밴드를 위대하게 만드는 것은 무엇인가?
33. What most likely will Joe do after the conversation?	33. 조가 대화 후에 할 일은 무엇일 것 같은가?

노트테이킹

27. 주제
28. Y J & E x see 무대 at first[처음에]?
29. Y J 갑자기 hold E 콘서트 중?
30. W accident happened?
31. H show 진행 사고 후?
32. W band great?
33. W 추론 J 대화 후?

어휘 be unable to 동사원형: ~할 수 없다 at first 처음에 suddenly 갑자기 hold onto ~에 매달리다 accident 사고 proceed 진행되다

1-4

27. What are Jason and Chloe doing at the event?	27. 제이슨과 클로이는 그 행사에서 무엇을 하고 있는가?
28. Why did Chloe need to sit down while watching a performance?	28. 공연을 보던 도중에 클로이가 앉아야 했던 이유는 무엇인가?
29. How most likely did Chloe know that so many people would come to the festival?	29. 클로이는 어떻게 정말 많은 사람들이 축제에 올 것이라고 알고 있었을 것 같은가?
30. Why did Chloe only buy French fries instead of the whole meal?	30. 클로이가 전체 식사 대신에 프렌치 프라이만 샀던 이유는 무엇인가?
31. How did Jason get a bottle of water?	31. 제이슨은 물병을 어떻게 얻었는가?
32. Why is Jason leaving before the last band's performance?	32. 제이슨이 마지막 밴드의 공연 전에 떠날 이유는 무엇인가?
33. What will Chloe most likely do right after the conversation?	33. 클로이는 대화 직후에 무엇을 할 것 같은가?

노트테이킹

27. W J & C do event?

28. Y C sit down watching 공연?

29. H 추론 C know people come 페스티벌?

30. Y C only buy 프렌치프라이 식사 대신?

31. H J get water?

32. Y J leave before 마지막 공연?

33. W C 추론 do 대화 후?

어휘 sit down 앉다 performance 공연, 연주 whole 전체의 meal 식사

1-5

27. Why was Heather excited about inviting David to the musical?	27. 뮤지컬에 데이빗을 초대하는 것에 대해 헤더가 흥분했던 이유는 무엇인가?
28. Why did Heather not read the novel?	28. 헤더가 소설을 읽지 않은 이유는 무엇인가?
29. According to David, what factors are different from the novel?	29. 데이빗의 말에 따르면, 소설과 다른 요소는 무엇인가?
30. How does Heather feel about the lead actor's performance?	30. 헤더는 주연 배우의 연기에 대해 어떻게 생각하는가?
31. What part of the show did David enjoy the most?	31. 쇼에서 데이빗이 가장 즐겼던 부분은 어느 부분인가?
32. Why was David distressed by some actors?	32. 데이빗이 몇몇 배우들에 괴로워 했던 이유는 무엇인가?
33. What will Heather and David probably do after the conversation?	33. 헤더와 데이빗이 대화 후에 할 일은 무엇일 것 같은가?

노트테이킹

27. Y H excited invite D 뮤지컬?

28. Y H X read 소설?

29. D, W different from 소설?

30. H H feel lead actor 연기?

31. W D enjoy 가장?

32. Y D distressed by actors?

33. W H & D 추론 대화 후?

어휘 be excited about ~에 흥분하다, ~에 신나다 factor 요인, 요소 lead actor 주연 배우 be distressed by ~에 괴로워하다

2-1

34. What is the talk all about?	34. 담화는 모두 무엇에 관한 것인가?
35. How does having only one gas station and convenience store benefit travelers?	35. 단 하나의 주유소와 편의점이 있는 것이 여행객들에게 어떻게 도움이 되는가?
36. What can travelers do at Sunset Park if they are looking for a proper meal?	36. 여행객들이 제대로 된 식사를 찾고 있다면, 그들은 선셋 파크에서 무엇을 할 수 있는가?
37. Why most likely does the travel center maintain a quiet atmosphere in the lounge?	37. 여행 센터가 라운지 내에서 조용한 분위기를 유지하는 이유는 무엇일 것 같은가?
38. What features are different from other parks?	38. 다른 공원들과 다른 특징은 무엇인가?
39. What makes travelers feel safe at Sunset Park?	39. 여행객들이 선셋 파크에서 안전하다고 느끼게 하는 것은 무엇인가?

노트테이킹

34. 주제
35. H only 1 주유소, 편의점 + 여행객?
36. W do (Sunset Park) if 찾다 proper meal?
37. Y 추론 travel 센터 quiet 분위기?
38. W different from 다른 공원?
39. W feel safe (Sunset park)?

어휘 gas station 주유소 convenience store 편의점 benefit 도움이 되다, 혜택을 주다 traveler 여행객 look for ~을 찾다 proper 제대로 된 meal 식사 maintain 유지하다 quiet 조용한 atmosphere 분위기 feature 특징 be different from ~와 다르다

2-2

34. What is the purpose of the upcoming festival?	34. 다가오는 축제의 목적은 무엇인가?
35. What is the first activity of the winter festival?	35. 겨울 축제의 첫 번째 활동은 무엇인가?
36. How does one win the snowball fight?	36. 눈싸움에서 어떻게 이기는가?
37. Why most likely should participants take a physical exam first?	37. 참가자들이 신체 검사를 먼저 받아야 하는 이유는 무엇일 것 같은가?
38. What can guests do at the winter market?	38. 손님들은 겨울 시장에서 무엇을 할 수 있는가?
39. How most likely can one get discounted admission at the winter festival?	39. 겨울 축제에서 어떻게 할인 입장료를 받을 수 있을 것 같은가?

노트테이킹

34. W 목적 축제?
35. W 첫 활동 축제?
36. H win 눈싸움?
37. Y 추론 참가자 신체검사 먼저?
38. W guests do 마켓?
39. H 추론 get 할인 입장료?

어휘 purpose 목적 upcoming 다가오는 activity 활동 snowball fight 눈싸움 participant 참가자 physical exam 신체 검사 discounted 할인된 admission 입장료

2-3

34. What is the subject of the presentation?	34. 발표의 주제는 무엇인가?
35. How does Speed Auto 7 allow customers to buy products that fit their budget?	35. Speed Auto 7은 어떻게 고객들이 그들의 예산에 맞는 제품을 사도록 하는가?
36. Why is Speed Auto 7 able to expand service to everyone?	36. Speed Auto 7이 모든 사람에게 서비스를 확대할 수 있는 이유는 무엇인가?
37. What do customers do if they have no design for customizing their car in mind?	37. 자동차에 맞춤 제작을 위해 생각해둔 디자인이 없다면 고객들은 무엇을 하는가?
38. How can one receive a car wash?	38. 어떻게 세차를 받을 수 있는가?
39. Who will get a discount on a purchase of a Speed Auto 7?	39. 누가 Speed Auto 7 구매에 할인을 받을 것인가?

노트테이킹

34. 주제

35. H (Speed Auto 7) 고객 buy 제품 fit budget?

TIP Speed Auto 7과 같은 고유명사는 PART 2에서 등장하는 제품명 또는 업체명인 경우가 많다. 질문에서 여러 번 반복적으로 언급될 것이기 때문에 굳이 노트테이킹을 하지 않아도 좋다.

36. Y (Speed Auto 7) expand 서비스 ?

37. W 고객 do if x 디자인 customizing?

38. H receive car wash[세차]?

39. Who get 할인?

어휘 subject 주제 allow 목적어 to 동사원형: ~가 ~하도록 하다 fit 맞다 budget 예산 expand 확장하다 customize 맞춤 제작하다 have ~ in mind ~을 생각해 두다, ~을 염두 해두다

2-4

34. What is this talk mainly about?	34. 이 담화는 주로 무엇에 관한 것인가?
35. What allows the product to avoid obstacles?	35. 제품이 장애물을 피하도록 하는 것은 무엇인가?
36. What should customers do if they find a valuable item?	36. 고객들이 귀중품을 찾으면 무엇을 해야 하는가?
37. What can one do with the companion app?	37. 안내서 앱으로 할 수 있는 것은 무엇인가?
38. Why should one fully charge one's mobile phone?	38. 휴대폰을 완전 충전을 해야 하는 이유는 무엇인가?
39. How can one get a discount when buying a product?	39. 제품을 살 때 어떻게 할인을 받을 수 있는가?

노트테이킹

34. 주제

35. W allow avoid obstacles[장애물]?

36. W 고객 do if find valuable (제품)?

37. W do with app?

38. Y fully charge 폰?

39. H get 할인?

어휘 allow 목적어 to 동사원형: ~가 ~하도록 하다 avoid 피하다 obstacle 장애물 valuable 귀중한 item 물건, 물품 companion 안내서, 지침서 fully 완전히 charge 충전하다 get a discount 할인 받다

2-5

34. What is the presentation mainly about?	34. 발표는 주로 무엇에 관한 것인가?
35. What makes Gold Paradise different from regular resorts?	35. 골드 파라다이스를 일반 리조트와 다르게 만드는 것은 무엇인가?
36. Why would the manager book some tables at the buffet?	36. 매니저가 뷔페에서 몇몇 테이블을 예약할 이유는 무엇인가?
37. What most likely did the team members do to win a gold medal?	37. 금메달을 얻기 위해 팀원들은 무엇을 했을 것 같은가?
38. How can guests personalize their experience at the Blue Green Spas?	38. 고객들은 어떻게 블루 그린 스파에서 그들의 경험을 개인에 맞출 수 있는가?
39. What should companies do to get a discount at the resort?	39. 회사들은 리조트에서 할인을 얻기 위해 무엇을 해야 하는가?

노트테이킹

34. 주제
35. W make (Gold Paradise) different from 일반 리조트?
36. Y 매니저 예약 뷔페?
37. W 추론 팀원 win 금메달 위해서?
38. H 고객들 personalize 경험 스파?
39. W 회사 do to get 할인?

어휘 different from ~와 다른 regular 일반적인, 보통의, 정규의 resort 리조트, 휴양지 book 예약하다 win 얻다 personalize 개인에 맞추다, 개인화 하다 get a discount 할인 받다

3-1

40. What does Rachel need help with?	40. 레이첼은 무슨 도움이 필요한가?
41. What is the advantage of an apartment on Maple Street?	41. 메이플 스트리트에 있는 아파트의 장점은 무엇인가?
42. Why is Rachel hesitant to get the apartment on the fourth floor?	42. 레이첼이 4층에 있는 아파트를 얻는 것을 주저하는 이유는 무엇인가?
43. Why most likely does Rachel need an extra room in her home?	43. 레이첼이 집에 여분의 방이 필요한 이유는 무엇일 것 같은가?
44. What is the disadvantage of having an apartment far from a city center?	44. 도시 중심에서 멀리 떨어진 아파트를 가지는 것의 단점은 무엇인가?
45. What will Rachel probably do? TIP PART 3의 마지막 문제는 두 가지 항목 중 무엇을 결정하는지에 대한 질문이다.	45. 레이첼은 무엇을 할 것 같은가?

노트테이킹

40. W R need help?
41. W + 아파트 Maple st.? TIP Street의 축약 표현: st.
42. Y R hesitant get 4층?
43. Y 추론 R need extra room?
44. W - 아파트 far from city?
45. W R 추론 do?

어휘 advantage 장점 be hesitant to 동사원형: ~하기를 주저하다, ~하기를 망설이다 extra 여분의, 추가의 disadvantage 단점 far from ~에서 멀리 떨어진

3-2

40. Why is Jake looking for a printer?	40. 제이크가 프린터를 찾는 이유는 무엇인가?
41. How will Jake benefit from a laser printer?	41. 제이크는 레이저 프린터로부터 어떻게 혜택을 받을 것인가?
42. According to Jake, why does the laser printer seem like a waste?	42. 제이크의 말에 따르면, 레이저 프린터가 낭비처럼 보이는 이유는 무엇인가?
43. Why will Jake include pictures in his report?	43. 제이크가 그의 보고서에 사진을 포함시키려는 이유는 무엇인가?
44. When do the ink cartridge and inkjet printer dry up?	44. 잉크 카트리지와 잉크젯 프린터는 언제 바싹 마를 것인가?
45. What will Jake most likely decide to do?	45. 제이크는 무엇을 하기로 결정할 것 같은가?

노트테이킹

40. Y J look for 프린터?
41. H J + 레이저 프린터[LP]

TIP 레이저 프린터를 L.P로 줄여 쓰는 것도 가능하다.

42. J, Y LP waste?
43. Y J include 사진 report?
44. When 잉크 & 잉크 P dry up?

TIP 프린터를 P로 줄여서 빠르게 노트테이킹한다

45. W J 추론 결정?

어휘 **look for** ~을 찾다 **benefit from** ~로부터 혜택을 받다 **seem like** ~처럼 보이다 **waste** 낭비, 허비하는 일 **include** 포함하다 **ink cartridge** 잉크 카트리지

3-3

40. What is Lisa worried about?	40. 리사가 걱정하는 것은 무엇인가?
41. How can Lisa help her parents if she chooses to study business?	41. 리사가 경영학을 공부하기로 결정한다면 그녀는 어떻게 그녀의 부모님을 도울 수 있는가?
42. Why is Lisa hesitant to follow in her older sister's footsteps?	42. 리사가 언니의 발자국을 따라가는 것을 주저하는 이유는 무엇인가?
43. How does Ray know that Lisa is good at drawing?	43. 레이는 리사가 그림에 능숙하다는 것을 어떻게 아는가?
44. According to Lisa, why is leaving her hometown hard for her?	44. 리사의 말에 따르면, 그녀가 고향을 떠나는 것이 어려운 이유는 무엇인가?
45. What will Lisa probably decide to do?	45. 리사는 무엇을 하기로 결정할 것 같은가?

노트테이킹

40. W L worried?
41. H L help 부모님 if choose 비지니스?
42. Y L hesitant follow 언니?
43. H R know L good drawing?
44. L, Y leave hometown hard?
45. W L 추론 decide?

어휘 **be worried about** ~에 대해 걱정하다 **study business** 경영학을 공부하다 **be hesitant to 동사원형:** ~하는 것을 주저하다, ~하는 것을 망설이다 **follow one's footsteps** ~의 발자국을 따라가다, ~가 간 길을 뒤따르다 **be good at** ~에 능숙하다, ~을 잘하다

3-4

40. Why is Angelina taking the day off from work? 41. According to Ryan, how could Angelina save money on transportation? 42. What most likely is the problem with a restaurant that is in the city? 43. According to Ryan, how can Angelina and her partner stay Friday night with a mountain view? 44. According to Ryan, why might life in the suburbs be boring for Angelina? 45. What has Angelina probably decided to do?	40. 안젤리나가 직장에서 휴무를 사용하는 이유는 무엇인가? 41. 라이언의 말에 따르면, 안젤리나는 교통에서 어떻게 돈을 절약할 수 있었는가? 42. 도시에 있는 식당의 문제는 무엇일 것 같은가? 43. 라이언의 말에 따르면, 어떻게 안젤리나와 그녀의 파트너는 금요일 밤에 산이 보이는 경치와 함께 지낼 수 있는가? 44. 라이언의 말에 따르면, 교외 지역에서의 생활이 안젤리나에게 지루할지도 모르는 이유는 무엇인가? 45. 안젤리나는 무엇을 하기로 결정했을 것 같은가?

노트테이킹

40. Y A take day off[휴무]?
41. R, H A save money 교통?
42. W 추론 problem 식당 도시에?
43. R, H A & 파트너 stay Fri night 마운틴뷰?
44. R, Y life in 교외 boring for A?
45. W A 추론 decide?

어휘 take the day off from work 직장에서 휴무를 사용하다, 하루 일을 쉬다 save money 돈을 절약하다 transportation 교통 a mountain view 산이 보이는 경치 suburb 교외 지역, 도심지에서 벗어난 지역 boring 지루한

3-5

40. What did Dave do last weekend? 41. Why did Dave's parents receive compliments on their sofa? 42. According to Dave, what can one do with minor scratches? 43. Based on the conversation, how can one customize a fabric sofa? 44. What feature did Emma like most about the fabric sofa? 45. What has Emma probably decided to do?	40. 데이브는 지난 주말을 무엇을 했는가? 41. 데이브의 부모님이 그들의 소파에 대해 칭찬을 받은 이유는 무엇인가? 42. 데이브의 말에 따르면, 작은 긁힌 자국에는 무엇을 할 수 있는가? 43. 대화에 따르면, 어떻게 패브릭 소파를 맞춤 제작할 수 있는가? 44. 엠마가 패브릭 소파에 대해 가장 좋아하는 특징은 무엇인가? 45. 엠마는 무엇을 하기로 결정했을 것 같은가?

노트테이킹

40. W D do 지난 주말?
41. Y D 부모 receive compliment[칭찬] 소파?
42. D, W do minor 스크래치?
43. H customize fabric sofa?
44. W E like most (fabric sofa)?
45. W E 추론 decide?

어휘 compliment 칭찬 minor 작은, 사소한 scratch 긁힌 자국 customize 맞춤 제작하다 fabric 직물, 패브릭 feature 특징

4-1

46. What is the talk mainly about?	46. 담화는 주로 무엇에 관한 것인가?
47. Why does the speaker use plastic sheeting?	47. 화자는 왜 비닐 시트를 사용하는가?
48. What should one do to prepare for a blizzard?	48. 눈보라에 대비하기 위해 무엇을 해야 하는가?
49. Based on the talk, what should one do to make sure every door is tightly closed?	49. 담화에 따르면, 모든 문이 단단히 닫혀 있는 것을 확실히 하기 위해 무엇을 해야 하는가?
50. According to the speaker, how can one stay updated on what's happening in the area?	50. 화자의 말에 따르면, 어떻게 지역에서 일어나고 있는 일에 대한 최신 정보를 계속 유지할 수 있는가?
51. How can a generator most likely help to keep one's family safe?	51. 발전기는 가족을 안전하게 유지시키는데 어떻게 도움을 줄 수 있을 것 같은가?
52. According to the speaker, why should a mechanic look at a car?	52. 화자의 말에 따르면, 정비공이 자동차를 살펴 보아야 하는 이유는 무엇인가?

노트테이킹

46. 주제
47. Y use plastic sheeting?
48. W prepare blizzard[눈보라]?
49. W do every door tightly closed?
50. H updated w happening?
51. H generator 추론 keep family safe?
52. Y mechanic look at car?

어휘 plastic sheeting 플라스틱 시트, 비닐로 된 시트 prepare for ~에 대비하다 blizzard 눈보라 make sure + 동사원형: ~을 확실히 하다, 반드시 ~하다 tightly 단단히, 꽉 stay updated 최신 정보를 유지하다 generator 발전기 safe 안전한 mechanic 정비공 look at ~을 살펴보다

4-2

46. What is the speaker mainly talking about?	46. 화자는 주로 무엇에 대해 이야기하고 있는가?
47. How does the speaker find inspiration while going out?	47. 화자는 외출 중에 어떻게 영감을 찾는가?
48. Why should one look at the work of other artists?	48. 다른 예술가들의 작품을 봐야 하는 이유는 무엇인가?
49. How can artists get ideas from their past experience?	49. 예술가들은 어떻게 과거의 경험에서 아이디어를 얻을 수 있는가?
50. Why did the speaker paint the ocean?	50. 화자가 바다를 그렸던 이유는 무엇인가?
51. What should one do when one feels pressured to make art?	51. 예술을 하는 것에 부담감을 느낄 때 무엇을 해야 하는가?
52. What is the benefit of starting with something small?	52. 작은 것부터 시작하는 것의 장점은 무엇인가?

노트테이킹

46. 주제
47. H find inspiration[영감] 외출 중?
48. Y look at work 다른 예술가?
49. H get ideas 과거 경험?
50. Y paint ocean?
51. W do when feel pressured[부담] (make art)?
52. W + starting w/ small? TIP with = w/

어휘 inspiration 영감(을 주는 것) go out 외출하다 work 작품 past 과거의 ocean 바다 feel pressured 압박감을 느끼다 benefit 장점, 혜택

4-3

46. What is the talk mainly about?	46. 담화는 주로 무엇에 관한 것인가?
47. What is one downside about hosting the event at home?	47. 집에서 행사를 주최하는 것에 대한 하나의 단점은 무엇인가?
48. What does one need to consider when choosing a theme?	48. 주제를 정할 때 고려해야하는 것은 무엇인가?
49. What can one do to determine the number of guests?	49. 손님의 수를 결정하기 위해 무엇을 할 수 있는가?
50. Why should one need to hire an entertainer?	50. 엔터테이너를 고용해야 하는 이유는 무엇인가?
51. How does the speaker make party food special?	51. 화자는 어떻게 파티 음식을 특별하게 만드는가?
52. How can one make participants enjoy the event?	52. 어떻게 참석자들이 파티를 즐기도록 만들 수 있는가?

노트테이킹

46. 주제
47. W 1 - host 행사 집에서?
48. W consider when choosing 테마?
49. W do determine 손님수?
50. Y hire entertainer?
51. H make party food special?
52. H make 참석자 enjoy?

어휘 **downside** 단점 **host** 주최하다, 열다 **theme** 주제, 테마 **determine** 결정하다 **the number of** ~의 수 **hire** 고용하다 **entertainer** 엔터테이너, 행사에서 즐거움을 주는 진행자/공연자 **participant** 참석자

4-4

46. What is the speaker mainly talking about?	46. 화자는 주로 무엇에 대해 이야기하고 있는가?
47. How can one avoid getting frustrated at work?	47. 어떻게 직장에서 좌절감을 느끼는 것을 피할 수 있는가?
48. How did the speaker clear his mind when feeling stressed out?	48. 화자는 스트레스를 받을 때 마음을 어떻게 비웠는가?
49. What does the speaker do to get some inspiration?	49. 화자는 영감을 얻기 위해 무엇을 하는가?
50. Why most likely does the speaker drink decaffeinated coffee?	50. 화자가 디카페인 커피를 마시는 이유는 무엇일 것 같은가?
51. What is the best way to get started?	51. 시작하기 위한 가장 좋은 방법은 무엇인가?
52. What must one do on days when one is feeling productive?	52. 생산성이 높은 기분이 들 때 무엇을 해야 하는가?

노트테이킹

46. 주제
47. H avoid frustrated 직장?
48. H clear mind when stressed?
49. W get inspiration[영감]?
50. Y 추론 drink decaf[디카페인] (coffee)?
51. W best way started[시작]?
52. W do when feel productive?

어휘 **avoid** 피하다 **frustrated** 좌절한 **at work** 직장에서 **clear one's mind** 마음을 비우다 **stressed out** 스트레스를 받은 **inspiration** 영감(을 주는 것) **decaffeinated** 디카페인의, 카페인이 없는 **get started** 시작하다 **productive** 생산성이 높은, 생산적인

4-5

46. What is the talk all about?	46. 담화는 모두 무엇에 관한 것인가?
47. How did the speaker change his routine?	47. 화자는 그의 반복적인 일상을 어떻게 바꿨는가?
48. How does the speaker reduce water usage when washing dishes?	48. 화자는 설거지를 할 때 물 사용량을 어떻게 줄이는가?
49. Why does the speaker filter rainwater?	49. 화자가 빗물을 여과시키는 이유는 무엇인가?
50. What is the downside of the water-saving faucet?	50. 물 절약 수도꼭지의 단점은 무엇인가?
51. What does the speaker do while brushing his teeth?	51. 화자는 이를 닦는 동안 무엇을 하는가?
52. Based on the talk, how should one probably deal with water leaks?	52. 담화에 따르면, 누수는 어떻게 처리해야 하는가?

노트테이킹

46. 주제
47. H change routine?
48. H ↓ water when wash dishes[설거지]?
49. Y filter rainwater[빗물]?
50. W - water saving[물 절약] faucet?
51. W do while brush teeth[양치질]?
52. H 추론 deal with water leaks[누수]?

어휘 routine 반복적인 일상 reduce 줄이다 usage 사용(량) washing dishes 설겆이 filter 여과하다 rainwater 빗물, 강우 downside 단점 water-saving 물을 절약하는 faucet 수도꼭지, 수전 brush one's teeth 이를 닦다, 양치질하다 deal with ~을 처리하다, ~에 대처하다 water leaks 누수

MEMO

MEMO

MEMO

MEMO

MEMO

MEMO

시원스쿨 LAB

시원스쿨 LAB